고등학교

중국어

자습서

NE 능률

머리말

    세계무대에서 중국의 위상이 갈수록 높아지고 있으며, 우리나라와의 지리적, 정치적, 경제적, 문화적 교류가 꾸준히 확대되고 있습니다. 특히, 중국어는 세계에서 가장 많은 사람들이 사용하는 언어 중 하나로 중국의 영향력이 커질수록 중국어 학습에 대한 수요도 크게 늘어나고 있습니다.

    본 교과서는 중국어를 처음 접하는 학습자들이 기초적인 의사소통 능력을 키우는 것을 목표로 합니다.

    또한, 중국 문화를 통해 상호 이해와 문화적 감수성을 함양하여 세계 시민으로서의 자질을 기를 수 있도록 합니다. 중국어의 기초적인 듣기, 말하기, 읽기, 쓰기 능력을 배양하고, 중국 문화를 이해하며 문화 감수성을 키우는 것을 중점으로 하고 있습니다.

    현대 사회에서는 4차 산업혁명의 도래로 디지털 전환과 지속 가능한 발전이 더욱 중요해지고 있습니다. 이에 따라 생태전환 교육 및 지속가능발전교육(ESD)은 교육 분야에서 주목받고 있는 주제 중 하나입니다. 더불어, 세계가 초연결 시대로 나아가면서 외국어 학습의 중요성은 이전보다 더 커졌습니다. 이러한 변화에 발맞춰 다양한 매체와 자료를 활용하여 중국어 및 중국 문화에 대한 정보를 습득하고 활용하는 능력을 키우는 것도 중요한 목표입니다.

    이 과목을 통해 학생 여러분께서는 중국어를 통한 의사소통 능력을 키우는 동시에 중국 문화에 대한 폭넓은 이해와 관심을 갖게 될 것입니다. 이를 통해 우리의 국제 이해도를 높이고, 다양성과 포용성을 지향하는 세계 시민으로 성장하는데 도움을 줄 것으로 기대됩니다.

저자 일동

구성과 특징

단원과 연계된 중국 문화 이야기를 담아 학생들의 호기심을 자극하고 학습 동기를 불러일으킵니다.

단원에서 학습할 단어를 한눈에 볼 수 있도록 정리하여 학습할 내용을 예측하고 예습할 수 있습니다.

[읽기 본문 해석 및 해설]
읽기 본문의 중요한 내용을 알기 쉽게 해설하여 교과서 내용을 혼자서도 쉽게 이해할 수 있습니다.

[꼬마 문제]
본문의 주요 표현을 학습하고 미니 퀴즈를 통해 학습 내용을 심화 보충할 수 있습니다.

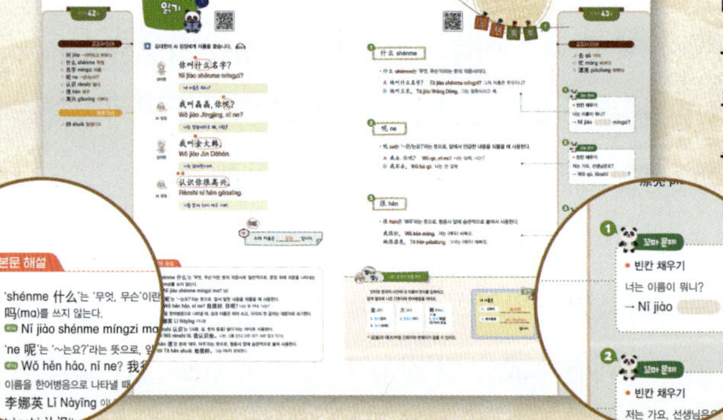

[플러스 학습]
징징플러스, 말하기 플러스, 쓰기 플러스, 가로세로 퍼즐, 워드 서치 등 교과서 내용에 더하여 추가 학습을 함으로써 실력을 한층 더 향상 시킬 수 있습니다.

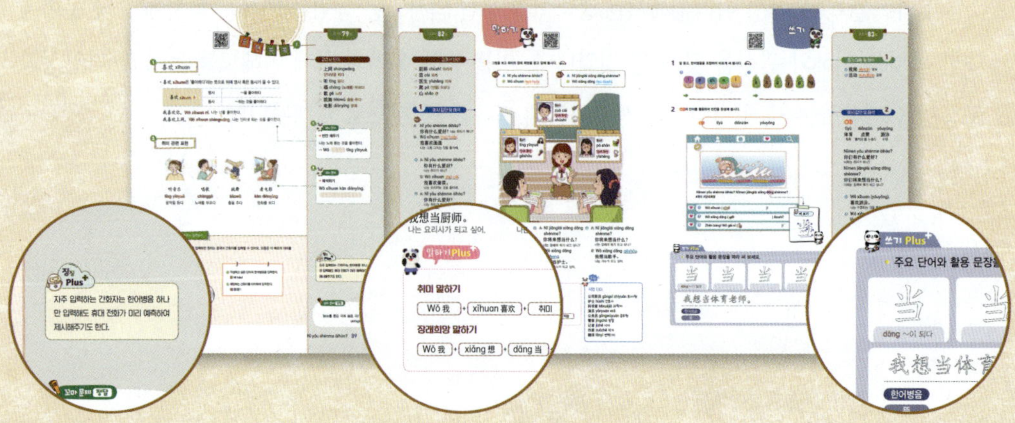

다양한 평가를 통한 학교 시험 대비

체크체크, 꼬마 문제, 단원 평가, 종합 평가 등 영역별로 체계적인 평가 문제를 통해 학습 효과를 높이고 내신 평가에 대비할 수 있게 하였습니다. 또한, 워드 서치, 가로세로 퍼즐처럼 재미있고 다양한 유형으로 학습한 내용을 복습할 수 있습니다.

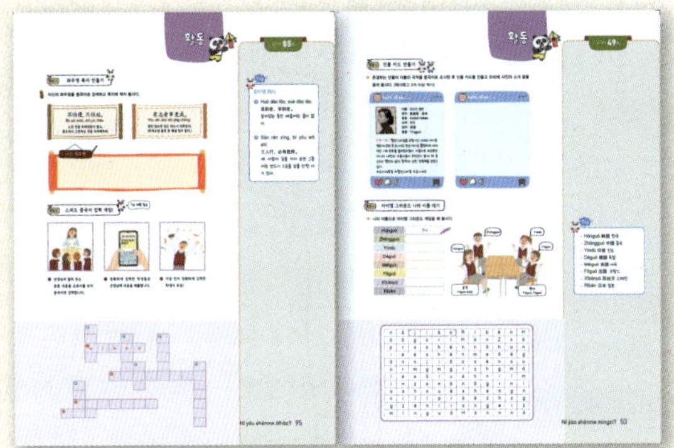

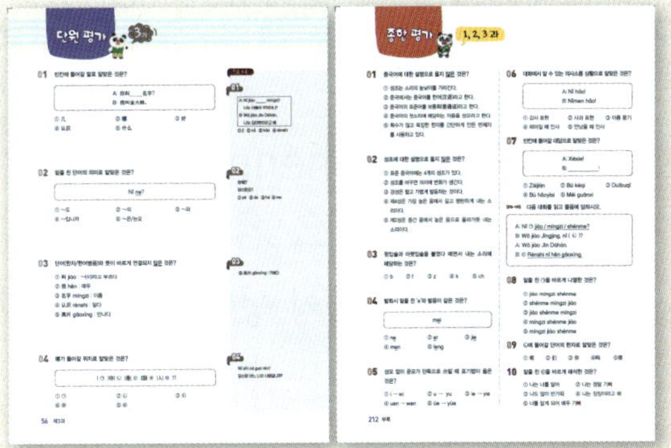

다양한 부록으로 자기주도 학습 가능

단원별 간화자 쓰기 노트, 본문 쓰기 노트 등을 통해 스스로 써 보며 단어와 문장을 반복하여 익힐 수 있습니다. 시험 직전 대비용 어휘 정리와 읽기 정리를 통해 짧은 시간에 집중적으로 중요한 내용을 정리할 수 있습니다.

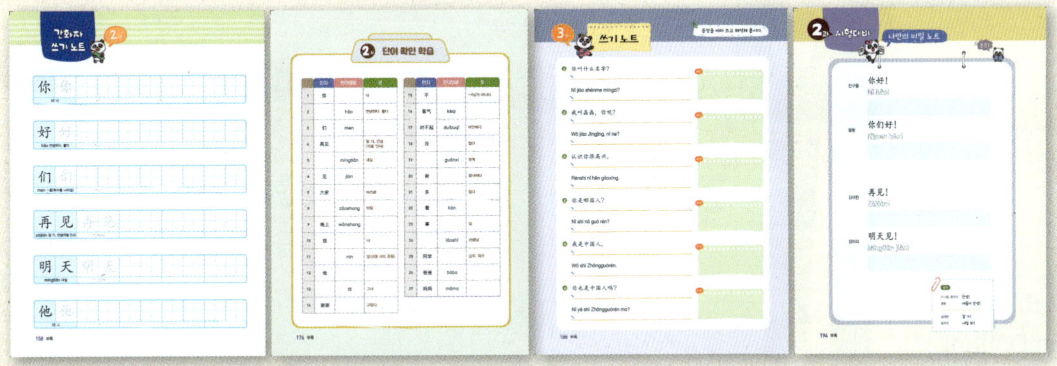

차례

징징: AI 로봇
(晶晶, Jīngjing)

이나영 : 한국 학생
(李娜英, Lǐ Nàyīng)

김대한 : 한국 학생
(金大韩, Jīn Dàhán)

왕둥 : 중국 학생
(王东, Wáng Dōng)

장리리 : 중국 학생
(张丽丽, Zhāng Lìli)

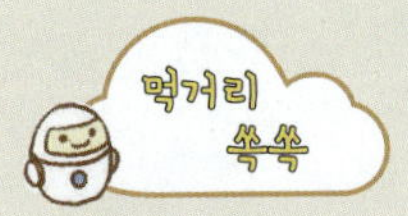

중국을 얼마나 잘 알고 있나요?

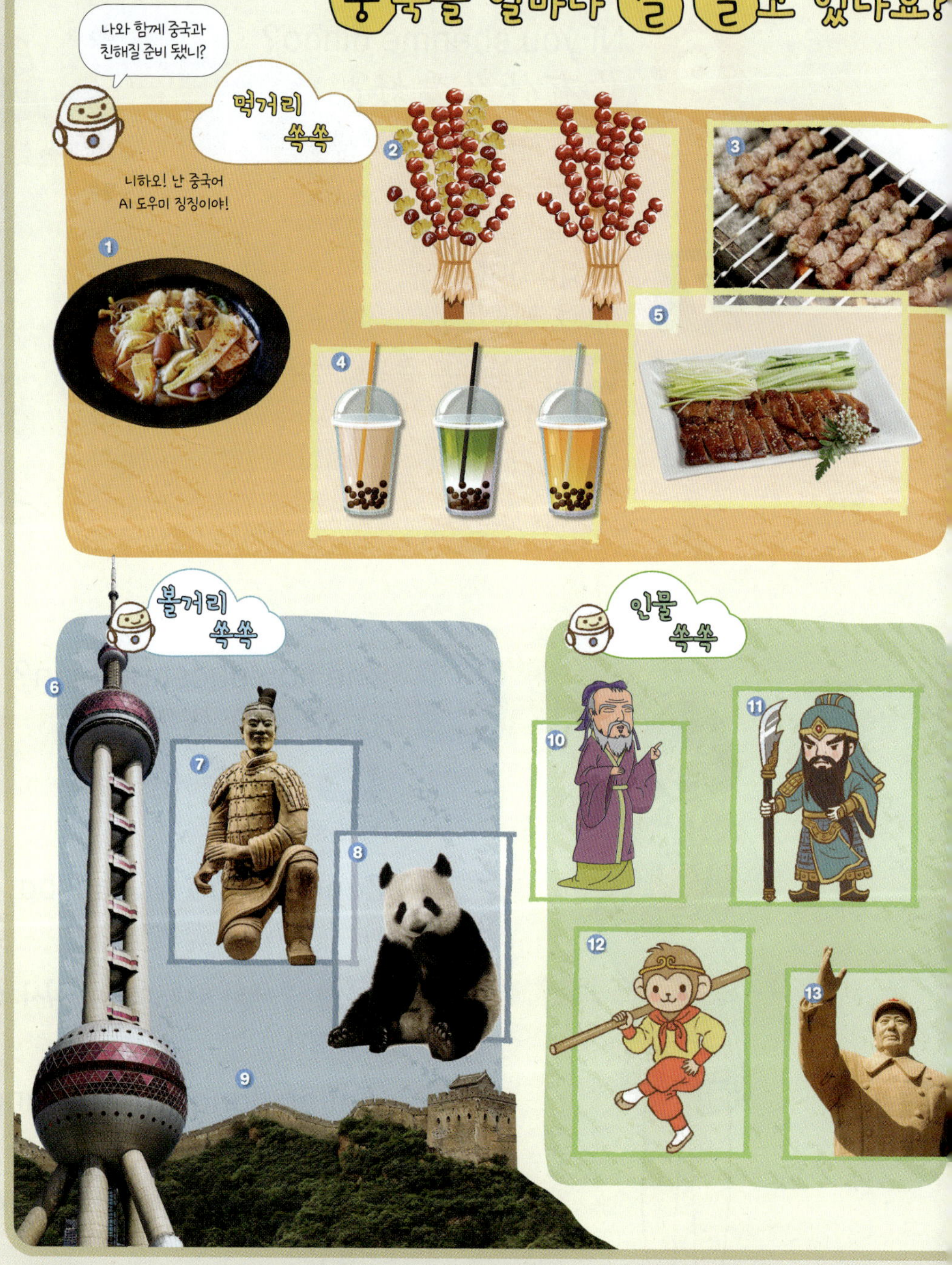

먹거리 쏙쏙

1. **마라탕:** 쓰촨 지역에서 유래한 탕요리. 향신료를 써서 향이 강하고 매운 맛이 특징이다.
2. **탕후루:** 중국을 대표하는 전통 간식으로, 긴 나무 막대에 과일을 끼워 시럽을 바른 뒤 굳혀 만든다.
3. **양꼬치:** 양고기를 꼬치에 끼워서 구운 요리로, 쯔란 소스에 찍어 먹는다.
4. **버블티:** 밀크티에 타피오카 펄을 추가해서 먹는 음료로, 중국인들이 좋아하는 음료이다.
5. **베이징 오리구이:** 원나라 때부터 전해져 내려오는 구운 오리 요리로, 구운 오리를 밀전병에 싸서 먹는다.

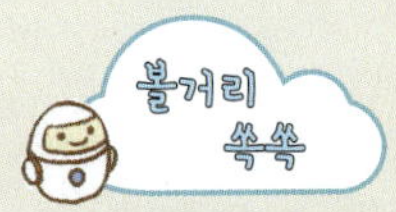

볼거리 쏙쏙

6. **둥팡밍주:** 상하이 푸둥 지역에 있는 방송 수신탑으로, 상하이 대표 랜드마크이다.
7. **병마용:** 진시황릉의 지하 갱도 속에 있는 진흙으로 만든 병사들로, 크기와 형상, 표정이 제각각이다.
8. **판다:** 판다는 현재 멸종 위기의 동물로, 자연 상태로는 쓰촨, 산시, 간쑤 지방의 대나무 숲에서 서식한다.
9. **만리장성:** 북방의 침략을 막기 위해 진나라 때 세워진 거대한 성곽이다.

인물 쏙쏙

10. **공자:** 중국 춘추 시대의 사상가. 노나라 사람으로 여러 나라를 두루 돌아다니면서 인(仁)과 예(礼)를 강조하였다.
11. **관우:** 삼국지를 대표하는 촉나라 장수
12. **손오공:** 중국의 고전소설 서유기의 주인공인 원숭이 수인
13. **마오쩌둥:** 중화인민공화국의 초대 주석

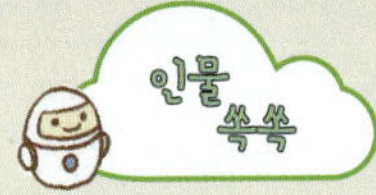

⑭ **안면 인식 기술:** 생체 인식 기술이 발달하여 스마트폰 등의 디바이스 없이 안면으로 결제, 로그인 등이 가능해졌다.

⑮ **디지털 위안화:** 인민은행 중심으로 발행한 국가 단위의 전자화폐다.

⑯ **고속기차:** 최고 속도 350km/h로 세계 최고의 수준을 자랑하는 고속 기차다.

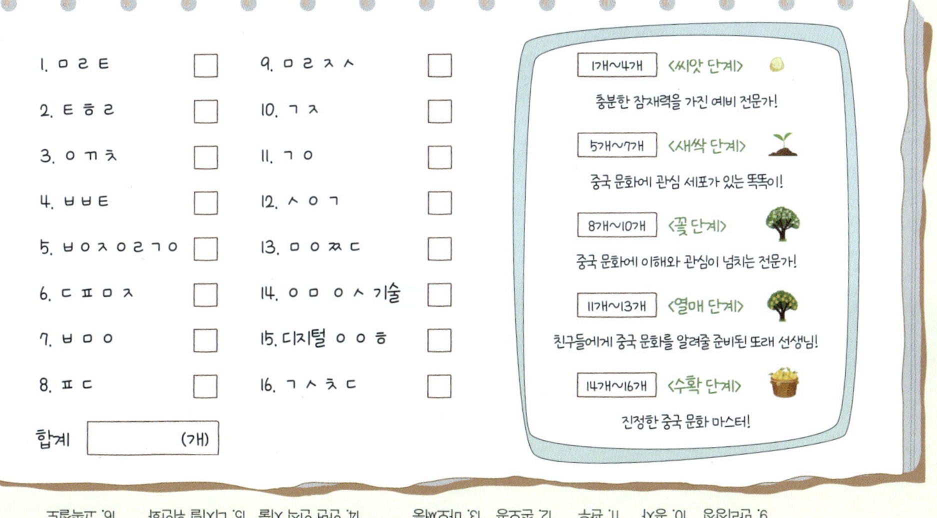

중·잘·알 테스트

Q 체크리스트에서 알고 있는 것에 ✔ 표기 하세요.

1. ㅁㄹㅌ	☐	9. ㅁㄹㅈㅅ	☐
2. ㅌㅎㄹ	☐	10. ㄱㅈ	☐
3. ㅇㄲㅊ	☐	11. ㄱㅇ	☐
4. ㅂㅂㅌ	☐	12. ㅅㅇㄱ	☐
5. ㅂㅇㅈㅇㄹㄱㅇ	☐	13. ㅁㅇㅉㄷ	☐
6. ㄷㅍㅁㅈ	☐	14. ㅇㅁ ㅇㅅ 기술	☐
7. ㅂㅁㅇ	☐	15. 디지털 ㅇㅇㅎ	☐
8. ㅍㄷ	☐	16. ㄱㅅㅊㄷ	☐

합계 [   ] (개)

1개~4개 **<씨앗 단계>** 충분한 잠재력을 가진 예비 전문가!

5개~7개 **<새싹 단계>** 중국 문화에 관심 세포가 있는 똑똑이!

8개~10개 **<꽃 단계>** 중국 문화에 이해와 관심이 넘치는 전문가!

11개~13개 **<열매 단계>** 친구들에게 중국 문화를 알려줄 준비된 또래 선생님!

14개~16개 **<수확 단계>** 진정한 중국 문화 마스터!

예시 답안
1. 마라탕 2. 탕후루 3. 양꼬치 4. 버블티 5. 베이징 오리구이 6. 둥팡밍주 7. 병마용 8. 판다
9. 만리장성 10. 공자 11. 관우 12. 손오공 13. 마오쩌둥 14. 안면 인식 시술 15. 디지털 위안화 16. 고속철도

그 밖에 내가 알고 있는 것 표현하기 예시

먹거리

마파두부 麻婆豆腐 mápódòufu
쓰촨성에서 유래한 두반장 베이스의 두부요리
차 茶 chá
중국인들이 즐겨 마시는 음료로, 찻잎의 발효 정도에 따라 녹차, 우롱차, 보이차 등으로 나뉜다.

볼거리

톈안먼 天安门 tiān'ānmén
베이징에 위치한 자금성(고궁)의 남문으로, 중앙에 마오쩌둥의 초상화가 걸려있다.

인물 쏙쏙

시진핑 习近平 Xí Jìnpíng
(제 7대 중화인민공화국 주석)
리커창 李克强 Lǐ Kèqiáng
(제 7대 중화인민공화국 국무원 총리)
마윈 马云 Mǎ Yún
(알리바바 그룹의 창업자이자 초대 회장)

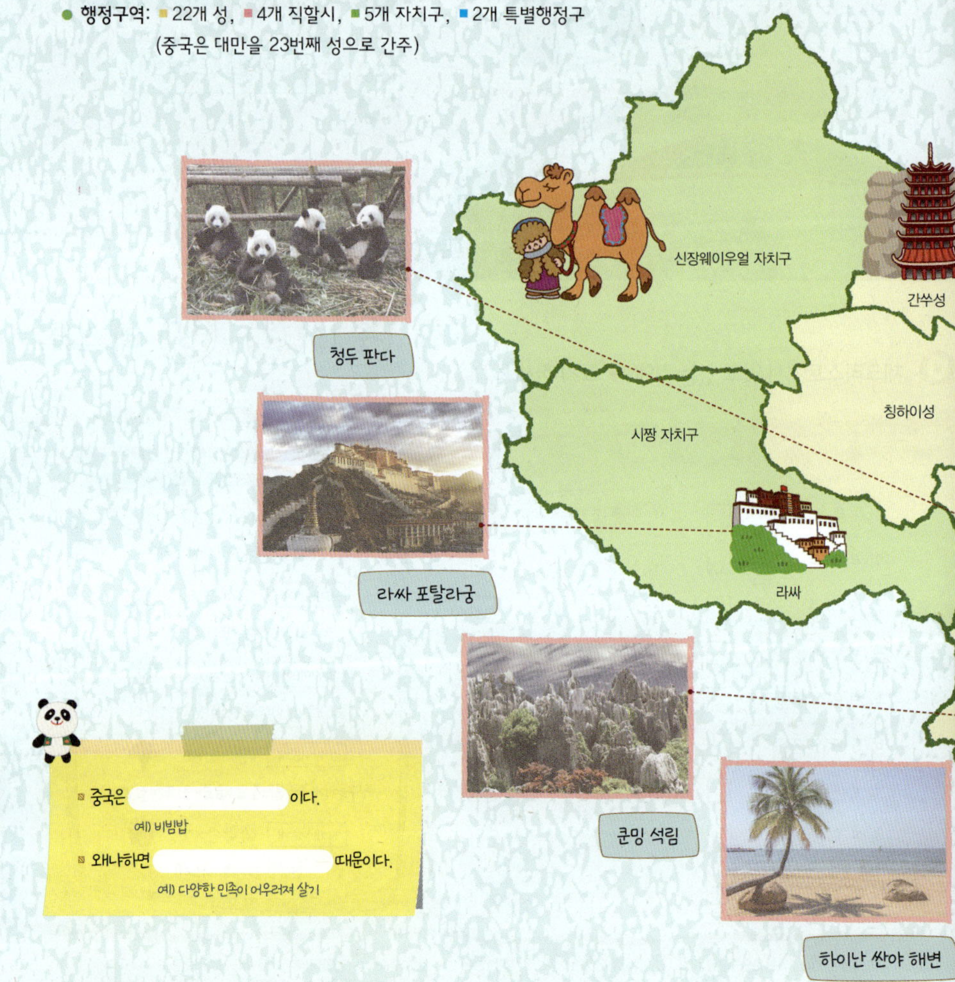

중화인민공화국은 상당히 넓은 영토를 가지고 있으므로 지방마다 기후 등 지리 특색이 다르게 나타난다. 지형은 서고동저로 동쪽에는 화베이 평원과 둥베이 평원 등의 평지가 있고, 서쪽에는 티베트고원, 톈산산맥 등의 험준한 산지가 많다. 중국인들은 중국 지형을 수탉 모양에 비유하여 기세등등한 수탉처럼 세계에서 우뚝 서고자 하는 의지가 담겨있다.

홍콩과 마카오

홍콩과 마카오는 원래 중국 땅이었으나 홍콩은 1842년 영국의 식민지가 되었고, 마카오는 1887년 포루투갈의 식민지가 되었다. 1840년, 중국이 영국에서 들여온 아편을 단속하자 이것을 빌미로 영국이 전쟁을 일으켰는데 이것이 바로 아편전쟁이다. 영국은 아편전쟁의 승리로 중국과 1842년 난징 조약을 체결하였고 홍콩섬을 처음 영국의 식민지로 하였다. 홍콩은 1997년 7월1일에, 마카오는 1999년 12월 20일에 중국에 반환되었다. 중국은 사회주의 체제를 지키고 홍콩과 마카오의 자본주의를 그대로 유지하기 위하여 '1국가 2체제' 라는 원칙을 세우고 홍콩과 마카오를 특별행정구역으로 지정하여 자치권을 보장하고 있다.

실크로드

총길이 6,400㎞에 달하는 실크로드는 고대 중국과 서역 각국 간에 비단을 비롯하여 여러 가지 무역을 하면서 정치·경제·문화를 이어 준 교통로의 총칭이다. 중국 중원(中原) 지방에서 시작하여 허시후이랑(河西回廊)을 가로질러 타클라마칸 사막의 남북 가장자리를 따라 파미르 고원, 중앙아시아 초원, 이란 고원을 지나 지중해 동안과 북안에 이르는 길이다.

청두 판다 생태공원

청두의 판다 생태공원은 판다를 보호하고 번식시키기 위해 설립되었다. 약 36만 ㎡에 달하는 광대한 부지에 판다를 위해 자연 상태와 가까운 생태 환경을 조성하여 판다를 기르면서 관찰과 연구를 병행해 혈통을 이어가게 하는 임무를 맡고 있다.

라싸 포탈라궁

달라이 라마의 궁전으로, 티베트 전통 건축의 걸작으로 꼽힌다.

쿤밍 석림

석회암 돌들의 침식, 풍화작용으로 만들어진 뾰족한 돌기둥들이 숲을 이루고 있다.

시안 병마용

흙으로 빚어 만든 병사와 말을 가리키는데, 불멸의 생을 꿈꿨던 진시황이 사후에 자신의 무덤을 지키게 하려는 목적으로 만들었다.

상하이 둥팡밍주

높이 468m의 방송 송신탑으로 '동양의 진주'라고 불린다.

허난 소림사

참선을 보완하는 수행 방법의 하나로, 무술을 도입한 것으로 유명한 절이다.

천안문

'천상의 평화의 문'이라는 의미를 가진 중국의 상징적인 건축물이다.

간쑤성 둔황 막고굴

벼랑의 석벽에 굴을 파서 만든 불교의 석굴 사원이다. 석굴은 모두 462개가 있고, 남북으로 1600m에 걸쳐있다.

하이난 싼야 해변

중국 최남단 섬인 하이난 성의 휴양지. 아름다운 해변과 연중 따뜻한 기후로 '동양의 하와이'로 불린다.

하얼빈 빙덩제

매년 1월과 2월 사이에 개최되는 눈과 얼음의 축제로, 전 세계의 유명 얼음조각가들이 모여 세계의 유명 건축물이나 동물·여신상·미술품 등의 모형을 만들어 전시한다. 영하 20℃ 이하의 추운 날씨에서 얼어붙은 송화강의 단단하고 하얀 얼음을 이용한다.

1 발음편 

학습 목표	중국어 발음의 구성을 이해하고 정확하게 발음할 수 있다.
학습 내용	**성조, 성모, 운모** **한어병음 표기 규칙**
문화	같은 한자, 다른 의미

은행 yínháng 银行

2 *túshūguǎn*

도서관 *túshūguǎn* 图书馆

1 *gōngzhǔ*

공주 *gōngzhǔ* 公主

왕자 *wángzǐ* 王子

1. 발음을 듣고, 연상되는 그림에 ✓표시를 해 봅시다. 
2. 알고 있는 중국어를 이야기해 봅시다.

한국어와 발음이 비슷한 중국어

커피 **咖啡** kāfēi[카페이]
초콜릿 **巧克力** qiǎokèlì[치아오커리]
콜라 **可乐** kělè[커러]
피자 **比萨** bǐsà[비싸]
망고 **芒果** mángguǒ[망궈]
소파 **沙发** shāfā[샤파]

듣기 대본

❶ 公主 공주
❷ 图书馆 도서관
❸ 葡萄 포도
❹ 厨房 주방

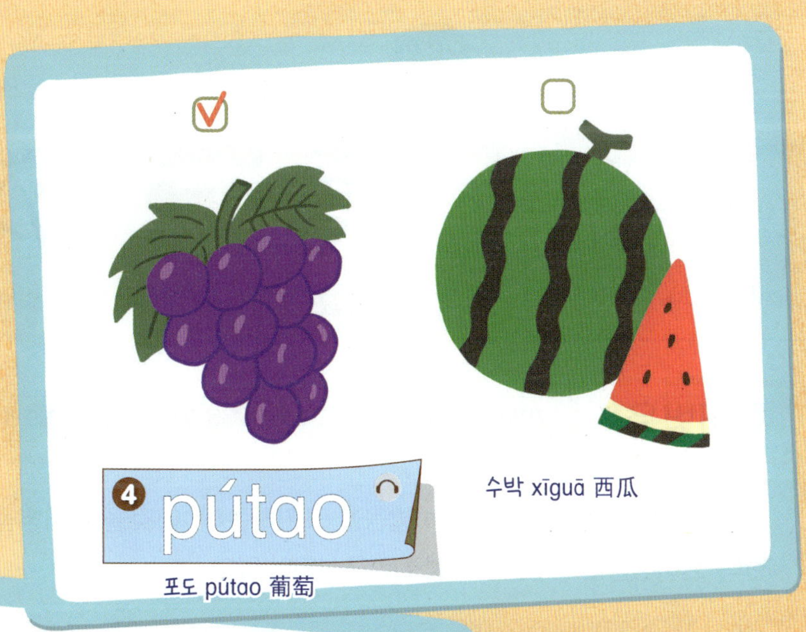

❹ **pútao**

포도 pútao 葡萄

수박 xīguā 西瓜

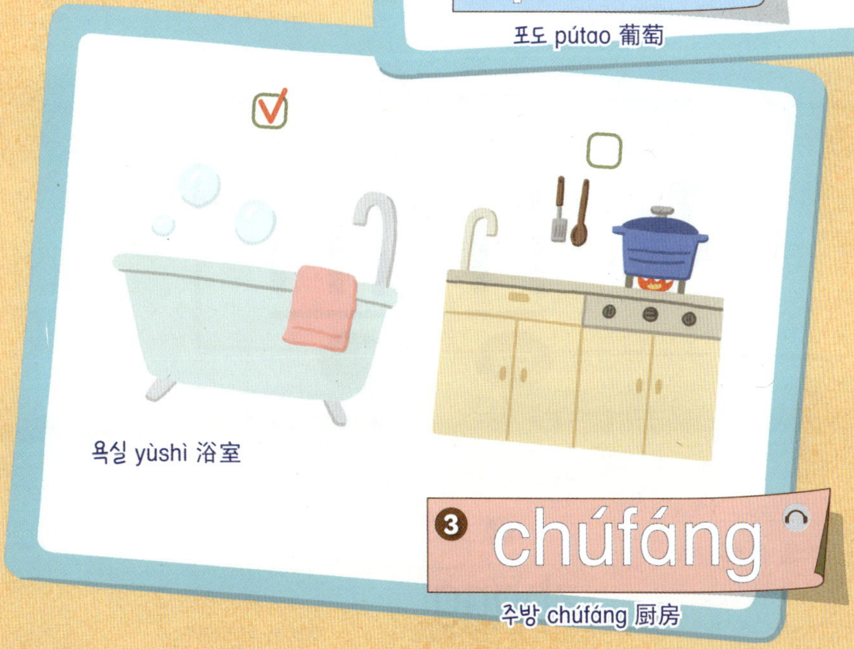

욕실 yùshì 浴室

❸ **chúfáng**

주방 chúfáng 厨房

한어 & 푸퉁화

중국에서는 중국어를 한어(汉语, Hànyǔ)라고 하며, 이는 한족(汉族, Hànzú)이 사용하는 언어라는 뜻이다. 중국어에는 다양한 방언이 있어 표준어를 제정하여 사용하는데, 이를 푸퉁화(普通话, pǔtōnghuà)라고 한다.

한위 & 푸퉁화

중국인들은 보통 중국어를 '중국어(中国语)'라고 하지 않고 '한위(汉语, Hànyǔ)'라고 하는데, 이는 중국 인구의 절대 다수를 차지하는 한족(汉族, Hànzú)의 언어라는 뜻이다. 중국은 지역이 넓은 만큼 다양한 방언이 존재하는데, 일부 방언들은 중국인들끼리도 의사소통이 어려울 정도로 차이가 크다. 이러한 문제점을 해결하기 위해 표준어인 '푸퉁화(普通话, pǔtōnghuà)'를 제정하였다.

간화자

중국에서는 획수가 많고 복잡한 한자를 간단하게 만든 간화자(简化字, jiǎnhuàzì)를 사용하며, 원래의 복잡한 한자는 번체자(繁体字, fántǐzì)라고 한다.

간화자

- 번체자: 현재 우리나라, 홍콩, 타이완 등지에서 사용하는 원래의 한자이다.
- 간화자를 만든 이유: 기존 한자가 복잡하고 어려워 사람들의 문맹률이 높아 이를 해결하기 위해 획을 단순하게 바꾼 간화자를 만들었다.

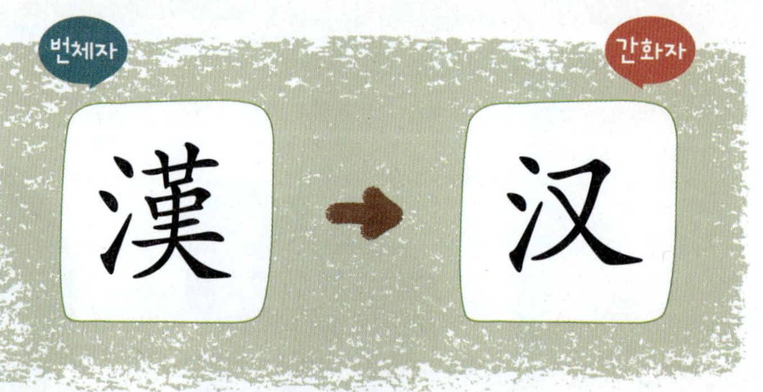

한어병음

한자는 표의 문자로, 글자만 보고 정확한 발음을 알기 어렵기 때문에 별도의 발음 표기 방법이 필요하다.

중국어는 알파벳을 이용하여 발음을 표기하는데, 이것을 한어병음(汉语拼音, Hànyǔ Pīnyīn)이라고 한다. 한어병음은 성모, 운모, 성조로 구성되어 있다.

門 → 门(문 문, mén)
學 → 学(배울 학, xué)
風 → 风(바람 풍, fēng)
國 → 国(나라 국, guó)

빈칸에 알맞은 한어병음 요소를 써 봅시다.

성조

표준 중국어인 푸통화에는 4개의 성조가 있지만, 지역에 따라 성조의 수가 다르다. 예를 들면, 상하이 방언은 성조가 5개, 쑤저우 방언은 7개, 광저우 방언은 9개의 성조가 있다.

성조는 소리의 높낮이를 나타내며, 기본적으로 4개의 성조가 있다.

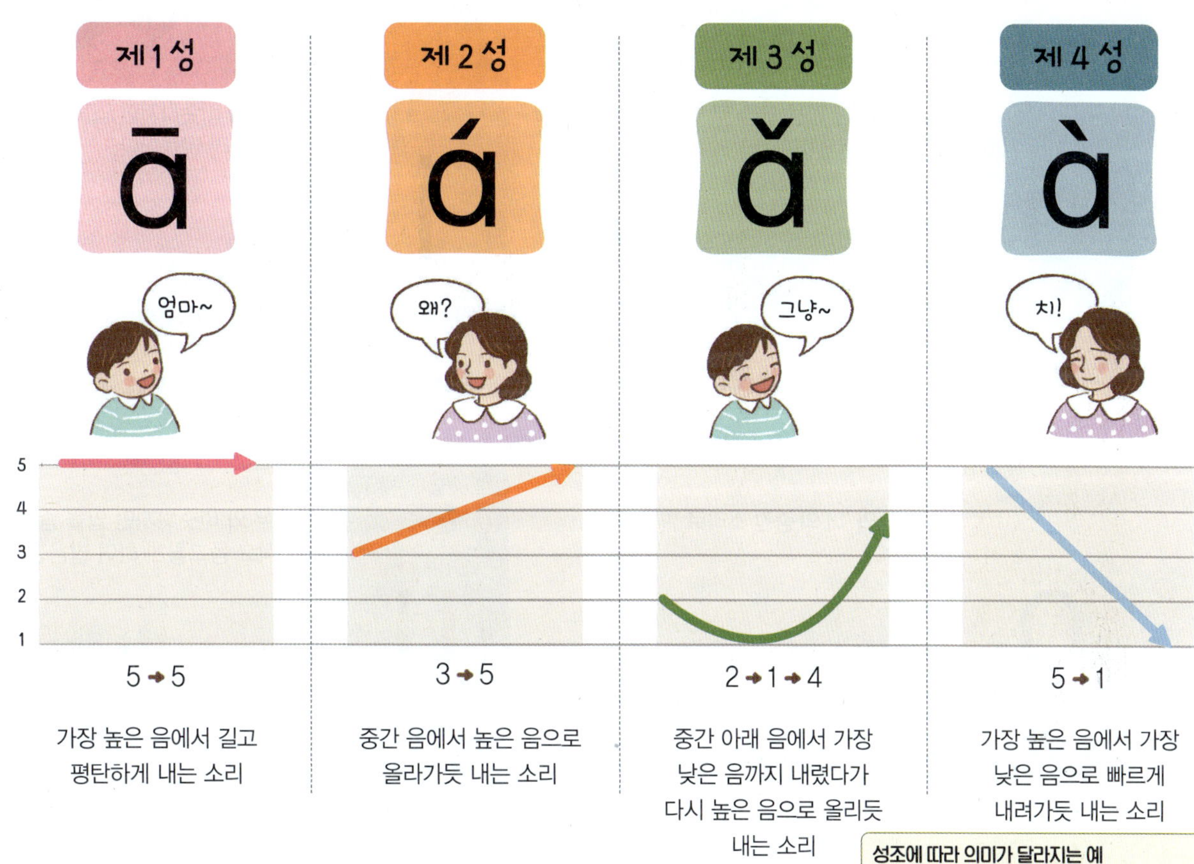

성조가 달라지면 의미도 달라진다.

성조에 따라 의미가 달라지는 예			
제1성	제2성	제3성	제4성
bā	bá	bǎ	bà
8 八	뽑다 拔	잡다 把	아빠 爸
shū	shú	shǔ	shù
책 书	익다 熟	쥐 鼠	나무 树

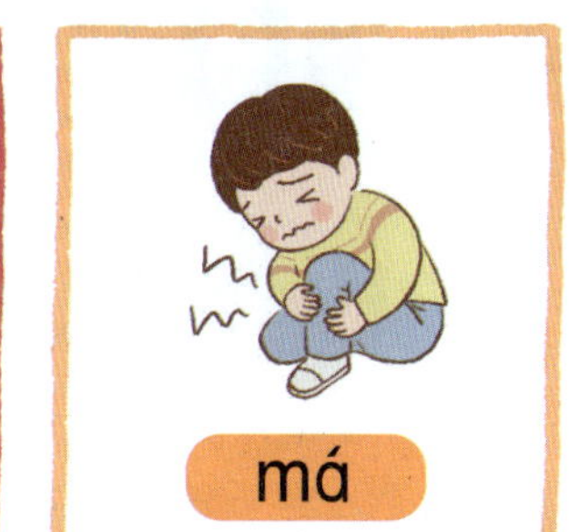

妈 엄마

麻 저리다

马 말

骂 욕하다, 꾸짖다

小퀴즈

잘 듣고, 해당하는 성조에 ✔표시를 해 봅시다.

듣기 대본
❶ ā ❷ ǎ ❸ mà

❶ ✔ ā ☐ à   ❷ ☐ á ✔ ǎ   ❸ ☐ má ✔ mà

운모 I (기본 운모) 〔005〕

운모는 음절에서 성모를 제외한 나머지 부분으로 6개의 기본 운모가 있다.

α
'아'보다 입을 조금 더 벌리고 발음한다.

ā á ǎ à

i
'이'와 비슷하지만 입을 옆으로 더 벌려 발음한다.

ī í ǐ ì

i 위에 성조를 표기할 때에는 위의 점을 생략한다.

o
'오'와 '어'의 중간 소리로 발음한다.

ō ó ǒ ò

u
'우'와 비슷하지만 입을 좀 더 작고 동그랗게 하여 발음한다.

ū ú ǔ ù

발음이 끝날 때까지 입술 모양이 변하지 않도록 한다.

e
입을 약간 벌리고, '으'와 '어'의 중간 소리로 발음한다.

ē é ě è

영어식 발음과 혼동하지 않도록 주의한다.

ü
입을 동그랗게 오므린 채로 '위'와 비슷하게 발음한다.

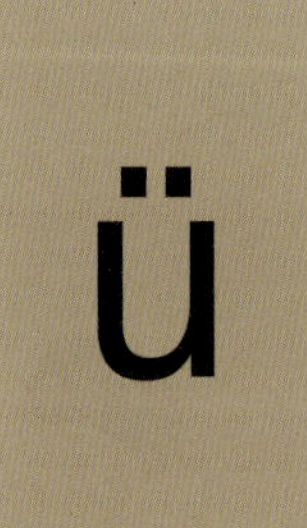

ǖ ǘ ǚ ǜ

小 퀴즈

잘 듣고, 해당하는 운모에 ✔표시를 해 봅시다. 〔006〕

듣기 대본
❶ e ❷ ü

❶ ☐ o ✔ e   ❷ ☐ i ✔ ü

성모

 007

성모는 음절의 첫소리에 해당하는 자음으로 모두 21개가 있다.

b p m +  **o**	윗입술과 아랫입술을 붙였다 떼면서 내는 소리	
쌍순음(双唇音, shuāngchúnyīn) 오어	우리말의 'ㅃ, ㅍ, ㅁ'처럼 발음한다.	
f +  **o**	윗니를 아랫입술 안쪽에 살짝 댔다 떼면서 내는 소리	
순치음(唇齿音, chúnchǐyīn) 오어	영어의 'f'와 비슷하게 발음한다.	
d t n l +  **e**	혀끝을 윗니 뒤 잇몸에 붙였다 떼면서 내는 소리	
쌍순음(双唇音, shuāngchúnyīn) 으어	우리말의 'ㄷ, ㅌ, ㄴ, ㄹ'처럼 발음한다.	
g k h +  **e**	혀뿌리를 입천장에 가까이 대고 내는 소리	
설첨중음(舌尖中音, shéjiānzhōngyīn) 오어	우리말의 'ㄱ, ㅋ, ㅎ'와 비슷하나 우리말의 발음보다 더 목구멍과 가까운 곳에서 소리가 나도록 발음한다.	
j q x +  **i**	혀의 앞부분을 입천장 앞쪽에 가까이 대고 내는 소리	
설면음(舌面音, shémiànyīn) 이	우리말의 'ㅈ, ㅊ, ㅅ'과 비슷하게 발음한다. 'x'의 경우 '씨'로 강하게 읽지 않도록 주의한다.	
zh ch sh r +  **i**	혀끝을 들어 올려 입천장 중간쯤에 가까이 대고 내는 소리	
설첨후음(舌尖后音, shéjiānhòuyīn) 으	우리말에는 없는 발음으로 혀끝을 말아 올려 발음한다.	
z c s +  **i**	혀를 윗니 뒤쪽에 붙였다가 떼면서 내는 소리	
설첨전음(舌尖前音, shéjiānqiányīn) 으	혀끝을 우리말의 'ㅉ, ㅊ, ㅅ'과 비슷하나 좀 더 마찰하는 음이 나도록 발음한다.	

小퀴즈

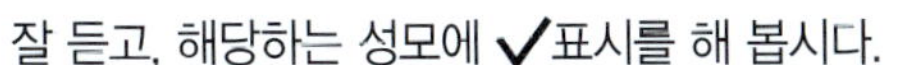 잘 듣고, 해당하는 성모에 ✔표시를 해 봅시다. 008

듣기 대본
❶ b ❷ c ❸ sh

❶ ☑ b ☐ p   ❷ ☑ c ☐ q   ❸ ☐ s ☑ sh

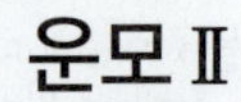

운모 Ⅱ

 009

기본 운모 이외에도 다음과 같은 운모가 있다.

 **Tip**
- 'a'의 발음: 'ian, üan'의 경우에 '에'로 읽고, 그 외의 경우에는 '아'로 발음한다.
- 'e'의 발음 : 'ei, ie, uei, üe'의 경우에 '에'로 읽고, 그 외의 경우에는 '으어'로 발음한다.

a	ai	ao	an	ang
o	ou	ong		

빨간색은 발음 주의!

e	ei ★발음 주의 [에이]	en	eng	er

en [엔]으로 발음하지 않도록 주의한다.

i 운모 i가 단독으로 쓰일 때는 'yi'로, 음절의 첫 글자로 쓰일 때는 'y'로 표기한다.

i (yi)

ia (ya)	ie (ye) ★발음 주의 [이에]	iao (yao)	iou (you)	ian (yan) ★발음 주의 [이엔]
in (yin)	iang (yang)	ing (ying)	iong (yong)

u 운모 u가 단독으로 쓰일 때는 'wu'로, 음절의 첫 글자로 쓰일 때는 'w'로 표기한다.

u (wu)

ua (wa)	uo (wo)	uai (wai)	uei (wei) ★발음 주의 [우에이]
uan (wan)	uen (wen)	uang (wang)	ueng (weng)

ü 운모 'ü'가 단독으로 쓰이거나 음절의 첫 글자로 쓰일 때는 'yu'로 표기한다.

ü (yu)

üe (yue) ★발음 주의 [위에]	ün (yun)	üan (yuan) ★발음 주의 [위엔]

ueng [우엥]으로 발음하지 않도록 주의한다.

tip 괄호 안은 성모 없이 운모가 단독으로 쓰일 때의 표기이다.

 小퀴즈

잘 듣고, 해당하는 운모에 ✔표시를 해 봅시다. 010

듣기 대본
❶ ou ❷ ie ❸ uan

❶ ☐ uo ✔ ou   ❷ ☐ ia ✔ ie   ❸ ✔ uan ☐ üan

활동

발음 콕 찍기

■ 잘 듣고, 해당하는 발음을 찾아봅시다. 011

활동 방법

1. 두 사람이 짝이 되어 서로 다른 색깔의 펜을 준비한다.
2. 들려주는 발음을 찾아 ○ 표를 한다.
3. 더 많은 발음을 찾은 사람이 승리한다.

이름: 이름:

_____ 개 vs _____ 개

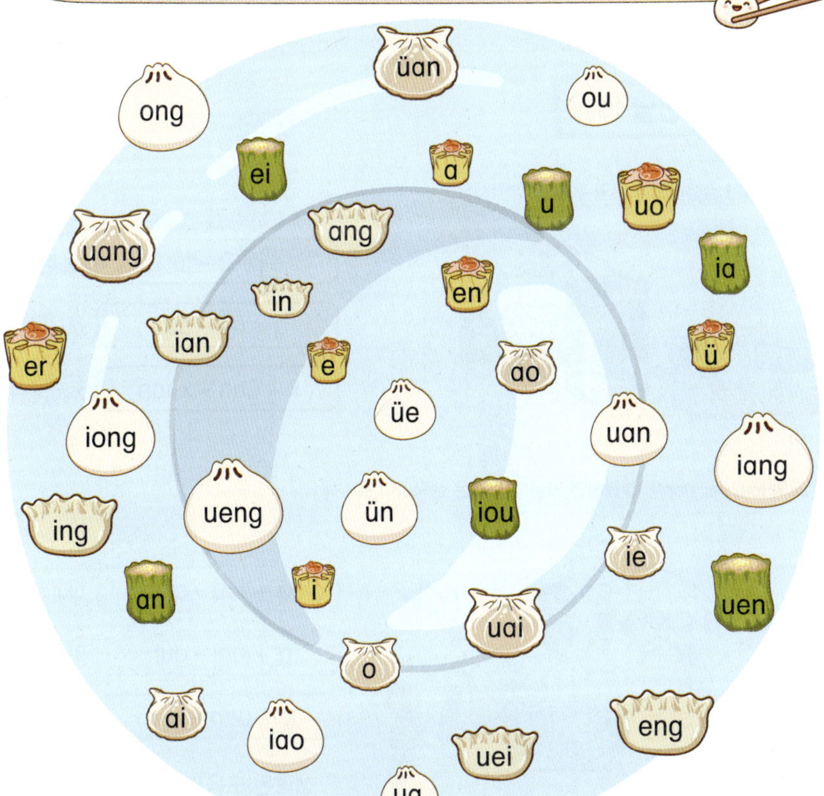

듣기 대본
a, ao, eng, iong, ian, er, ü, ia, ing, uang, üan, ou, iou

 Tip

중국의 다양한 만두

包子 bāozi
다진 돼지고기와 야채 등 소가 들어 있는 찐빵과 유사하다.

春卷 chūnjuǎn
채소, 고기, 해산물 등 다양한 재료를 밀가루 피에 싸서 주로 튀겨 먹는다.

馒头 mántou
소가 없는 두꺼운 밀가루 덩어리를 발효시켜 쪄낸 것으로, 다른 음식과 곁들여 먹는 주식이다.

饺子 jiǎozi
일반적으로 알고 있는 만두로, 중국에서 교자는 보통 수이자오(水饺)라고 하여 물만두를 가리킨다. 이보다 더 얇은 피를 가진 물만두는 훈둔(馄饨)이라 한다. 모두 중국의 대표적인 새해 음식이다.

小笼包 xiǎolóngbāo
상하이 지역에서 유래된 것으로, 육즙이 흥건한 만두소를 얇은 만두피로 감싸 쪄낸 만두이다.

烧卖 shāomài
다진 돼지고기와 야채를 넣고 꽃 모양으로 빚어서 쪄낸 광둥식 딤섬이다.

MEMO

한어병음 표기 규칙

① 꼬마 문제

- 성조 표기
(1) hou(제1성) →
(2) qiu(제2성) →
(3) chuang(제3성) →

② 꼬마 문제

- 성조 표기
(1) q + ü →
(2) n + üe →
(3) sh + uei →
(4) j + iou →

성조를 표기할 때

❶ 성조는 운모 위에 표기하며, 운모에 모음이 여러 개면 입이 더 크게 벌어지는 모음 위에 표기해요.

예 dà, qí, hǎo, guó

'i' 위의 점은 생략하고 성조를 표기해요!

❷ i와 u가 함께 쓰인 경우 뒤에 있는 모음에 성조를 표기해요.

예 liù, huì

성모와 운모가 만날 때

❶ j, q, x와 ü가 결합하면 ü 위의 두 점은 생략해요.

j + ü → ju	ju[쥐]
q + üe → que	que[취에]
x + üan → xuan	xuan[쉬엔]

❷ 성모와 iou, uei, uen이 결합하면 가운데 모음은 생략하여 표기해요.

q + iou → qiu	qiu[치어우]
g + uei → gui	gui[구에이]
k + uen → kun	kun[쿠원]

* 생략된 모음도 발음한다.

꼬마 문제 정답

❷
(1) qu
(2) nüe
(3) shéi
(4) jiǔ

❶
(1) hóu
(2) qiú
(3) chuǎng

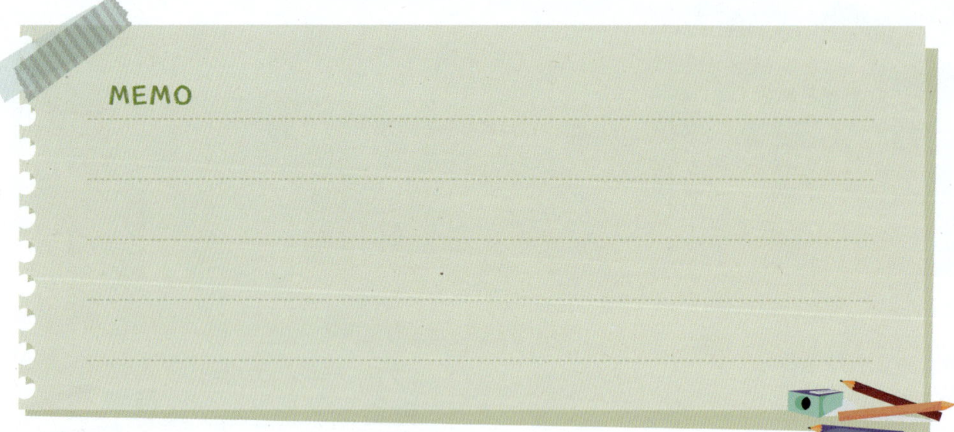

MEMO

성모 없이 운모가 단독으로 쓰일 때

* 성모가 없는 경우를 영성모라고 부른다.

❶ 운모 i와 u가 단독으로 쓰이면, i는 yi로, u는 wu로 표기해요.

i ▸ yi	u ▸ wu

yī — 하나

wǔ 五 다섯

❷ 운모 i와 u가 첫 글자로 쓰이면, i는 y로, u는 w로 표기해요.

ie ▸ ye	uen ▸ wen

yè 夜 밤

wèn 问 묻다

❸ 운모 ü가 단독으로 쓰이거나 첫 글자로 쓰이면 yu로 표기해요.

ü ▸ yu	üe ▸ yue

yǔ 雨 비

yuē 约 약속하다

小퀴즈

▶ 성조 표기하기

❶ suan (제1성) suān

❷ tian (제2성) tián

▶ 성모와 운모 결합하여 쓰기

❶ j + ün ⇨ ___jun___

❷ z + uei ⇨ ___zui___

❸ 

꼬마 문제

• 성모가 없을 때, 한어병음 완성하기

(1) 성모× + in →

(2) 성모× + ia →

(3) 성모× + uei →

(4) 성모× + üan →

꼬마 문제 정답

❸
(1) yin
(2) ya
(3) wei
(4) yuan

MEMO

반3성: 제3성(2-1-4)의 발음 중 가장 낮게 내려가는 앞부분(2-1)까지만 발음한다.

[제3성 단어의 예]

제3성 + 제1성
饼干 bǐnggān 비스킷
제3성 + 제2성
美国 Měiguó 미국
제3성 + 제3성
水果 shuǐguǒ 과일
제3성 + 제4성
可乐 kělè 콜라

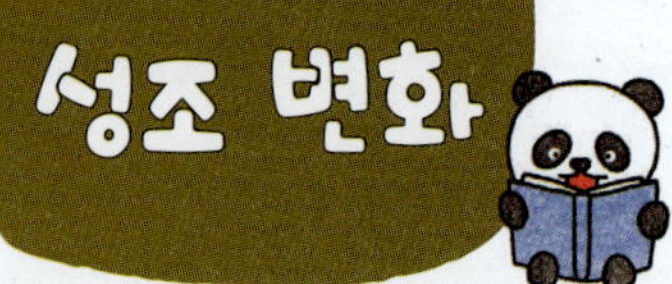

성조 변화

❶ 경성

하나의 음절이 본래의 성조를 잃고 가볍고 짧게 발음되는 것을 경성(轻声, qīngshēng)이라고 한다. 경성은 앞 음절의 성조에 따라 음높이가 달라지며, 성조 부호는 표기하지 않는다.

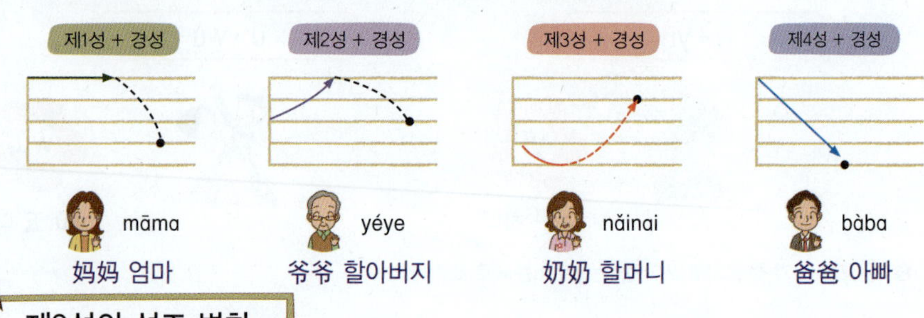

❷ 제3성의 성조 변화

제3성은 뒤 음절의 성조에 따라 앞 음절의 성조가 변한다. 단, 성조 표기는 바뀌지 않는다.

▶ 제3성 + 제3성 ➡ 제2성 + 제3성

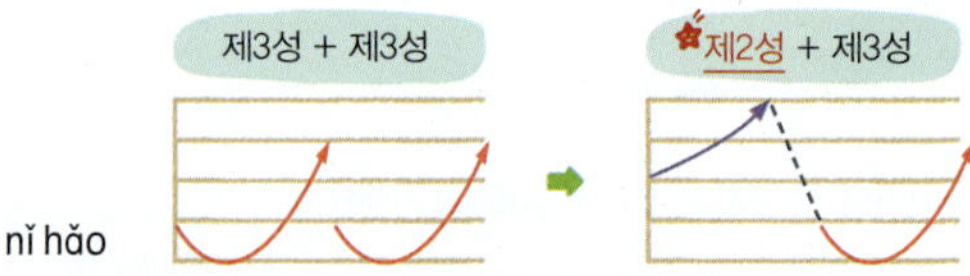

▶ 제3성 + 제1성, 제2성, 제4성, 경성 ➡ 반3성 + 제1성, 제2성, 제4성, 경성

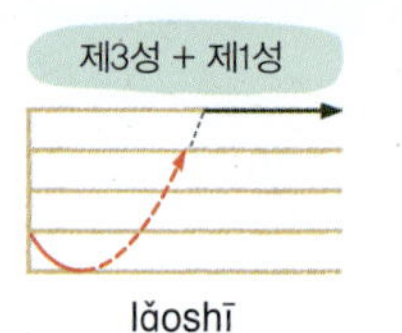

잘 듣고, 큰 목소리로 따라 읽어 봅시다. 012

듣기 대본 및 해석

❶ 哥哥 gēge 오빠
❷ 爷爷 yéye 할아버지
❸ 姐姐 jiějie 언니, 누나
❹ 弟弟 dìdi 남동생

발음 연습  013

제1성 + 제1성	제1성 + 제2성	제1성 + 제3성	제1성 + 제4성
shūbāo	Zhōngguó	jīchǎng	yīyuàn

제2성 + 제1성	제2성 + 제2성	제2성 + 제3성	제2성 + 제4성
xióngmāo	Hánguó	píngguǒ	xuéxiào

  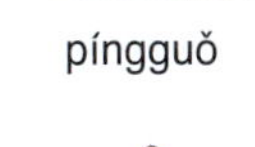 

제3성 + 제1성	제3성 + 제2성	제3성 + 제3성	제3성 + 제4성
Běijīng	Měiguó	xǐzǎo	gǎnmào

  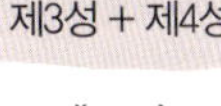

제4성 + 제1성	제4성 + 제2성	제4성 + 제3성	제4성 + 제4성
qìchē	dàxué	Rìběn	diànhuà

  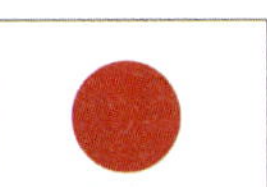 

교과서 단어

- shūbāo 书包 책가방
- Zhōngguó 中国 중국
- jīchǎng 机场 공항
- yīyuàn 医院 병원

- xióngmāo 熊猫 판다
- Hánguó 韩国 한국
- píngguó 苹果 사과
- xuéxiào 学校 학교

- Běijīng 北京 베이징
- Měiguó 美国 미국
- xǐzǎo 洗澡 샤워하다
- gǎnmào 感冒 감기(에 걸리다)

- qìchē 汽车 자동차
- dàxué 大学 대학
- Rìběn 日本 일본
- diànhuà 电话 전화

MEMO

1 듣기 대본

1 ci
2 kao
3 dou

2 듣기 대본

1 yī   2 èr   3 sān
4 sì   5 wǔ   6 liù
7 qī   8 bā   9 jiǔ
10 shí

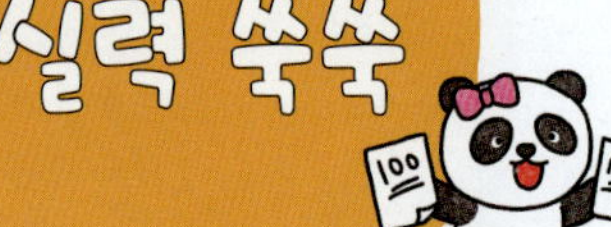

1 잘 듣고, 알맞은 발음에 ✓표시를 해 봅시다. 🎧014

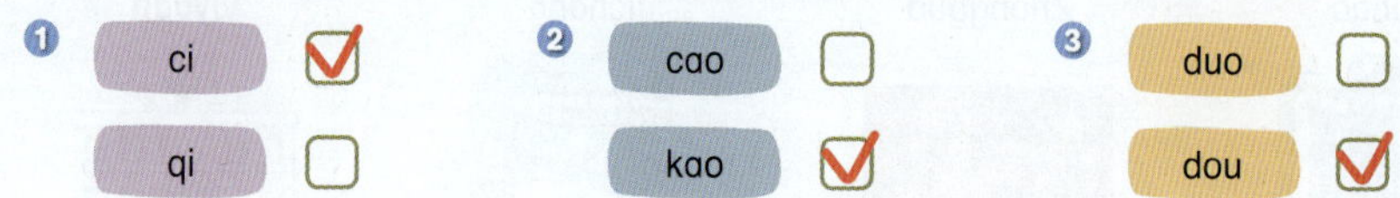

| ① | ci ✓ | ② | cao ☐ | ③ | duo ☐ |
| | qi ☐ | | kao ✓ | | dou ✓ |

2 잘 듣고, 성조에 유의하여 발음해 봅시다. 🎧015

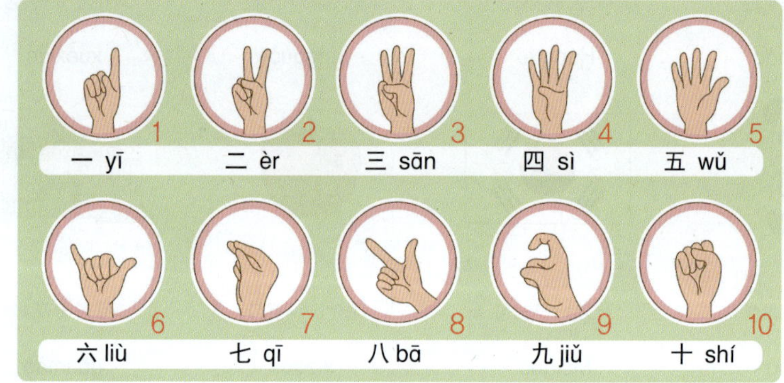

3 사다리를 따라가며 발음을 완성해 봅시다.

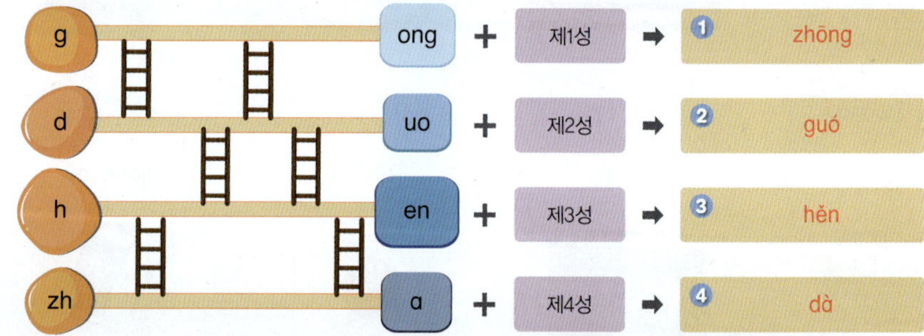

中国很大。Zhōngguó hěn dà. 중국은 매우 크다.

 ## 재미있는 발음 연습, 잰말놀이

- 잰말놀이는 발음이 비슷한 단어가 활용된 문장을 빠르고 정확하게 읽는 놀이입니다.
  제시한 문장의 발음에 유의하여 친구들과 잰말놀이를 해 봅시다.

우리말 잰말놀이

내가 그린 기린 그림은 목이 긴 기린 그림이고,
네가 그린 기린 그림은 목이 안 긴 기린 그림이다.

중국어 잰말놀이

1단계
(016)

Māma qí mǎ, mǎ màn,
māma mà mǎ.
엄마가 말을 타는데, 말이 느려서, 엄마가 말을 꾸짖는다.

妈妈骑马，马慢，妈妈骂马。

2단계
(017)

Sì shì sì, shí shì shí,
shísì shì shísì, sìshí shì sìshí.
4는 4이고, 10은 10이고, 14는 14이고, 40은 40이다.

四是四，十是十，十四是十四，四十是四十。

3단계
(018)

Chī pútao bù tǔ pútao pí,
bù chī pútao dào tǔ pútao pí.
포도를 먹는데 포도 껍질을 뱉지 않고, 포도를 먹지 않는데 포도 껍질을 뱉는다.

吃葡萄不吐葡萄皮，不吃葡萄倒吐葡萄皮。

나만의 요약노트

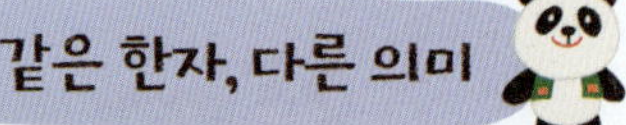

우리말의 한자어는 중국에서 사용하는 단어와 의미가 대부분 같습니다. 그러나 일부 한자는 글자는 같으나 다른 의미로 사용됩니다. '같은 한자, 다른 의미'를 가지는 중국어에 대해 알아봅시다.

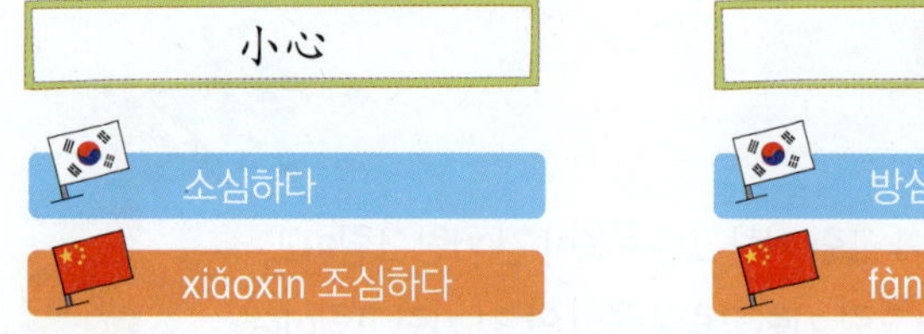

문화 Plus+

같은 한자, 다른 의미 예시

	한국	중국
汽车 [기차]	기차	자동차.
爱人 [애인]	애인(혼인 관계가 아닌 사이)	아내 혹은 남편, 배우자
馒头 [만두]	밀가루를 반죽하여 소를 넣어 빚은 음식. 만두	밀가루를 반죽해서 아무것도 넣지 않고 쪄낸 찐빵
饭店 [반점]	중국음식을 파는 대중적인 음식점	호텔
经理 [경리]	회사의 급전 출납 직원	지배인, 매니저, 사장
新闻 [신문]	신문(지류)	뉴스(news)
点心 [점심]	점심	가벼운 식사 혹은 간식
放学 [방학]	방학	학교가 파하다
学院 [학원]	학원(사설교육기관)	단과대학

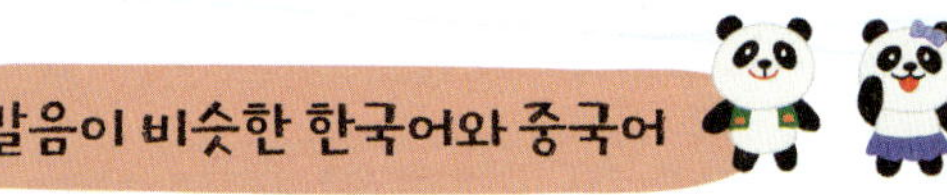

활동1 우리말 뜻을 추측하여 빈칸에 적어 봅시다.

- ☐ 개학 첫날 jǐnzhāng 하지 말고 자신감을 가지고 chūfā 하기!
  - (예) 긴장 / 出发 출발
- ☐ bānzhǎng이 되어서 학급 guǎnlǐ를 잘하기!
  - 班长 반장 / 管理 관리
- ☐ 미리 수업 zhǔnbèi를 잘하고 책상 zhěnglǐ를 잘하기!
  - 准备 준비 / 整理 정리
- ☐ 주말에 túshūguǎn에 가서 책을 많이 읽고 cōngming해지기!
  - 图书馆 도서관 / 聪明 총명

- ☐ qiǎokèlì이나 kělè는 덜 먹고, yùndòng을 많이 하기!
  - 巧克力 초콜렛 / 可乐 콜라 / 运动 운동
- ☐ kāfēi보다는 몸에 좋은 chá를 많이 마시기!
  - 咖啡 커피 / 茶 차
- ☐ 물을 많이 마셔서 pífū도 좋아지고 나한테 잘 맞는 huàzhuāngpǐn을 찾기!
  - 皮肤 피부 / 化妆品 화장품
- ☐ fùmǔ님, 친구 등 가까운 사람에게 gǎnxiè하는 마음 갖기!
  - 父母 부모 / 感谢 감사

활동2 올해 꼭 이루고 싶은 나만의 버킷 리스트를 우리말로 적어 봅시다.

버킷리스트 예시

- ☐ 등교부터 하교까지 학교 영상 브이로그 찍어보기
- ☐ 가족들과 여행가기
- ☐ 친구들과 놀이동산 가기
- ☐ 내가 좋아하는 가수의 콘서트에 가기

나만의 중국 문화 요약 노트 ____________________

____

____

____

____

01 다음에 해당하는 성조는?

> má 麻

① 제1성
② 제2성
③ 제3성
④ 제4성
⑤ 경성

02 ㉠과 ㉡에 들어갈 말로 알맞은 것은?

> 중국에서는 중국어를 (㉠)(이)라고 한다. 중국어에는 다양한 방언이 있어 표준어를 제정하여 사용하는데, 이를 (㉡)(이)라고 한다.

	㉠	㉡
①	한어	간화자
②	한족어	보통화
③	중원	한어
④	한어	보통화
⑤	번체자	중원

03 밑줄 친 부분의 중국어 음절 구성요소로 알맞은 것은?

> <u>zh</u>ōng

① 성모
② 운모
③ 모음
④ 자음
⑤ 한어병음

04 성조에 대한 설명으로 옳지 <u>않은</u> 것은?

① 성조는 소리의 높낮이를 나타내며 성조가 달라지면 의미도 달라진다.
② 제1성은 가장 높은 음에서 길고 평탄하게 내는 소리이다.
③ 제2성은 중간 음에서 높은 음으로 올라가듯 내는 소리이다.
④ 제3성은 중간 아래 음에서 가장 낮은 음까지 내려갔다가 다시 높은 음으로 올리듯 내는 소리이다.
⑤ 제4성은 가장 높은 음에서 가장 낮은 음으로 느리게 내려가듯 내는 소리이다.

05 밑줄 친 부분의 발음이 나머지 넷과 <u>다른</u> 것은?

① j<u>i</u>　　　　　② x<u>i</u>　　　　　③ c<u>i</u>
④ d<u>i</u>　　　　　⑤ l<u>i</u>

05

① ji[지]
② xi[시]
③ ci[츠]
④ di[디]
⑤ li[리]

06 다음 중 한어병음 표기가 바르지 <u>않은</u> 것은?

① yě　　　　　② yuè　　　　　③ huì
④ guó　　　　　⑤ xüān

06

j, q, x가 ü와 결합하면 위의 두 점은 생략한다.
xūān → xuan

07 밑줄 친 부분이 실제로 발음될 때의 성조로 알맞은 것은?

> <u>lǎo</u>shī

① 제1성　　　　　② 제2성　　　　　③ 제3성
④ 제4성　　　　　⑤ 반3성

07

제3성의 성조 변화
제3성+제1성 → 반3성+제1성

08 제시된 숫자의 손 숫자 모양으로 알맞은 것은?

> qī(七)

①　　②　　③　　④　　⑤

08

① liù 六
② qī 七
③ bā 八
④ jiǔ 九
⑤ shí 十

2

Nǐ hǎo!
你好！
네 이름은 뭐니?

학습 목표 상황에 맞는 인사 표현을 할 수 있다.

의사소통 기본 표현
만남 Nǐ hǎo!
헤어짐 Zàijiàn!
감사 Xièxie!

문화 중국의 인사법

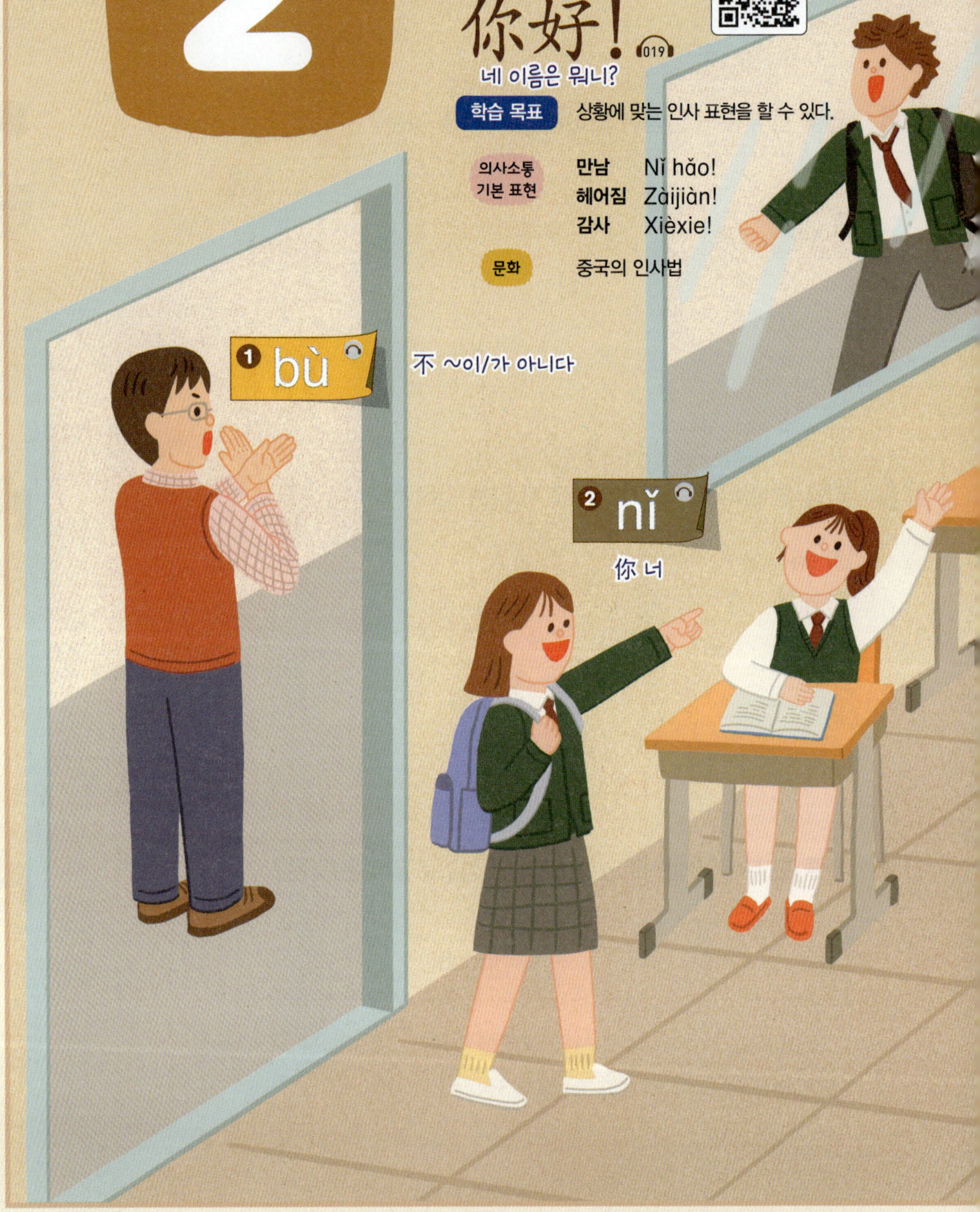

의사소통 기본 표현

만남
Nǐ hǎo! 你好！ 안녕!

헤어짐
Zàijiàn! 再见！ 잘 가!

감사
Xièxie! 谢谢！ 고마워!

 **문화 Plus⁺**

(1) 쌍희(双喜 shuāngxǐ)
　　결혼식에서 장식용으로 붙이는 글자로, 기쁜 일이 겹쳐서 생긴다는 의미가 있다.

(2) 쌍희의 유래
　　송대 정치가이자 시인인 왕안석(王安石 Wáng Ānshí) 은 과거 급제와 결혼의 두 가지 기쁨을 한꺼번에 얻어 '기쁠 희(喜)' 자를 나란히 두 번 써서 대문에 붙여 기쁨을 나타냈다. 그 이후 중국에서는 결혼이나 경사가 있을 때 빨간 종이에 '쌍희 희(囍)' 자를 써서 대문, 가구, 신혼 용품 등에 붙여 경사가 겹쳐서 오기를 기원하는 풍습이 생겼다.

듣기 대본

❶ 不
❷ 你
❸ 见
❹ 好

준비하기 2번 예시

이탈리아어
Buòn giórno(본 조르노) : 안녕하세요.
Ciao(차오) : 다음에 또 봐요.

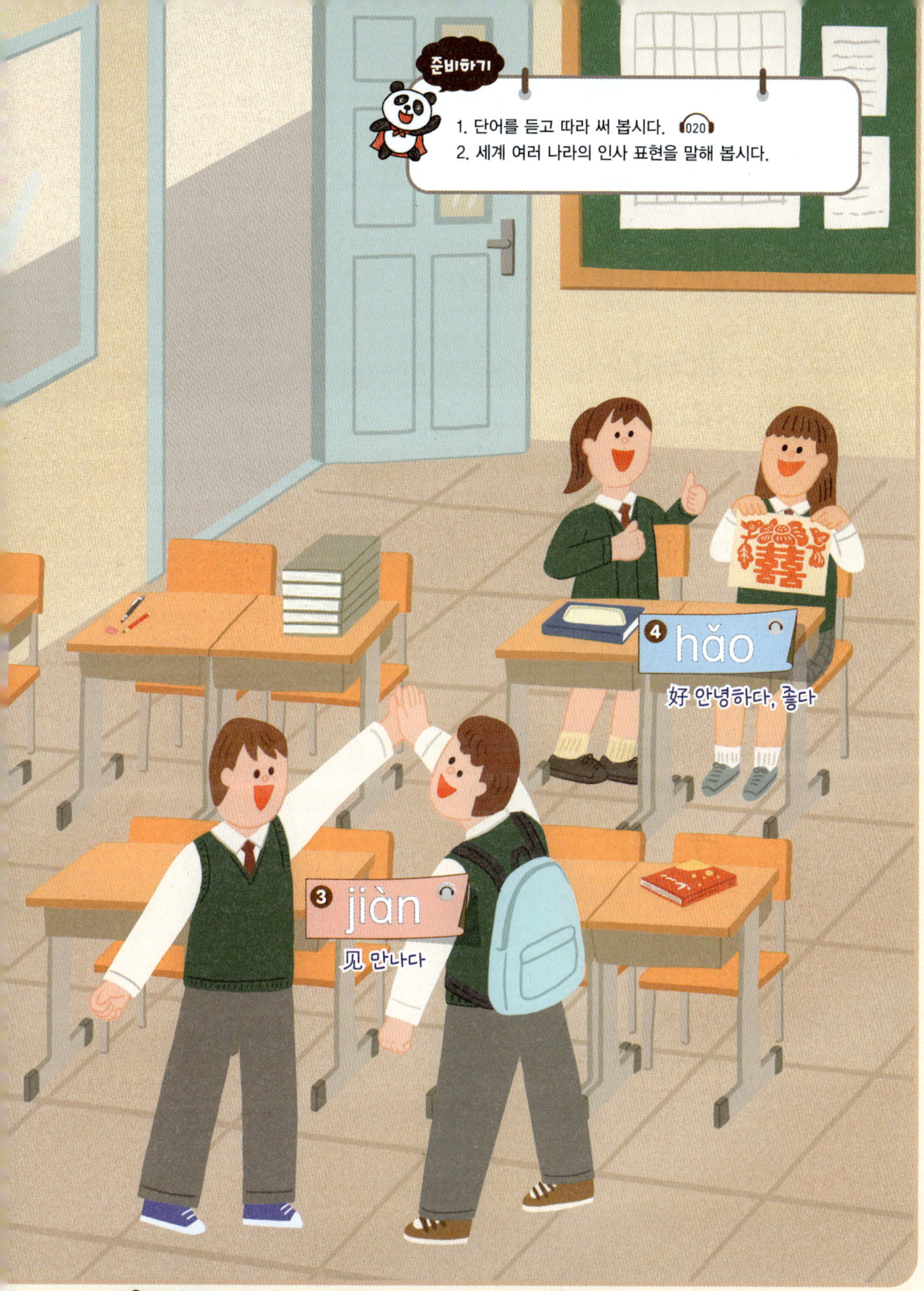

독일어
Geten Tag!(구텐 탁) : 안녕하세요.
Auf Wiedersehen(아우프 비더제헨) :
안녕히 가세요.

베트남어
Xin chào(씬 짜오) : 안녕하세요.
Tạm biệt(땀 비엣) : 안녕히 가세요.

 단어 미리보기

단어를 소리내어 읽고 □에 √표기를 해 보세요.

	단어	병음	뜻		단어	병음	뜻
□□□	你	nǐ	너	□□□	不	bù	~이/가 아니다
□□□	好	hǎo	안녕하다, 좋다	□□□	客气	kèqi	예의를 차리다
□□□	们	men	~들(복수를 나타냄)	□□□	对不起	duìbuqǐ	미안하다
□□□	再见	zàijiàn	잘 가, 안녕(작별 인사)	□□□	没	méi	없다
□□□	明天	míngtiān	내일	□□□	关系	guānxi	관계
□□□	见	jiàn	만나다	□□□	谢	xiè	감사하다
□□□	大家	dàjiā	여러분	□□□	多	duō	많다
□□□	早上	zǎoshang	아침	□□□	看	kàn	보다
□□□	晚上	wǎnshang	저녁	□□□	事	shì	일
□□□	我	wǒ	나	□□□	老师	lǎoshī	선생님
□□□	您	nín	당신(你 nǐ의 존칭)	□□□	同学	tóngxué	급우, 학우
□□□	他	tā	그	□□□	爸爸	bàba	아버지
□□□	她	tā	그녀	□□□	妈妈	māma	어머니
□□□	谢谢	xièxie	고맙다				

교과서 단어

- 你 nǐ 너
- 好 hǎo 안녕하다, 좋다
- 们 men ~들(복수를 나타냄)
- 再见 zàijiàn 잘 가, 안녕(작별 인사)
- 明天 míngtiān 내일
- 见 jiàn 만나다

예문 단어

- 老师 lǎoshī 선생님
- 下午 xiàwǔ 오후

▶ 친구들이 교실에서 인사를 합니다. 🎧 021

이나영, 장리리

你好!
Nǐ hǎo!

왕둥

你们好!
Nǐmen hǎo!

▶ 김대한과 장리리가 교문에서 작별 인사를 합니다. 🎧 023

김대한

再见!
Zàijiàn!

장리리

明天见!
Míngtiān jiàn!

본문 해설

① 'Nǐ hǎo 你好'는 중국에서 가장 일반적으로 사용하는 인사말로, 이미 알고 있는 사람이나 처음 만나는 사람 상관없이 사용한다.

② 'men 们'은 인칭대명사와 사람을 나타내는 명사 뒤에 붙어서 복수 형태를 만든다.
> 예시 nǐ + men → nǐmen 你们 너희들
> lǎoshī + men → lǎoshīmen 老师们 선생님들

③ 'zàijiàn 再见'은 헤어질 때 쓰는 인사말이다.

④ 'jiàn 见' 앞에 'míngtiān 明天'과 같은 시간과 관련된 단어를 사용하면 그 시간에 만나자는 뜻이 된다.
> 예시 Xiàwǔ jiàn! 下午见! 오후에 만나자

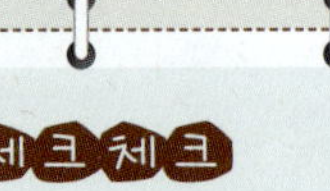
체크체크

1. 중국어에서 복수형을 만들 때 사용하는 단어는?
   ① nǐ
   ② hǎo
   ③ men
   ④ míngtiān

2. 본문에서 헤어질 때 하는 인사에 공통으로 들어가는 단어에 밑줄을 그어 보세요.

정답
2. jiàn 见
1. ③

① 인사 표현

• 你好! Nǐ hǎo!는 '안녕!'이라는 뜻으로, 시간과 장소에 상관없이 만날 때 하는 인사말이다.

대상 + hǎo

大家好! Dàjiā hǎo!
여러분 안녕하세요!

시간 + hǎo

早上好! Zǎoshang hǎo!
좋은 아침!(아침 인사)

• 再见! Zàijiàn!은 '잘 가!'라는 뜻으로, 헤어질 때 하는 인사말이다.

시간 + jiàn

晚上见! Wǎnshang jiàn!
Tip 저녁에 보자!

> 아침 인사의 경우 친한 사이에는 'Zǎoshang hǎo 早上好' 대신 'Zǎo 早'만 사용해서 인사할 수도 있다. 또한 'Zǎoshang 早上' 대신 다른 시간 대와 관련된 단어를 넣으면 그 시간에 하는 인사말이 된다.
> 예 Wǎnshang hǎo! 晚上好!

② 인칭대명사

구분	단수	복수
1인칭	我 wǒ 나	我们 wǒmen 우리(들)
2인칭	你 nǐ 너 / 您 nín 당신	你们 nǐmen 너희(들)
3인칭	他 tā 그	他们 tāmen 그들
	她 tā 그녀 **Tip**	她们 tāmen 그녀들

> 'nínmen 您们' 이라는 표현은 일반적으로 잘 쓰이지 않으며 남자와 여자가 섞여있을 경우에는 'tāmen 他们'을 사용한다.

알려줘 징징 친근한 인사

교과서 단어

- 大家 dàjiā 여러분
- 早上 zǎoshang 아침
- 晚上 wǎnshang 저녁
- 我 wǒ 나
- 您 nín 당신(你 nǐ의 존칭)
- 他 tā 그
- 她 tā 그녀

① 꼬마 문제

● 빈칸 채우기

여러분 안녕하세요!

→ [   ] hǎo!

② 꼬마 문제

● 해석하기

Míngtiān jiàn!

→ [   ] !

③ 꼬마 문제

● 알맞은 말 고르기

'우리들'

① wǒmen   ② nǐmen

③ nínmen   ④ tāmen

징징 Plus⁺

중국에서는 친근한 사이끼리 인사할 때 hi, hello의 발음을 본 따 嗨(Hāi), 哈喽(Hālóu)라고 인사하기도 한다. 헤어질 때 또한 byebye를 뜻하는 拜拜(báibai) 라고 인사하는 경우도 많다.

꼬마 문제 정답

① ①
② 내일 보자!
③ Dàjiā

교과서 단어

- 谢谢 xièxie 고맙다
- 不 bù ~이/가 아니다
- 客气 kèqi 예의를 차리다
- 对不起 duìbuqǐ 미안하다
- 没 méi 없다
- 关系 guānxi 관계

예문 단어

- 对 duì 맞다
- 大 dà 크다
- 来 lái 오다
- 晚 wǎn 늦다
- 了 le ~이 되었다 (어기조사)

체크 체크

1. '~이/가 아니다' 라는 표현을 본문에서 찾아 밑줄 그어 보세요.

2. '없다'라는 표현을 본문에서 찾아 밑줄 그어 보세요.

정답
1. 不 bù
2. méi 没

읽기 ②

▶ 이나영이 장리리에게 체육복을 빌립니다. 025

이나영

❶ **谢谢**!
Xièxie!

고마워!

장리리

❷ **不客气**!
Bú kèqi!

천만에!

▶ 김대한이 장리리와 실수로 부딪쳤습니다. 027

김대한

❸ **对不起**!
Duìbuqǐ!

미안해!

장리리

❹ **没关系**!
Méi guānxi!

괜찮아!

퀴즈

감사의 표현은 ☑Xièxie! ◯Duìbuqǐ!라고 합니다.

본문 해설

❶ '고맙다'는 의미의 'xièxie 谢谢' 뒤에 감사의 대상을 넣어 이야기 할 수도 있다.
xièxie 谢谢 + 감사의 대상
예시 Xièxie dàjiā! 谢谢大家! 여러분 고맙습니다!
예시 Xièxie nǐ! 谢谢你! (너에게) 고마워!

❷ 'kèqi 客气'를 '케치'라고 발음하지 않도록 주의한다.

❸ 'bù 不'는 원래 4성이지만 뒤에 4성이 오면 2성으로 발음한다.
예시 bù duì 不对 → bú duì 맞지 않다
예시 bù dà 不大 → bú dà 크지 않다

❹ 'Duìbuqǐ 对不起'는 '미안합니다'라는 뜻의 사과 표현으로, 정중하게 미안함을 표현할 때 사용한다. 대답으로는 남방에서는 주로 'Méiguānxi 没关系', 북방에서는 주로 'Méishì 没事'를 사용한다.
예시 A: Duìbuqǐ, wǒ lái wǎn le. 对不起，我来晚了。 미안해, 내가 늦었어.
　　 B: Méiguānxi! 没关系(Méishì! 没事!)! 괜찮아!

1 감사 표현

- 谢谢! Xièxie!는 '고맙습니다.'라는 뜻으로, 뒤에 대상을 붙여 말할 수 있다.
  대답은 不客气! Bú kèqi! 또는 不谢! Bú xiè!로 한다.

  A 谢谢您!　Xièxie nín! 고맙습니다!

  B 不谢!　Bú xiè! 별말씀을요!

2 不 bù

- 不 bù는 '~이/가 아니다'라는 뜻으로 형용사나 동사 앞에서 부정의 의미를
  나타낸다.

  不多。Bù duō. 많지 않다.
  不看。Bú kàn. 보지 않는다.

3 사과 표현

- 对不起! Duìbuqǐ!는 '미안합니다.'라는 뜻으로, 대답은 没关系! Méi guānxi!
  또는 没事! Méi shì!로 한다.

  A 对不起!　Duìbuqǐ! 미안해요!

  B 没事!　Méi shì! 괜찮아요!

교과서 단어

- 谢 xiè 감사하다
- 多 duō 많다
- 看 kàn 보다
- 事 shì 일

1 꼬마 문제

- 알맞은 표현 쓰기

A: Xièxie !

B:

2 꼬마 문제

- 틀린 성조 고치기

Tā bù kàn.

→ 　　　　→

3 꼬마 문제

- 알맞은 표현 쓰기

A: Duìbuqǐ!

B:

징징 Plus+

'duìbuqǐ 对不起'는 상대방에게 잘못을 하거나 미안한 상황에 있을 때 사용한다. 상대방이 나보다 연장자이거나, 예를 갖춰야 하는 사람이라면 'duìbuqǐ 对不起'가 적절한 표현이 된다. 반면 'bù hǎoyìsi 不好意思'는 가벼운 정도의 미안함, 또는 상대방에게 양해 또는 이해를 구할 때 사용한다. 길을 물어볼 때나 옆자리가 비어있는지 물어볼 때 등의 상황에는 'bù hǎoyìsi 不好意思'가 종종 쓰인다.

알려줘 징징　미안해요~ Bù hǎoyìsi!

일상생활에서 对不起! Duìbuqǐ!와 비슷한 표현으로 不好意思。Bù hǎoyìsi.도 자주 사용해요!
우리말의 '실례합니다.'와 비슷한 말이에요.

꼬마 문제 정답

① Bú kèqì! (Bú xiè)!
② bù → bú
③ Méi guānxi!(Méi shì).

교과서 단어

- 老师 lǎoshī 선생님
- 同学 tóngxué 급우, 학우
- 爸爸 bàba 아버지
- 妈妈 māma 어머니

1 예시 및 해석

① Lǎoshī hǎo!
老师好!
선생님 안녕하세요!

② Tóngxuémen hǎo!
同学们好!
급우들아 안녕!

③ Zàijiàn!
再见!
잘가!

2 예시 및 해석

연습 1

Xièxie nǐ!
谢谢你!
(너에게) 고마워!

① Xièxie nín!
谢谢您!
(당신께) 감사합니다.

② Xièxie dàjiā!
谢谢大家!
여러분 감사합니다!

③ Xièxie bàba、māma!
谢谢爸爸、妈妈!
아빠, 엄마, 고맙습니다!

1 그림을 보고 상황에 맞게 인사해 봅시다. 🎧029

2 밑줄 친 부분을 바꾸어 감사 인사를 말해 봅시다. 🎧030

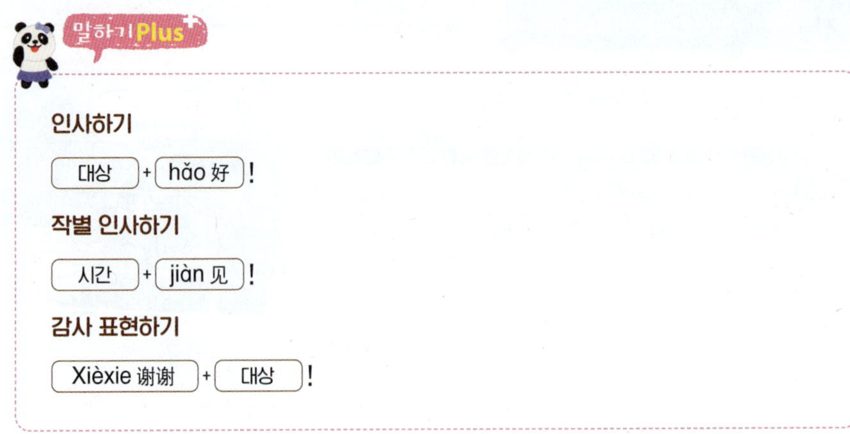

1 잘 듣고, 제시된 단어의 한어병음을 완성해 봅시다. 〔032〕

① 

不
b◻

② 

好
◻ǎo

③ 

晚上
wǎn ◻ ang

들기 대본 및 해석   1

① 不 bù ~이/가 아니다
② 好 hǎo 안녕하다, 좋다
③ 晚上 wǎnshang 저녁

---

2 빈칸에 들어갈 단어를 보기에서 골라 대화를 완성해 봅시다.

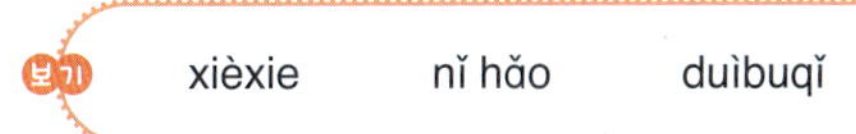

보기   xièxie   nǐ hǎo   duìbuqǐ

예시 답안 및 해석   2

보기

xièxie nǐ hǎo duìbuqǐ
谢谢　你好　对不起
고마워　안녕　미안해

A: 你好!
　Nǐ hǎo!
　안녕!

B: 你好!
　① Nǐ hǎo!
　안녕!

A: 내가 도와줄까?

B: 谢谢!
　② Xièxie!
　고마워!

A: 对不起!
　③ Duìbuqǐ!
　미안해!

B: 没关系!
　Méi guānxi!
　괜찮아!

Tip

'내가 도와줄까?'는 중국어로
'Wǒ bāng nǐ. 我帮你。'
라고 할 수 있다.

쓰기 Plus⁺

* 주요 단어와 활용 문장을 따라 써 보세요.

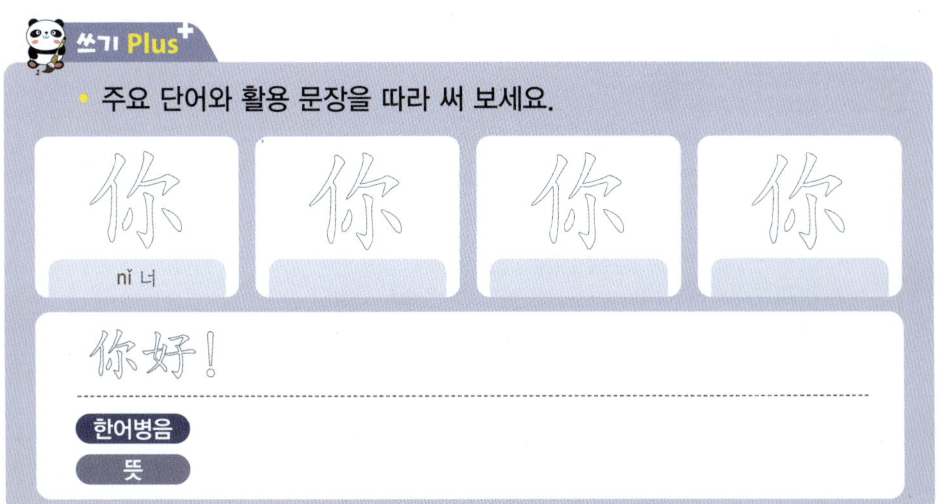

1 듣기 대본 및 해석

① **A**: Nǐ hǎo!
你好!
안녕!

B: Zǎoshang hǎo!
早上好!
안녕!(아침인사)

② **A**: Zàijiàn!
再见!
잘가!

B: Míngtiān jiàn!
明天见!
내일 봐!

2 답안 및 해석

① Lǎoshī hǎo!
老师好!
선생님 안녕하세요!

② Nǐmen hǎo!
你们好!
너희들 안녕!

3 답안 및 해석

A: Xiexie!
谢谢
고마워!

A: Duìbuqǐ!
对不起!
미안해!

A: Míngtiān jiàn!
明天见!
내일 봐!

B: Zàijiàn!
再见!
잘가!

B: Bú keqǐ!
不客气!
천만에!

B: Méi guānxi!
没关系!
괜찮아!

1 잘 듣고, 그림과 일치하면 ○표, 일치하지 않으면 ×표를 해 봅시다. 033

2 보기 의 단어를 활용하여 대화를 완성해 봅시다.

보기

hǎo　　lǎoshī　　nǐmen

① Lǎoshī ___________ hǎo!

② Nǐmen hǎo! ___________ !

3 알맞은 대답을 연결하고 짝과 대화해 봅시다.

① **A** Xièxie! ———— **B** Zàijiàn!

② **A** Duìbuqǐ! ———— **B** Bú kèqi!

③ **A** Míngtiān jiàn! ———— **B** Méi guānxi!

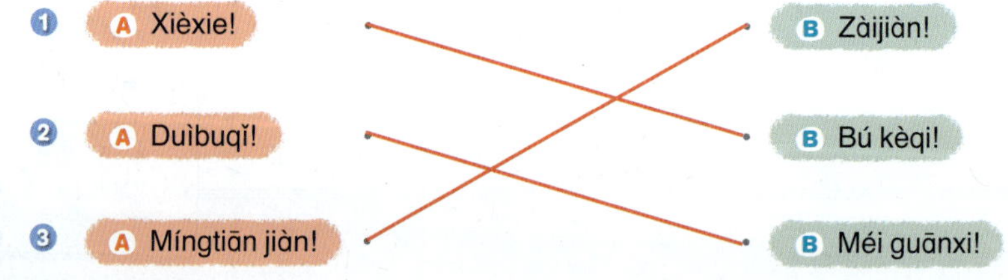

- 단어에 해당하는 한어병음을 쓰고 가로세로 퍼즐을 완성해 봅시다. (※성조 제외)

① 잘 가 — zàijiàn
② 관계 —
③ ~ 들(복수를 나타냄) —
④ 안녕하다, 좋다 —
⑤ 아침 —

① 여러분 —
② 고맙다 —
③ 없다 —
④ 너 —
⑤ 선생님 —

감사와 사과 카드 쓰기

■ 감사와 사과의 날을 정해 고맙거나 미안한 사람에게 중국어 표현을 활용하여 감사 혹은 사과의 카드를 써 봅시다.

예시

Tip

카드 쓰기 예

Bàba, māma
Māma가 아침에 밥 차려주면서 한 입이라도 먹고 가라고 하는데 입맛 없다고 그냥 가서 duìbuqǐ 해요.
Bàba, 퇴근 하고 힘드신데 밤 늦게 끝나는 학원에 데리러 오셔서 xièxie 해요.

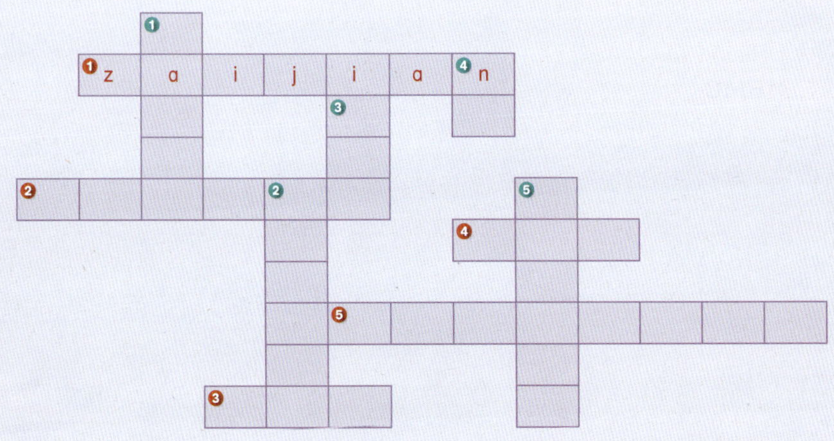

문화

중국의 인사법

중국에서는 일반적으로 인사할 때 허리를 굽히지 않고, 가볍게 고개를 숙이거나 손을 흔들어 인사를 합니다.

1 중국인들이 자주 쓰는 다양한 인사말

欢迎光临!
Huānyíng guānglín!
어서 오세요!

慢走!
Mànzǒu!
조심히 가세요!

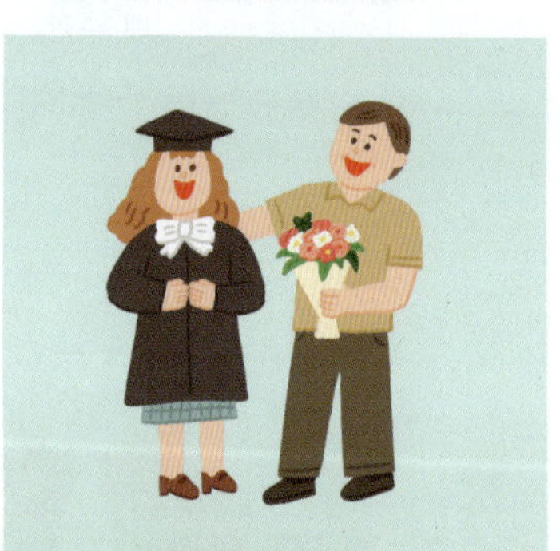

恭喜恭喜!
Gōngxǐ gōngxǐ!
축하해!

周末愉快!
Zhōumò yúkuài!
주말 즐겁게 보내!

문화 Plus⁺

欢迎光临!
식당이나 가게에 손님이 들어올 때 종업원이 하는 인삿말이다.

慢走!
가게나 집 등에 온 손님을 배웅하며 하는 인사말이다.
중국인들은 네 글자로 말하기를 좋아하여 반복해서 慢走慢走!라고 하기도 한다.

恭喜恭喜!
축하할 일이 있을 때 하는 인삿말이다.

周末愉快!
주말을 즐겁게 보내라는 뜻의 인사말이다.

문화 Plus⁺

중국의 다양한 인사말

❶ 好久不见!
Hǎo jiǔ bú jiàn!
오랜만이야!

❷ 多多关照!
Duōduō guānzhào!
잘 부탁드립니다!

❸ 生日快乐!
Shēngrì kuàilè!
생일 축하해!

❹ 旅途愉快!
Lǚtú yúkuài!
좋은 여행 되세요!

❺ 加油!
Jiāyóu!
화이팅!

❻ 祝你好运!
Zhù nǐ hǎoyùn!
행운을 빌어!

MEMO

❷ 중국의 전통 인사

🌱 테이블을 손가락으로 톡톡

같은 또래의 경우 다른 사람이 차를 따라줄 때 검지와 중지를 모아 테이블을 가볍게 세 번 정도 두드려 감사의 마음을 전합니다.

🌱 두 손 모아 공수

공수(拱手, gǒngshǒu)는 중국의 전통적인 인사로 서로 만날 때나 감사의 뜻을 표현할 때 사용합니다. 한 손은 주먹을 쥐고, 다른 한 손은 주먹 쥔 손을 감싼 채 가볍게 흔들며 인사하는 것으로 상대에 대한 존경을 나타냅니다. 주로 남자는 왼손을 오른손 위에 놓고 여자는 오른손을 왼손 위에 놓고 인사합니다.

퀴즈

❶ 중국인들은 축하할 때 "Gōngxǐ gōngxǐ!"라고 말한다. ⓞ ✕

❷ 중국인들은 손가락으로 테이블을 두드려 감사를 표현하기도 한다. ⓞ ✕

과제 활동

친구들과 공수 인사로 반가움을 표현해 보세요!

차 마실 때 인사법

중국인들이 차를 마실 때 손가락으로 테이블을 두드려 감사를 표시하는 인사법을 叩指礼 [kòuzhǐlǐ] 라고 하는데 세 가지 방법이 있다.

❶ 친구나 동년배가 차를 따라줄 때는 검지와 중지를 모아 테이블을 가볍게 세 번 정도 두드린다. 중국인들 사이에서 가장 많이 사용되는 동작이다.

❷ 아랫사람은 윗사람이 자신에게 차를 따라 줄 때 주먹을 쥐고 주먹의 등이 위를 향하게 하여 다섯 손가락을 동시에 세 번정도 두드린다. 이때 우리나라 처럼 찻잔을 손으로 받칠 필요는 없다.

❸ 윗사람은 아랫사람이 차를 따라 주면 윗사람은 검지 하나로 테이블을 두드리며 고마움을 표현한다.

공수

남자와 여자의 공수 인사법이 약간 다르다.
남자는 오른손을 주먹쥐고 왼손으로 오른손을 감싸고, 여자는 왼손을 주먹쥐고 오른손으로 왼손을 감싼다.

01 밑줄 친 부분을 실제로 발음할 때의 성조로 알맞은 것은?

> 你好!

① 제1성　　　② 제2성　　　③ 제3성
④ 제4성　　　⑤ 반3성

02 단어와 뜻의 연결이 알맞은 것은?

① 你 – 나　　　② 我 – 당신　　　③ 老师 – 학생
④ 您 – 너　　　⑤ 很 – 매우, 아주

03 다음 대화의 상황으로 알맞은 것은?

> A: Zàijiàn!
> B: Zàijiàn!

① 고마울 때　　　② 만났을 때　　　③ 미안할 때
④ 칭찬할 때　　　⑤ 헤어질 때

04 B의 대답으로 가장 알맞은 것은?

> A: Duìbuqǐ!
> B: ______!

① Xièxie　　　② Nǐ hǎo　　　③ Dàjiā hǎo
④ Méi guānxi　　　⑤ Míngtiān jiàn

05 인칭대명사 뒤에서 복수를 나타내는 단어로 알맞은 것은?

① 好　　　　　② 们　　　　　③ 不
④ 见　　　　　⑤ 你

05

① 好(hǎo) 안녕하다, 좋다
② 们(men) ~들(복수를 나타냄)
③ 不(bù) ~이/가 아니다
④ 见(jiàn) 만나다, 보다
⑤ 你(nǐ) 너, 당신

06 자연스러운 대화로 알맞게 연결되지 <u>않은</u> 것은?

① A: Xièxie!　　　② A: Nín hǎo!
　 B: Bú kèqi!　　　 B: Nǐ hǎo!
③ A: Bù hǎoyìsi!　④ A: Duìbuqǐ!
　 B: Méi guānxi!　　 B: Bú kèqi!
⑤ A: Zàijiàn!
　 B: Míngtiān jiàn!

06

③ Bù hǎoyìsi! 는 "미안합니다"라는 뜻으로, Méi guānxi! (괜찮습니다)라고 답하는 것이 일반적이다.

07 밑줄 친 부분을 실제로 발음할 때의 성조로 알맞은 것은?

> <u>不</u>客气!

① 제1성　　　　② 제2성　　　　③ 제3성
④ 제4성　　　　⑤ 경성

07

'bù 不' 는 뒤에 제4성이 오면 제2성으로 발음한다.

08 중국의 인사와 관련된 설명으로 알맞지 <u>않은</u> 것은?

① 중국은 일반적으로 허리를 깊이 숙여 인사한다.
② 전통적인 인사법은 공수(拱手, gōngshōu)이다.
③ 축하할 때는 'Gōngxǐ gōngxǐ'라고 한다.
④ 일반적으로 서로 아는 사이에서는 손을 흔들어 인사한다.
⑤ '어서오세요!'라는 인사는 중국어로 'Huānyíng guānglín!'이라고 한다.

08

중국에서는 일반적으로 인사할 때 허리를 굽히지 않고 가볍게 고개를 숙이거나 손을 흔들어 인사를 합니다.

3

Nǐ jiào shénme míngzi?
你叫什么名字?
네 이름은 뭐니?

〔034〕

학습 목표 이름과 국적 관련 표현을 할 수 있다.

의사소통 기본 표현	**이름**	Nǐ jiào shénme míngzi?
	반가움	Rènshi nǐ hěn gāoxìng.
	국적	Tā shì Hánguórén.
문화		중국의 성(姓)씨와 호칭

의사소통 기본 표현

이름

Nǐ jiào shénme míngzi?
你叫什么名字?
네 이름은 뭐니?

반가움

Rènshi nǐ hěn gāoxìng.
认识你很高兴。
널 알게 되어 매우 기뻐.

국적

Tā shì Hánguórén.
他是韩国人。
그는 한국인이야.

문화 Plus⁺

(1) 기모노

일본의 전통 의상으로, ‘입는 것’, 즉 모든 ‘일본 전통 옷’을 뜻한다. 기모노를 입을 때는 옷깃을 여미는 방향이 중요하다. 그림처럼 입는 사람을 기준으로 왼쪽 옷깃이 위로 올라가도록 해야 하며, 반대의 경우는 죽은 사람에게 입히는 수의뿐이기 때문에 불길하게 여긴다.

(2) 아오자이

베트남의 전통 의상으로, ‘긴 옷’이란 뜻이며, 주로 여성이 입는 옷을 가리킨다. 주로 결혼하지 않은 여자는 흰 아오자이를, 결혼한 여자는 색이 있는 아오자이를 입으며, 흰 아오자이는 베트남 여학생의 공통적인 교복으로 활용되기도 한다.

(3) 탕좡(唐裝)

‘중국 당(唐)대의 복장’이란 뜻이지만, 일반적으로 중국식 복장을 통칭한다. 역대 APEC 정상회의가 열릴 때마다 각 회원국 정상들은 개최국의 전통 복장을 입어 왔는데, 2001년 제9회 상하이 APEC에서는 각국 정상들이 탕좡을 입고 등장을 하여 화제가 되기도 하였다.

들기 대본 및 해석

① gāoxìng 高兴 기쁘다
② jiào 叫 ~(이)라고 부르다
③ Hánguó 韩国 한국
④ Zhōngguó 中国 중국

 **단어 미리보기**

단어를 소리내어 읽고 □에 √표기를 해 보세요.

□□□	叫	jiào	~(이)라고 부르다	□□□	也	yě	~도, 역시
□□□	什么	shénme	무엇, 무슨	□□□	吗	ma	~입니까?
□□□	名字	míngzi	이름	□□□	韩国	Hánguó	한국
□□□	呢	ne	~은/는요?	□□□	美国	Měiguó	미국
□□□	认识	rènshi	알다	□□□	日本	Rìběn	일본
□□□	很	hěn	매우	□□□	西班牙	Xībānyá	스페인
□□□	高兴	gāoxìng	기쁘다	□□□	学生	xuésheng	학생
□□□	去	qù	가다	□□□	南丁格尔	Nándīnggé'ěr	나이팅게일[인명]
□□□	忙	máng	바쁘다	□□□	英国	Yīngguó	영국
□□□	漂亮	piàoliang	예쁘다	□□□	贝多芬	Bèiduōfén	베토벤[인명]
□□□	是	shì	~이다	□□□	德国	Déguó	독일
□□□	哪	nǎ	어느	□□□	居里	Jūlǐ	퀴리[인명]
□□□	国	guó	나라	□□□	法国	Fǎguó	프랑스
□□□	人	rén	사람	□□□	甘地	Gāndì	간디[인명]

읽기 ① 

▶ 김대한이 AI 징징에게 이름을 묻습니다. 🔊036

김대한

你叫什么名字?
Nǐ jiào shénme míngzi?

> 네 이름은 뭐니?

AI 징징

我叫晶晶, 你呢?
Wǒ jiào Jīngjing, nǐ ne?

> 나는 징징이라고 해, 너는?

김대한

我叫金大韩。
Wǒ jiào Jīn Dàhán.

> 나는 김대한이야.

AI 징징

认识你很高兴。
Rènshi nǐ hěn gāoxìng.

> 너를 알게 되어 매우 기뻐.

 퀴즈

AI의 이름은 ___징징___ 입니다.

 **본문 해설**

❶ 'shénme 什么'는 '무엇, 무슨'이란 뜻의 의문사로 일반적으로, 문장 뒤에 의문을 나타내는 吗(ma)를 쓰지 않는다.
   예시 Nǐ jiào shénme míngzi ma? (x)

❷ 'ne 呢'는 '~는요?'라는 뜻으로, 앞서 말한 내용을 되물을 때 사용한다.
   예시 Wǒ hěn hǎo, nǐ ne? 我很好. 你呢? 나는 잘 지내, 너는?

❸ 이름을 한어병음으로 나타낼 때, 성과 이름은 띄어 쓰고, 각각의 첫 글자는 대문자로 표기한다.
   李娜英 Lǐ Nàyīng 이나영

❹ 'rènshi 认识'는 '(사람, 길, 한자 등을) 알다'라는 의미로 사용된다.
   예시 Wǒ rènshi tā. 我认识他。 나는 그를 안다(그와 내가 서로 알고 있다).

❺ 'hěn 很'은 본래 '매우, 아주'라는 뜻으로, 형용사 앞에 습관적으로 붙여 사용한다.
   예시 Tā hěn shuài. 他很帅。 그는 (매우) 잘생겼다.

1. 什么 shénme

- 什么 shénme는 '무엇, 무슨'이라는 뜻의 의문사이다.

  A 他叫什么名字？   Tā jiào shénme míngzi? 그의 이름은 무엇이니?
  B 他叫王东。 Tā jiào Wáng Dōng. 그는 왕둥이라고 해.

2. 呢 ne

- 呢 ne는 '~은/는요?'라는 뜻으로, 앞에서 언급한 내용을 되물을 때 사용한다.

  A 我去, 你呢？   Wǒ qù, nǐ ne? 나는 갈래, 너는?
  B 我不去。 Wǒ bú qù. 나는 안 갈래.

3. 很 hěn

- 很 hěn은 '매우'라는 뜻으로, 형용사 앞에 습관적으로 붙여서 사용한다.

  我很忙。 Wǒ hěn máng. 저는 (매우) 바빠요.
  她很漂亮。 Tā hěn piàoliang. 그녀는 (매우) 예뻐요.

교과서 단어

- 去 qù 가다
- 忙 máng 바쁘다
- 漂亮 piàoliang 예쁘다

1  꼬마 문제

- 빈칸 채우기

너는 이름이 뭐니?

→ Nǐ jiào ______ míngzi?

2  꼬마 문제

- 빈칸 채우기

저는 가요, 선생님은요?

→ Wǒ qù, lǎoshī ______?

3  꼬마 문제

- 어순 배열하기

저는 바빠요.

(máng / wǒ / hěn)

→ ______

알려줘 징징 — 나의 중국어 이름 찾기

인터넷 중국어 사전에 내 이름의 한자를 입력하고,
검색 결과로 나온 간화자와 한어병음을 적어요.

金 [jīn]
1. 명사 금속
2. 명사 성(姓)

大 [dà]
1. 형용사 크다

韩 [Hán]
번체 韓
1. 명사 '韩国'(한국)의 준말.

★ 김(金)과 대(大)처럼 간화자와 번체자가 같을 수 있어요.

징징 Plus⁺

이름을 한어병음으로 나타낼 때, 성과 이름은 띄어 쓰고, 각각의 첫 글자는 대문자로 표기한다.

꼬마 문제 정답

1. shénme
2. ne
3. Wǒ hěn máng.

교과서 단어

- 是 shì ~이다
- 哪 nǎ 어느
- 国 guó 나라
- 人 rén 사람
- 中国 Zhōngguó 중국
- 也 yě ~도, 역시
- 吗 ma ~입니까?
- 韩国 Hánguó 한국

예문 단어

- 那 nà 저, 저것
- 饿 è 배고프다
- 学生 xuésheng 학생

이나영과 왕둥이 운동장에서 대화를 합니다. 〔038〕

 이나영

你是哪国人?
Nǐ shì nǎ guó rén?

너는 어느 나라 사람이니?

 왕둥

我是中国人。
Wǒ shì Zhōngguórén.

나는 중국인이야.

 이나영

他也是中国人吗?
Tā yě shì Zhōngguórén ma?

그도 중국인이니?

 왕둥

不是, 他是韩国人。
Bú shì, tā shì Hánguórén.

아니, 그는 한국인이야.

 **본문 해설**

1 'nǎ 哪'는 '어느'란 뜻의 의문사로 일반적으로 문장 뒤에 의문을 나타내는 'ma 吗'를 쓰지 않는다. ※헷갈리기 쉬운 단어: 那(nà) 저, 저것
   예시 Nǐ shì nǎ guó rén ma? (X)
   예시 Nà shì shénme? 那是什么? 저것은 무엇입니까?

2 'yě 也'는 '~도, 역시'란 뜻으로, 상대방이 앞서 말한 문장과 똑같은 말을 하고자 할 때 사용한다.
   예시 我也很饿。 Wǒ yě hěn è. 저도 배고파요.

3 'ma 吗'는 '~입니까'라는 뜻으로, 평서문의 문장 맨 뒤에 쓰여 의문문을 만든다. 'shénme 什么', 'nǎ 哪'와 같이 의문사를 활용한 의문문에는 'ma 吗'를 사용하지 않는다.
   예시 Nǐ máng ma? 你忙吗? 너 바쁘니?
   예시 Nǐ shì xuésheng ma? 你是学生吗? 당신은 학생입니까?

4 'bú shì 不是'는 是(shì)의 부정표현으로, '~아니다'라는 뜻이다. 不(bù)는 뒤에 제4성이 오면 제2성으로 발음한다.
   예시 Tā bú qù. 他不去。 그는 안 간다.

정답
1. ④
2. Hánguó 韩国

1 是 shì

- 是 shì는 '~이다'라는 뜻으로, 설명이나 판단을 나타낸다. 부정형은 不是 bú shì이다.

  我是美国人。 Wǒ shì Měiguórén. 나는 미국인이야.
  他不是日本人。 Tā bú shì Rìběnrén. 그는 일본인이 아니야.

2 哪 nǎ

- 哪 nǎ는 '어느'라는 뜻의 의문사이다.

  A 他是哪国人? Tā shì nǎ guó rén? 그는 어느 나라 사람이니?
  B 他是西班牙人。 Tā shì Xībānyárén. 그는 스페인 사람이야.

3 吗 ma

- 吗 ma는 '~입니까?'라는 뜻으로, 문장 끝에 쓰여 의문문을 만든다.

  A 你是学生吗? Nǐ shì xuésheng ma? 너는 학생이니?
  B 不是。 Bú shì. 아니요.

교과서 단어

- 美国 Měiguó 미국
- 日本 Rìběn 일본
- 西班牙 Xībānyá 스페인
- 学生 xuésheng 학생

1  꼬마 문제

- 빈칸 채우기

나는 한국인이 아니야.
→ Wǒ ⬚ shì Hánguórén.

2  꼬마 문제

- 알맞은 말 고르기

너는 어느 나라 사람이니?
→ Nǐ shì (nǎ / nà) guó rén?

3 꼬마 문제

- '吗 ma' 위치 찾기

그는 선생님 입니까?
→ Tā∧ shì ∧ lǎoshī ∧?
　　① 　　② 　　③

징징 Plus +

동물 외교

우호적인 국가 관계 형성을 목적으로 자국의 희귀한 동물을 외교 수단으로 삼아 상대국에 파견하는 외교 형식이다. 중국의 판다 외에도 호주의 코알라, 인도의 코끼리, 뉴질랜드의 키위새, 캐나다 비버 등도 동물 외교로 활용되었으며, 우리나라는 동물 외교의 일환으로 1994년 제주도의 조랑말을 하와이로 보내기도 하였다.

 꼬마 문제 정답

1. bú
2. nǎ
3. ③

알려줘 징징 　중국의 귀여운 외교 사절단, 판다

1941년 중국이 미국에 감사의 표시로 판다 한 쌍을 보내면서 판다 외교가 시작되었어요. 1983년 워싱턴 조약 이후, 현재는 장기 임대의 형식으로 판다 외교를 진행하고 있는데, 2016년 3월 우리나라도 아이바오와 러바오 암수 한 쌍을 선물 받아 판다 보유국이 되었어요.

2020년 7월에는 푸바오, 2023년 7월에는 쌍둥이 판다 루이바오, 후이바오가 태어났어요.

말하기

교과서 단어

- 南丁格尔 Nándīnggé'ěr
  나이팅게일[인명]
- * 격음부호 추가 단어
- 예 kě'ài 귀엽다
  Tiān'ānmén 천안문
  Shǒu'ěr 서울
- 英国 Yīngguó 영국
- 贝多芬 Bèiduōfēn 베토벤[인명]
- 德国 Déguó 독일
- 居里 Jūlǐ 퀴리[인명]
- 法国 Fǎguó 프랑스
- 甘地 Gāndì 간디[인명]
- 印度 Yìndù 인도

예시 답안 및 해석

 **연습 1**

A 你叫什么名字?
  네 이름은 뭐니?

B 我叫<u>金大韩</u>。
  나는 <u>김대한</u>이야.

 **연습 2**

A 你是哪国人?
  너는 어느나라 사람이니?

B 我是<u>中国</u>人。
  나는 <u>중국</u>인이야.

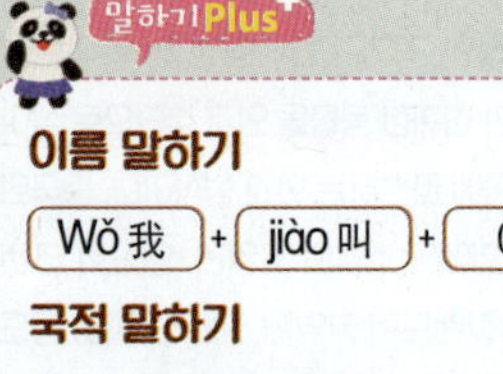

이름 말하기

| Wǒ 我 | + | jiào 叫 | + | 이름 |

국적 말하기

| Wǒ 我 | + | shì 是 | + | 국가명 |
| + | rén 人 |

---

1 사진을 보고 이름과 국적을 묻고 답해 봅시다. 🔊 040

연습 1
A Nǐ jiào shénme míngzi?
B Wǒ jiào <u>Jīn Dàhán</u>.

연습 2
A Nǐ shì nǎ guó rén?
B Wǒ shì <u>Zhōngguó</u>rén.

❶

이름: Nándīnggé'ěr
국적: Yīngguó

❷

이름: Bèiduōfēn
국적: Déguó

연습 1
A Nǐ jiào shénme míngzi?
  你叫什么名字? 네 이름은 뭐니?
B Wǒ jiào <u>Nándīnggé'ěr</u>.
  我叫<u>南丁格尔</u>。 저는 <u>나이팅게일</u>입니다.

연습 2
A Nǐ shì nǎ guó rén?
  你是哪国人? 너는 어느 나라 사람이니?
B Wǒ shì <u>Yīngguó</u>rén.
  我是<u>英国</u>人。 저는 <u>영국</u>인입니다.

연습 1
A Nǐ jiào shénme míngzi?
  你叫什么名字? 네 이름은 뭐니?
B Wǒ jiào <u>Bèiduōfēn</u>.
  我叫<u>贝多芬</u>。 저는 <u>베토벤</u>입니다.

연습 2
A Nǐ shì nǎ guó rén?
  你是哪国人? 너는 어느 나라 사람이니?
B Wǒ shì <u>Déguó</u>rén.
  我是<u>德国</u>人。 저는 <u>독일</u>인입니다.

❸

이름: Jūlǐ
국적: Fǎguó

❹

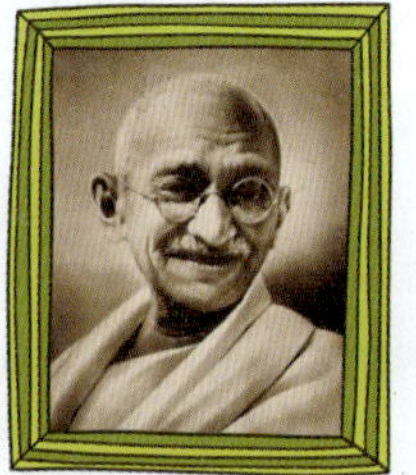
이름: Gāndì
국적: Yìndù

연습 1
A Nǐ jiào shénme míngzi?
  你叫什么名字? 네 이름은 뭐니?
B Wǒ jiào <u>Jūlǐ</u>.
  我叫<u>居里</u>。 저는 <u>퀴리</u>입니다.

연습 2
A Nǐ shì nǎ guó rén?
  你是哪国人? 너는 어느 나라 사람이니?
B wǒ shì <u>Fǎguó</u>rén.
  我是<u>法国</u>人。 저는 <u>프랑스</u>인입니다.

연습 1
A Nǐ jiào shénme míngzi?
  你叫什么名字? 네 이름은 뭐니?
B Wǒ jiào <u>Gāndì</u>.
  我叫<u>甘地</u>。 저는 <u>간디</u>입니다.

연습 2
A Nǐ shì nǎ guó rén?
  你是哪国人? 너는 어느 나라 사람이니?
B Wǒ shì <u>Yìndù</u>rén.
  我是<u>印度</u>人。 저는 <u>인도</u>인입니다.

1 잘 듣고, 퍼즐에서 단어를 찾아 빈칸을 완성해 봅시다. 🎧042

① 很 ➡
② 中国 ➡
③ 认识 ➡

2 빈칸에 들어갈 단어를 보기에서 골라 대화를 완성해 봅시다.

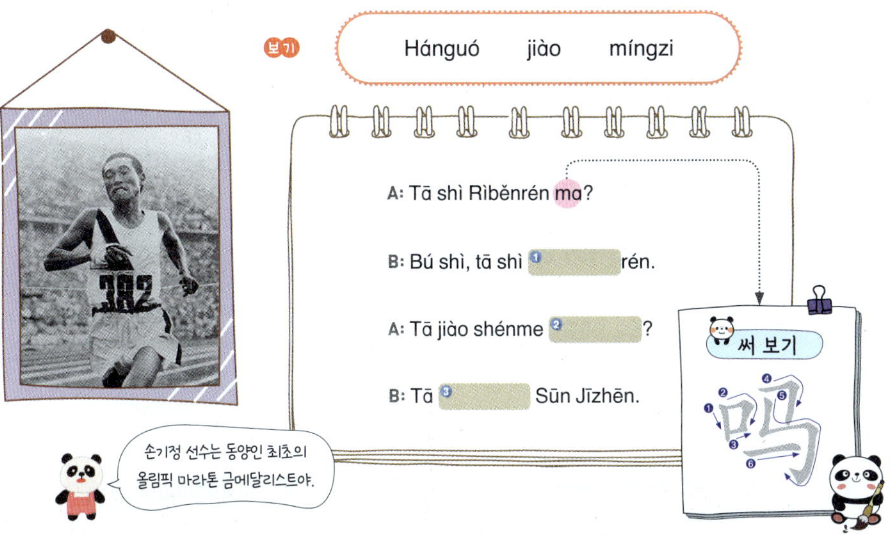

• 주요 단어와 활용 문장을 따라 써 보세요.

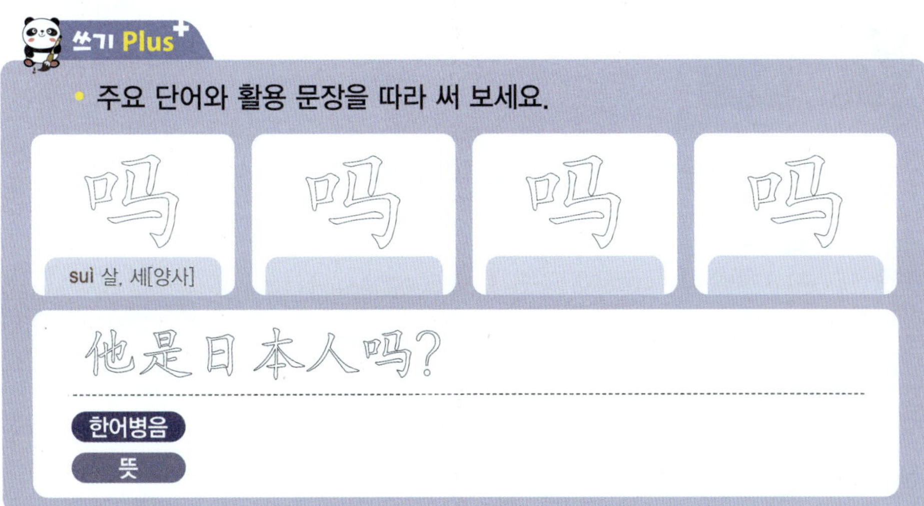

---

① 很 hěn 매우, 아주
② 中国 Zhōngguó 중국
③ 认识 rènshi 알다

보기

Hánguó 韩国 한국
jiào 叫 ~라고 부르다
míngzi 名字 이름

A Tā shì Rìběnrén ma?
　　他是日本人吗?
　　그는 일본인입니까?

B Bú shì, tā shì ①Hánguórén.
　　不是，他是韩国人。
　　아니요. 그는 한국인입니다.

A Tā jiào shénme ②míngzi?
　　他叫什么名字?
　　그의 이름은 무엇입니까?

B Tā ③jiào Sūn Jīzhěn.
　　他叫孙基祯。
　　그는 손기정입니다.

Tip

손기정(1912년~2002년)
1936년 제11회 베를린 올림픽대회
마라톤에 참가하여 2시간 29분
19초 2로 당시 올림픽 신기록을 달성
하고, 금메달을 목에 건 우리나라의
마라톤 선수이다.

1　듣기 대본 및 해석

❶ Wǒ shì Zhōngguórén.
我是中国人。
저는 중국인입니다.

❷ Wǒ shì Měiguórén.
我是美国人。
저는 미국인입니다.

2　듣기 대본 및 해석

Rènshi nǐ hěn gāoxìng.
认识你很高兴。
널 알게 되어 매우 기뻐.

3　답안 및 해석

A　Nǐ jiào shénme míngzi?
你叫什么名字?
네 이름은 뭐니?

A　Nǐ shì nǎ guó rén?
你是哪国人?
너는 어느 나라 사람이니?

A　Nǐ yě shì Zhōngguórén ma?
你也是中国人吗?
너도 중국인이니?

B　Bú shì, wǒ shì Hánguórén.
不是，我是韩国人。
아니, 나는 한국인이야.

B　Wǒ jiào Jīn Dàhán.
我叫金大韩。
나는 김대한이야.

B　Wǒ shì Zhōngguórén.
我是中国人。
나는 중국인이야.

실력 쑥쑥

1 잘 듣고, 알맞은 그림에 ✓표시를 해 봅시다. 〔043〕

❶ 

❷  

2 잘 듣고, 보기 의 단어를 활용하여 문장을 완성해 봅시다. 〔044〕

보기

| hěn 很 | gāoxìng 高兴 |
| nǐ 你 | |

한어병음　Rènshi nǐ hěn gāoxìng.

한자　认识 你很高兴。

3 알맞은 대답을 연결하고 짝과 대화해 봅시다.

❶ A Nǐ jiào shénme míngzi?　　B Bú shì, wǒ shì Hánguórén.

❷ A Nǐ shì nǎ guó rén?　　B Wǒ jiào Jīn Dàhán.

❸ A Nǐ yě shì Zhōngguórén ma?　　B Wǒ shì Zhōngguórén.

워드서치

● 단어에 해당하는 한어병음을 쓰고 단어를 찾아 봅시다.

1	~라고 부르다	jiào	6	이름	
2	알다		7	예쁘다	
3	무엇, 무슨		8	매우	
4	한국		9	기쁘다	
5	학생		10	나라	

활동 1 인물 카드 만들기

- 존경하는 인물의 이름과 국적을 중국어로 조사한 후 인물 카드를 만들고 SNS에 사진과 소개 글을 올려 봅시다. (해시태그 3개 이상 적기)

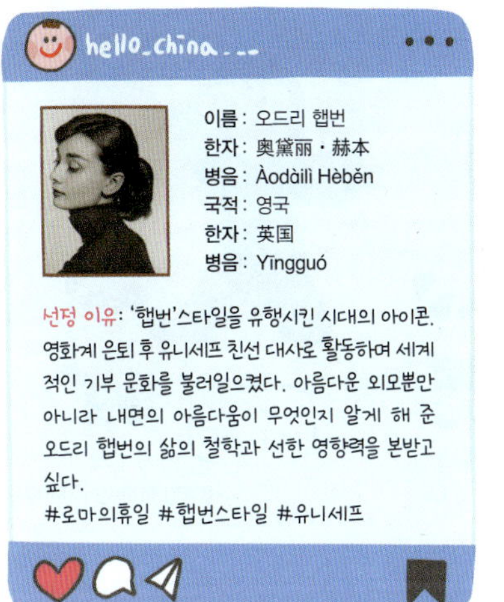

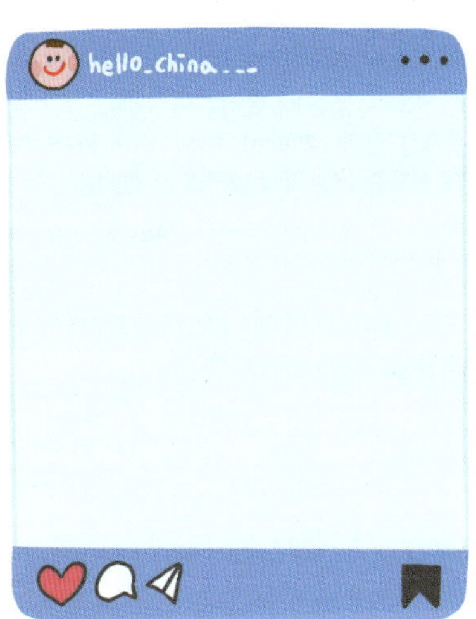

활동 2 아이엠 그라운드 나라 이름 대기

- 나라 이름으로 아이엠 그라운드 게임을 해 봅시다.

Hánguó	한국
Zhōngguó	
Yìndù	
Déguó	
Měiguó	
Fǎguó	
Xībānyá	
Rìběn	

n	ǎ	j	i	à	o	R	ì	b	ě	n	H
à	ǎ	g	ù	r	ì	H	á	n	Z	x	á
p	r	s	s	h	è	n	n	ǎ	h	u	n
i	è	é	s	h	é	n	m	e	ō	é	g
à	n	n	j	i	ā	o	s	è	n	s	u
o	r	m	g	m	g	r	z	h	g	m	ó
l	é	e	ā	í	u	é	h	n	i	í	m
i	n	z	o	n	ò	n	ō	g	r	n	í
a	s	h	x	u	é	s	h	e	n	g	n
n	i	ī	ì	p	i	à	ě	z	h	z	g
g	z	é	n	l	i	a	n	g	e	i	z
m	í	n	g	u	ó	H	á	n	n	n	à

중국의 성(姓)씨와 호칭

중국은 인구가 많고 민족이 다양해서 현재 약 6,000여 개의 성씨가 사용되고 있습니다. 중국의 5대 성씨로는 왕(王, Wáng), 이(李, Lǐ), 장(张, Zhāng), 류(刘, Liú), 진(陈, Chén)이 있으며, 전체 중국 성씨의 약 30.8%를 차지합니다.

<출처: 공안부호적관리연구센터>, 2021

중국어는 동음이의어가 많아 정확한 전달을 위해 이름의 글자를 쪼개어 말하기도 합니다.

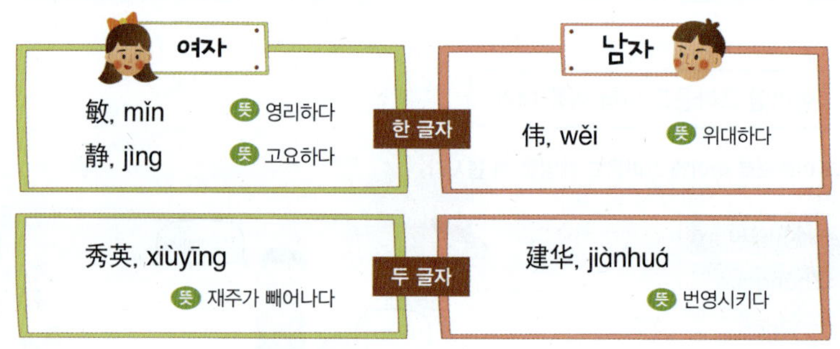

중국에는 어떤 이름이 가장 많을까요?

중국에서는 상대방을 부르는 호칭으로 친밀함을 판단할 수 있습니다. 남자 친구들 사이에서는 형제라는 의미의 '兄弟(xiōngdi)', 여자 친구들 사이에서는 자매라는 의미의 '姐妹(jiěmèi)'라고 부르며, 이는 매우 가까운 친구를 의미합니다.

주로 나보다 나이가 많거나 동료들 사이에서 존경을 담아 부를 때, 성(姓) 앞에 老(lǎo)를 붙여 부릅니다. 또 일반적으로 나이가 더 많은 사람이 나이가 어린 젊은 친구를 부를 때, 성(姓) 앞에 小(xiǎo)를 붙여 부릅니다.

예 老王 Lǎo Wáng, 小李 Xiǎo Lǐ

'미녀'라는 뜻의 美女(měinǚ)는 보통 젊은 여성에 대한 호칭으로 많이 사용하고, '미남'이라는 뜻의 帅哥(shuàigē)는 젊은 남성에 대한 호칭으로 자주 사용합니다.

문화 Plus⁺

성씨 쪼개어 말하기 예

胡(호): 古月胡(gǔ yuè Hú)
吴(오): 口天吴(kǒu tiān Wú)
徐(서): 双人徐(shuāng rén Xú)
许(허): 言午许(yán wǔ Xǔ)
林(임): 双木林(shuāng mù Lín)

문화 Plus⁺

중국의 다양한 호칭

❶ 식당이나 종업원을 부를 때, 정식으로는 '服务员(fúwùyuán, 종업원)'이라고 하지만, 여종업원에게는 친근하게 '美女(měinǚ, 미녀)'라고도 부른다.

❷ 예의를 갖춰서 상대방을 부를 때, 남자는 성씨 뒤에 '先生(xiānsheng, ~씨)'을, 여자는 성씨 뒤에 '小姐(xiǎojiě, 아가씨)'를 붙여 사용한다.

❸ 친근한 남자 어른은 '叔叔(shūshu, 삼촌), 여자 어른은 '阿姨(āyí, 이모)'라고 부른다.

❹ 어떤 방면에 유능한 기술을 가지고 있는 사람을 '师傅(shīfu, 사부)'라고 부르는데, 앞에 성씨를 붙이기도 한다.

MEMO

▲ 공익 광고 〈이름편〉, 2015

❶ 중국에서 가장 많은 성씨는 김(金)씨다. ○ ⓧ

❷ 美女(měinǚ)는 중국의 젊은 여성을 부르는 호칭으로 사용되고 있다. Ⓞ ×

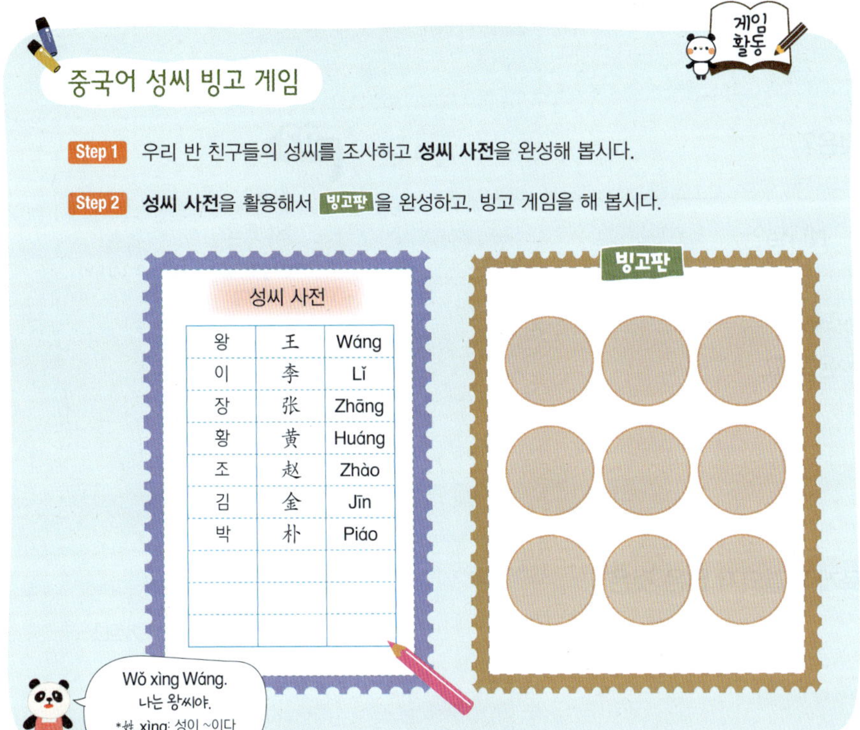

중국어 성씨 빙고 게임

Step 1 우리 반 친구들의 성씨를 조사하고 **성씨 사전**을 완성해 봅시다.

Step 2 **성씨 사전**을 활용해서 **빙고판**을 완성하고, 빙고 게임을 해 봅시다.

성씨 사전

왕	王	Wáng
이	李	Lǐ
장	张	Zhāng
황	黄	Huáng
조	赵	Zhào
김	金	Jīn
박	朴	Piáo

공익광고 원문

Wǒ de míngzi jiào Zhāng Wěi, wěidà de wěi.
我的名字叫张伟,伟大的伟。
제 이름은 장웨이입니다. '위대하다'
의 '위'를 씁니다.

Quánguó yǒu sānshí duō wàn ge Zhāng Wěi.
全国有三十多万个张伟。
전국에는 30만여 명의 장웨이가
있습니다.

Dànshì, zài wǒ mā yǎn li, zhǐyǒu wǒ yí ge.
但是,在我妈眼里,
只有我一个。
하지만 우리 엄마에게는
저 한 사람뿐입니다.

우리나라의 다양한 성씨

최 催 Cuī		정 郑 Zhèng
강 姜 Jiāng		조 赵 Zhào
윤 尹 Yǐn		임 林 Lín
한 韩 Hán		오 吴 Wǔ
서 徐 Xú		신 申 Shēn
권 权 Quán		황 黄 Huáng
송 宋 Sòng		홍 洪 Hóng

01 빈칸에 들어갈 말로 알맞은 것은?

> A: 你叫_____名字?
> B: 我叫金大韩。

① 几　　　　　② 哪　　　　　③ 好
④ 认识　　　　⑤ 什么

02 밑줄 친 단어의 의미로 알맞은 것은?

> Nǐ <u>ne</u>?

① ~도　　　　　② ~의　　　　　③ ~와
④ ~입니까　　　⑤ ~은/는요

03 단어(한자/한어병음)와 뜻이 바르게 연결되지 <u>않은</u> 것은?

① 叫 jiào : ~(이)라고 부르다
② 很 hěn : 매우
③ 名字 míngzi : 이름
④ 认识 rènshi : 알다
⑤ 高兴 gāoxìng : 만나다

04 哪가 들어갈 위치로 알맞은 것은?

> (㉠)你(㉡)是(㉢)国(㉣)人(㉤)?

① ㉠　　　　　② ㉡　　　　　③ ㉢
④ ㉣　　　　　⑤ ㉤

01

A: Nǐ jiào _____ míngzi?
　너는 이름이 무엇이니?
B: Wǒ jiào Jīn Dàhán.
　나는 김대한이라고 해.
① jǐ　② nǎ　③ hǎo　④ rènshi

02

你呢?
당신은요?
① yě　② de　③ hé　④ ma

03

⑤ 高兴 gāoxìng : 기쁘다

04

Nǐ shì nǎ guó rén?
당신은 어느 나라 사람입니까?

05 다음 우리 말을 중국어로 옮길 때 필요 <u>없는</u> 단어는?

> 그도 중국인입니까?

① yě ② tā ③ ne
④ rén ⑤ Zhōngguó

【6~7】대화를 읽고 물음에 답하시오.

> A : Tā jiào shénme míngzi?
> B : Tā jiào Gāndì.
> A : Tā shì <u>中国</u>人 ma?
> B : Bú shì, Tā shì Yìndùrén.

06 대화를 바르게 이해한 것으로 알맞은 것은?

① A는 B의 이름을 묻고 있다.
② B는 중국 사람이다.
③ B는 A의 국적을 묻고 있다.
④ B의 이름은 '간디'이다.
⑤ 대화문에서 언급된 사람의 국적은 인도이다.

07 밑줄 친 中国와 성조 배열이 같은 것은?

① 韩国 ② 法国 ③ 英国
④ 美国 ⑤ 日本

08 중국인의 성씨와 호칭에 대한 설명으로 알맞지 <u>않은</u> 것은?

① 동음이의어가 많아 이름의 글자를 쪼개어 말하기도 한다.
② 중국의 5대 성씨가 전체 중국 성씨의 약 30% 이상을 차지한다.
③ 남자 친구들 사이에는 兄弟(xiōngdì)로 친밀함을 나타낸다.
④ 여자 친구들 사이에는 美女(měinǚ)라고 부르며 매우 가까운 친구를 부를
　때 사용한다.
⑤ 나보다 나이가 많거나 동료들 사이에서 존경을 담아 부를 때 성 앞에 大(dà)
　를 붙여 부른다.

4

Zhè shì shéi?

这是谁? ⓞ₄₅

이 사람은 누구니?

학습 목표 다른 사람을 소개하고, 학년과 나이를 표현할 수 있다.

의사소통 기본 표현

묘사	Zhēn shuài!
나이	Tā duō dà?
학년	Tā shàng gāozhōng sān niánjí.

문화 중국의 학교생활

의사소통 기본 표현

묘사

Zhēn shuài! 真帅!

진짜 멋지다!

나이

Tā duō dà? 他多大?

그는 몇 살이니?

학년

Tā shàng gāozhōng sān niánjí.

他上高中三年级。

그는 고등학교 3학년에 다녀.

문화 Plus⁺

(1) **체육복 교복**

중국의 학생들을 주인공으로 하는 드라마나 영화를 보면 체육복을 입은 모습을 많이 볼 수 있다. 학생들의 편리성과 경제성을 볼 때 우리의 생활복처럼 중국에는 체육복을 교복으로 입는 학교가 많다. 하지만 처음부터 이랬던 것은 아니고 1920년대에는 주로 제복식 교복을 입었다가 1980년 이후로 체육복 교복을 입기 시작하여 현재 대부분의 학교에서는 체육복 스타일의 교복을 입고 있다.

(2) **군사훈련**

중국은 우리와 달리 9월에 1학기가 시작되고 3월에 2학기가 시작되는데 9월 새 학기가 시작되면 학생들이 군복을 입고 훈련하는 모습을 볼 수 있기도 한데 이를 군사훈련(军训)' 이라고 한다. 이 과정에 간단한 훈련과 응급대피 등을 배우며 애국심, 조직 생활 등을 배울 수 있으며 처음 고등학교 입학 후 반 친구들과 합숙하며 친해지는 소중한 기회가 되기도 한다.

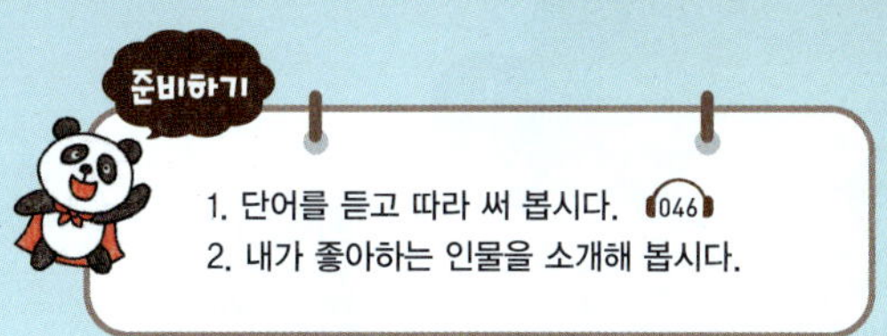

듣기 대본

❶ 朋友
❷ 高中
❸ 有
❹ 没有

준비하기 2번 예시

㉠ 김구

일제강점기에 대한민국 임시정부를 지켜낸 큰 공로가 있는 독립운동가 백범 김구 선생님에 대해 소개해 보겠습니다.

단어 미리보기

단어를 소리내어 읽고 ㅁ에 √ 표기를 해 보세요.

□□□	真	zhēn	진짜	□□□	书	shū	책	□□□	哥哥	gēge	오빠, 형
□□□	帅	shuài	잘생기다, 멋지다	□□□	椅子	yǐzi	의자	□□□	上	shàng	(~에) 다니다
□□□	这	zhè	이(것), 이 사람	□□□	书包	shūbāo	책가방	□□□	年级	niánjí	학년
□□□	谁	shéi	누구	□□□	高	gāo	(키가) 크다	□□□	高中	gāozhōng	고등학교
□□□	的	de	~의	□□□	长	cháng	길다	□□□	小	xiǎo	작다
□□□	朋友	péngyou	친구	□□□	重	zhòng	무겁다	□□□	狗	gǒu	개
□□□	多	duō	얼마나	□□□	长城	Chángchéng	만리장성	□□□	手机	shǒujī	휴대 전화
□□□	大	dà	(나이가) 많다	□□□	有	yǒu	있다, 가지고 있다	□□□	姐姐	jiějie	언니, 누나
□□□	岁	suì	살, 세	□□□	弟弟	dìdi	남동생	□□□	妹妹	mèimei	여동생
□□□	了	le	~이/가 되다(어기조사)	□□□	没有	méiyǒu	없다	□□□	两	liǎng	2, 둘
□□□	那	nà	저(것), 그(것)	□□□	个	ge	명, 개[사람, 사물을 세는 단위]				

교과서 단어

- 真 zhēn 진짜
- 帅 shuài 잘생기다, 멋지다
- 这 zhè 이(것), 이 사람
- 谁 shéi 누구
- 的 de ～의
- 朋友 péngyou 친구
- 多 duō 얼마나
- 大 dà (나이가) 많다
- 岁 suì 살, 세
- 了 le ～이/가 되다(어기조사)

예문 단어

- 什么 shénme 무엇, 무슨
- 班主任 bānzhǔrèn 담임 선생님

장리리와 이나영이 SNS를 보면서 대화를 나눕니다. 047

장리리

真帅！这是谁？
Zhēn shuài! Zhè shì shéi?

> 진짜 잘생겼다! 이 사람은 누구니?

이나영

这是我的中国朋友。
Zhè shì wǒ de Zhōngguó péngyou.

> 이 사람은 나의 중국 친구야.

장리리

他多大？
Tā duō dà?

> 그는 몇 살이니?

이나영

他十八岁了。
Tā shíbā suì le.

> 그는 18살이야.

> 중국 친구의 나이는 ○17세 ☑18세입니다.

본문 해설

1. 'zhè 这'는 '이(것)'이라는 뜻으로, 가까이에 있는 물건이나 사람을 가리킬 때 사용한다. 'zhè 这' 자리에는 'tā 他(그)', 'tā 她(그녀)' 등 다른 대명사가 올 수 있으며, '谁 shéi' 자리에는 '什么 shénme (무엇)'와 같은 다른 의문사가 올 수 있다.
   - 예시 他是谁？ Tā shì shéi? 그는 누구입니까?
   - 这是什么？ Zhè shì shénme? 이것은 무엇입니까?

2. 'de 的'는 '～의'라는 뜻으로, 소유 관계를 나타내며, 뒤에 있는 명사를 수식할 때 사용한다.
   - 예시 那是她的书包。 Nà shì tā de shūbāo. 저것은 그녀의 책가방입니다.
   - 她是我的班主任。 Tā shì wǒ de bānzhǔrèn. 그녀는 나의 담임 선생님입니다.

3. 'duō 多'는 '얼마나'라는 뜻의 의문사로, '高 gāo, 长 cháng, 重 zhòng' 등과 결합하여 정도를 물을 때 사용한다.
   - 예시 他多高？ Tā duō gāo? 그는 키가 몇인가요?
   - 长城多长？ Chángchéng duō cháng? 만리장성의 길이는 얼마입니까?

체크 체크

1. '나의 중국 친구'를 중국어로 말하면?

2. 본문에서 '나이'를 묻는 단어에 밑줄 그어 보세요.

정답
1. 我的中国朋友 wǒ de Zhōngguó péngyǒu
2. Tā duō dà? 他多大?

① 这 zhè

- 这 zhè는 '이(것)'이라는 뜻으로, 가까이 있는 사람이나 사물을 가리킬 때 사용한다. 멀리 있는 사람이나 사물을 가리킬 때는 那 nà를 쓴다.

  这是书。 Zhè shì shū. 이것은 책입니다.
  那是椅子。 Nà shì yǐzi. 저것은 의자입니다.

② 的 de

- 的 de는 '〜의' 라는 뜻으로, 뒤에 있는 명사를 수식할 때 사용한다.

  那是她的书包。 Nà shì tā de shūbāo. 저것은 그녀의 책가방입니다.

③ 多 duō

- 多 duō는 '얼마나'라는 뜻의 의문사로, 高 gāo, 长 cháng, 重 zhòng 등과 결합하여 정도를 물을 때 사용한다.

  他多高？ Tā duō gāo? 그는 얼마나 큰가요?
  长城多长？ Chángchéng duō cháng? 만리장성은 얼마나 긴가요?

교과서 단어

- 那 nà 저(것), 그(것)
- 书 shū 책
- 椅子 yǐzi 의자
- 书包 shūbāo 책가방
- 高 gāo (키가) 크다
- 长 cháng 길다
- 重 zhòng 무겁다
- 长城 Chángchéng 만리장성

① 꼬마 문제

- 빈칸 채우기

  이것은 책입니다.

  → ________ shì shū.

② 꼬마 문제

- 빈칸 채우기

  저것은 그녀의 책가방입니다.

  → ________ shì tā de shūbāo.

③ 꼬마 문제

- 어순 배열하기

  그는 얼마나 큰가요?
  duō / tā / gāo

  → ________

징징 Plus⁺

중국어로 절친을 어떻게 말할까?

闺蜜 [guīmì]

여성의 여성 절친

哥们儿 [gēmenr]

남성의 남성 절친

알려줘 징징 '친구'와 관련 있는 말말말!

선생님이 학생을 부르거나 학교에서 함께 공부한 친구를 부를 때 同学 tóngxué라고 해요. 우리나라와 달리 꼭 동갑이 아니더라도 朋友 péngyou라고 부를 수 있어요.

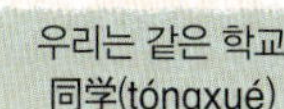

꼬마 문제 **정답**

① Zhè
② Nà
③ Tā duō gāo?

교과서 단어

- 有 yǒu 있다, 가지고 있다
- 弟弟 dìdi 남동생
- 没有 méiyǒu 없다
- 个 ge 명, 개
  [사람, 사물을 세는 단위]
- 哥哥 gēge 형, 오빠
- 上 shàng (~에) 다니다
- 几 jǐ 몇
- 年级 niánjí 학년
- 高中 gāozhōng 고등학교

예문 단어

- 兄弟姐妹 xiōngdìjiěmèi
  형제자매

체크 체크

1. 빈칸에 들어갈 말로 알맞은 것은?

   Nǐ yǒu ___ ma?
   (너는 오빠 있니?)
   ① gēge ② dìdi

2. 빈칸에 들어갈 말을 한어병음으로 쓰시오.

   Tā jīnnián shíwǔ ___ le.
   (그는 올해 15살이야.)

읽기 ❷

김대한이 장리리의 가족 관계를 물어봅니다. 🔊049

김대한

你有弟弟吗?
Nǐ yǒu dìdi ma?

너는 남동생 있니?

장리리

没有, 我有一个哥哥。
Méiyǒu, wǒ yǒu yí ge gēge.

없어, 나는 오빠가 한 명 있어.

김대한

他上几年级?
Tā shàng jǐ niánjí?

그는 몇 학년이니?

장리리

他上高中三年级。
Tā shàng gāozhōng sān niánjí.

그는 고등학교 3학년이야.

본문 해설

❶ 'yǒu 有'는 '가지고 있다'라는 소유의 의미로, 'yǒu 有' 뒤에 대상을 넣어 'A + yǒu 有 + B(A에게 B가 있다)'의 어순으로 말한다. 부정은 'yǒu 有' 앞에 'méi 没'를 써서 나타낸다.
  예시 Nǐ yǒu Zhōngguó péngyou ma? 你有中国朋友吗?
  너(에게) 중국 친구가 있니?
  Nǐ yǒu xiōngdìjiěmèi ma? 你有兄弟姐妹吗? 너 형제자매가 있니?

❷ 'ge 个'는 '개, 명'이라는 뜻의 양사로, '수사 + ge 个 + 명사'의 어순으로 쓴다.
  예시 Sān ge gēge 三个哥哥 오빠/형 세 명
  Sì ge tóngxué 四个同学 학교 친구 네 명

❸ 'shàng 上'은 '(~에) 다니다'라는 동사로, 학년을 물어볼 때 사용한다.
  예시 Nǐ shàng jǐ niánjí? 你是几年级? 너는 몇 학년이니?
  Wǒ shàng chūzhōng yī niánjí. 我是初中一年级。 나는 중학교 1학년이야.

❹ '학교급 + 숫자 + niánjí 年级'를 순서대로 쓰면 학년을 말하는 표현이 된다.
  예시 Tā shàng xiǎoxué yī niánjí. 他上小学一年级。 그는 초등학교 1학년입니다.
  Tā shàng dàxué sān niánjí. 她上大学三年级。 그녀는 대학교 3학년입니다.

1 有 yǒu

· 有 yǒu는 '있다'라는 뜻으로, 부정형은 没有 méiyǒu이다.

我有小狗。 Wǒ yǒu xiǎogǒu. 나는 강아지가 있습니다.
她没有手机。 Tā méiyǒu shǒujī. 그녀는 휴대 전화가 없습니다.

2 가족 호칭

3 几 jǐ

· 几 jǐ는 '몇'이라는 뜻으로, 수량을 물을 때 사용하는 의문사이다.

A 你有几个弟弟? Nǐ yǒu jǐ ge dìdi? 너는 남동생이 몇 명 있니?
B 两个弟弟。 Liǎng ge dìdi. 남동생이 두 명이야.

교과서 단어

- 小 xiǎo 작다
- 狗 gǒu 개
- 手机 shǒujī 휴대 전화
- 铅笔 qiānbǐ 연필
- 姐姐 jiějie 언니, 누나
- 妹妹 mèimei 여동생
- 两 liǎng 2, 둘

1 꼬마 문제

● 빈칸 채우기

나는 강아지가 있습니다.

→ Wǒ ______ xiǎo gǒu.

2 꼬마 문제

● 알맞은 말 고르기

나는 남동생이 한 명 있어.

→ Wǒ yǒu yí ge (gēge/dìdi).

3 꼬마 문제

● 의문사 넣기

너는 여동생이 몇 명이니?

→ Nǐ yǒu ______ ge mèimei?

징징 Plus+

아기보다 반려동물이 많아진 중국의 새로운 문화-중국의 젊은이들 사이에서도 아이를 출산하는 대신 반려동물과 함께 하는 문화가 발전하고 있다. 전세기를 대절해서 반려견과 함께 해외여행을 가는 상품도 출시될 예정이다. 여행뿐 아니라 사료, 의료, 미용 등 중국 반려동물 관련 시장도 급성장하고 있다.

꼬마 문제 정답

3 jǐ
2 dìdi
1 yǒu

알려줘 징징 중국 출산 정책의 변화

한 자녀 정책

1982년~

→

두 자녀 정책
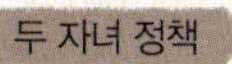

2016년~

→

세 자녀 정책
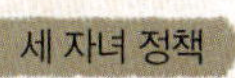

2021년~

교과서 단어

- 可爱 kě'ài 귀엽다
- 聪明 cōngming 똑똑하다

 **1** 예시 답안 및 해석

연습

Zhēn shuài! 真帅!
진짜 멋지다!

❶ Zhēn piàoliang! 真漂亮!
진짜 예쁘다!

❷ Zhēn kě'ài! 真可爱!
진짜 귀엽다!

❸ Zhēn cōngming! 真聪明!
진짜 똑똑하다!

 **2** 예시 답안 및 해석

연습

A: Nǐ yǒu dìdi ma?
你有弟弟吗？
너 남동생 있니?

B: Méiyǒu, wǒ yǒu yí ge gēge.
没有，我有一个哥哥。
아니, 나 형(오빠)가 한 명 있어.

❶ A: Nǐ yǒu dìdi ma?
你有弟弟吗？
너는 남동생 있니?

B: Méiyǒu, wǒ yǒu yí ge jiějie.
没有，我有一个姐姐。
아니, 난 언니(누나)가 한 명 있어.

❷ A: Nǐ yǒu dìdi ma?
你有弟弟吗？
너는 남동생 있니?

B: Méiyǒu, wǒ yǒu yí ge mèimei.
没有，我有一个妹妹。
아니, 난 여동생이 한 명 있어.

❸ A: Nǐ yǒu dìdi ma?
你有弟弟吗？
너는 남동생 한 명 있니?

B: Méiyǒu, wǒ yǒu liǎng ge gēge.
没有，我有两个哥哥。
아니, 난 형(오빠)이 두 명 있어.

64 제4과

 말하기 

1 밑줄 친 부분을 바꾸어 그림을 묘사해 봅시다. 🎧051

연습
Zhēn shuài!

① piàoliang

② kě'ài

③  cōngming

2 밑줄 친 부분을 바꾸어 가족 관계를 묻고 답해 봅시다. 🎧052

연습
A Nǐ yǒu dìdi ma?
B Méiyǒu, wǒ yǒu yí ge gēge.

①  yí ge jiějie

②  yí ge mèimei

③  liǎng ge gēge

Tip

*가족이 하는 일에 대해 소개하는 어휘
예 家庭主妇 jiātíng zhǔfù 가정주부　公司职员 gōngsī zhíyuán 회사원
반려견이나 반려묘를 가족으로 생각하는 경우도 있는데, 이를 소개하고 싶은 경우 아래와 같이 활용할 수 있다.
예 还有一只小狗，它很可爱。Hái yǒu yì zhī xiǎo gǒu, tā hěn kě'ài.
　그리고 강아지 한 마리가 있는데, 그는 매우 귀여워요.

 말하기 **Plus**

묘사하기

| Zhēn 真 | + | 묘사하는 말 |

가족 관계 말하기

| Wǒ 我 | + | 有 yǒu | + | 수사 | + | 个 ge | + | 가족 표현 |

1 잘 듣고, 알맞은 한어병음을 찾아 잠금 패턴을 풀고 써 봅시다. 054

➡ shuài

2 빈칸에 들어갈 단어를 보기에서 골라 대화를 완성해 봅시다.

보기 suì shéi péngyou

A: Zhēn shuài!

Zhè shì ❶ ________?

B: Zhè shì wǒ de Zhōngguó ❷ ________.

A: Tā duō dà?

B: Tā shíbā ❸ ________ le.

써 보기

真

쓰기 Plus⁺

• 주요 단어와 활용 문장을 따라 써 보세요.

Zhēn 진짜

真帅!

한어병음

뜻

---

1 듣기 대본 및 해석

예시
帅 shuài 잘생기다, 멋지다

❶ 年级 niánjí 학년
❷ 没有 méiyǒu 없다

2 예시 답안 및 해석

보기
suì shéi péngyou
岁   谁   朋友
나이 누구   친구

A: Zhēn shuài! Zhè shi
❶shéi?
真帅！这是谁？
진짜 멋지다! 이 사람은 누구니?

B: Zhè shì wǒ de
Zhōngguó ❷péngyou.
这是我的中国朋友。
이 사람은 나의 중국 친구야.

A: Tā duō dà?
他多大？
그는 몇 살이니?

B: Tā shíbā ❸suì le.
十八岁了。
그는 18살이야.

1 　듣기 대본 및 해석

❶ Tā shàng gāozhōng sān niánjí.
他上高中三年级。
그는 고등학교 3학년입니다.

❷ Wǒ yǒu yí ge gēge.
我有一个哥哥。
나는 오빠가 한 명 있습니다.

3 　답안 및 해석

A Tā duō dà?
他多大?
그는 몇 살이니?

A Nǐ yǒu dìdi ma?
你有弟弟吗?
너는 남동생 있니?

A Tā shàng jǐ niánjí?
他上几年级?
그는 몇 학년에 다니니?

B Méiyǒu, wǒ yǒu yí ge gēge.
没有，我有一个哥哥。
없어, 나는 오빠가 한 명 있어.

B Tā shàng gāozhōng sān niánjí.
他上高中三年级。
그는 고등학교 3학년이야.

B Shíbā suì le.
他十八岁了。
그는 18살이야.

실력 쑥쑥

1 잘 듣고, 알맞은 그림에 ✓표시를 해 봅시다. 🎧055

2 보기 의 단어를 활용하여 문장을 완성해 봅시다.

보기

Zhè	shì	wǒ	de	Zhōngguó péngyou.
这	是	我	的	中国朋友。

3 알맞은 대답을 연결하고 짝과 대화해 봅시다.

❶ **A** Tā duō dà?　　　　**B** Méiyǒu, wǒ yǒu yí ge gēge.

❷ **A** Nǐ yǒu dìdi ma?　　　**B** Tā shàng gāozhōng sān niánjí.

❸ **A** Tā shàng jǐ niánjí?　　**B** Tā shíbā suì le.

가로세로 퍼즐

● 단어에 해당하는 한어병음을 쓰고 가로세로 퍼즐을 완성해 봅시다. (※성조 제외)

❶ 진짜	zhēn		❶ 형, 오빠		
❷ 누구			❷ 없다		
❸ 고등학교			❸ 남동생		
❹ 의자			❹ (키가) 크다		
❺ 있다			❺ 몇		

1. 주사위를 굴려서 해당 칸의 표현을 중국어로 말해 보세요.

2. 성공할 경우는 해당 자리에 머물고, 실패하면 원래 자리로 돌아가요.

3. 를 성공할 경우 한 칸 더 전진!

Tip

- 몇 jǐ
- 선생님 감사합니다 Xièxie lǎoshī!
- 누나 두 명 liǎng ge jiějie
- 친구 péngyou
- 고등학교 gāozhōng
- 진짜 zhēn
- 열일곱 살 shíqī suì
- 형, 오빠 gēge
- 남동생 dìdi
- 숫자 1~10 yī èr sān sì wǔ liù qī bā jiǔ shí
- 똑똑하다 cōngming
- 귀엽다 kě'ài
- 잘생기다 shuài
- 이, 이것 zhè
- 나이 suì
- 중국 Zhōngguó
- ~이다 shì
- 누구 shéi
- 가지고 있다 yǒu
- 여동생 mèimei
- 얼마나 duō

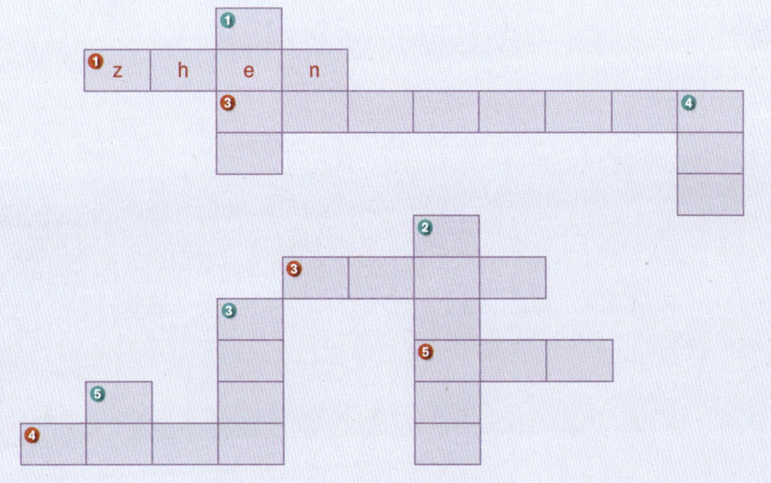

중국의 학교생활

문화 Plus+

수능을 4일동안 본다고?

중국은 9월부터 새로운 학년이 시작되기 때문에 6월에 대학입학시험 高考가 진행된다. 요일에 상관없이 6월 7일부터 시작되는데 우리나라는 하루에 치루어지는 것과 달리 중국은 많게는 4일까지 高考가 진행되기도 한다.

독서교육

중국 학교에서도 독서교육을 중요하게 생각하여 매일 아침 독서시간이 있는 경우도 많다. 우리나라의 독서시간과 다른 점은 다같이 큰 소리를 내어 책을 읽는데 이를 '무读(zǎodú)' 라고 한다.

문화 Plus+

중국의 다양한 학교생활

중국 고등학생도 우리나라 고등학생과 마찬가지로 대입을 앞두고 학습에 대한 부담감이 큰 편이다. 고등학교는 보통 8시에 1교시 수업을 시작하며, 수업 시작 전에는 아침 자습(무自习, zǎo zìxí) 시간이 있고, 방과 후에도 저녁 식사 후 저녁 자습(晚自习, wǎn zìxí) 시간이 있다. 자습 시간에는 소리를 내어 교과서의 내용을 말하며 외우기(背课, bèikè)도 한다.

오전이나 오후 두 시간 수업 후 다 함께 간단한 체조(课间操, kèjiāncāo)나 눈 보호 체조(眼保健操, yǎnbǎojiàncāo)를 한다.

점심시간은 동절기와 하절기가 서로 다르다. 하절기의 시작은 5월 1일이며, 2시간의 점심시간을 갖고, 동절기의 시작은 10월 1일로 1시간 반의 점심시간을 갖는다. 점심시간은 낮잠(午觉, wǔjiào) 시간을 포함한 것으로, 중국의 학교에서 낮잠 시간을 갖는 것은 보편화되어 있다.

중국의 방과 후 활동(课外活动, kèwài huódòng)은 교내 활동과 교외 활동으로 나뉘며, 체육 활동, 자율 동아리 활동, 학생회 활동, 봉사 활동 등이 포함된다. 체육 활동에는 학생들이 체력을 단련할 수 있는 농구, 배드민턴, 탁구 등이 있다. 모의 법정, 토론, 음악 등 학생이 주축이 되어 자신의 능력을 발휘하고 또래 친구와 함께 나눌 수 있는 자율 동아리 활동도 이루어지고 있다. 학생회에서는 학교 신문이나 잡지를 펴내기도 한다. 그밖에 도움의 손길이 필요한 병원, 적십자회, 자선단체 등에서 봉사 활동을 하는 교외 활동도 진행하고 있다.

MEMO

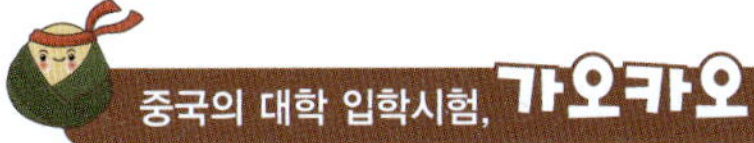

중국의 대학 입학시험, 가오카오

중국은 매년 6월 7일~10일, 이틀에서 나흘에 걸쳐 대학 입학시험인 가오카오(高考, gāokǎo)를 실시합니다. 부정행위를 방지하기 위해 보안 검색대를 설치하고, 안면 인식 및 지문 검사 시스템, 전자파를 탐지하는 드론을 사용하기도 합니다.

'싸우자마자 승리한다(旗开得胜, qíkāi-déshèng)'는 의미로 학부모들은 치파오(旗袍, qípáo)를 입고 수험생 자녀를 응원합니다.

① 중국은 3월에 새 학년이 시작된다. O Ⓧ
② 중국의 대학 입학시험은 '가오카오'라고 한다. Ⓞ X

눈 체조 배워 보기

1단계

눈을 감고 양쪽 엄지손가락을 눈썹에, 나머지 네 손가락은 이마에 두고, 엄지손가락을 부드럽게 원을 그리며 돌린다.

2단계

엄지손가락과 검지로 눈 앞쪽을 위아래로 부드럽게 문지른다.

3단계

양쪽 검지를 콧방울 옆에 두고 부드럽게 돌린다.

4단계

양손은 주먹을 쥐고, 엄지손가락으로 관자놀이를 누르면서, 검지를 구부려 눈 모양을 따라 위아래를 문지른다.

지역마다 시험 문제가 다르다

중국은 면적이 크고 다양한 민족이 함께 하고 있어 지역마다 과목수와 시험문제가 다르다. 예전에는 高考가 유일한 대학 진학을 위한 수단이었지만, 최근에는 학생들의 부담이 과도하다는 이유를 들어 우리나라의 정시와 수시를 결합한 제도 등의 도입 등 다양한 입시제도의 개혁이 이루어지고 있다.

01 빈칸에 들어갈 말로 알맞은 것은?

> A: Zhè shì ______?
> B: Zhè shì wǒ de Zhōngguó péngyou

① jǐ ② nǎ ③ shéi
④ duō dà ⑤ shénme

01

A: 这是谁?
　　이 사람은 누구입니까?
B: 这是我的中国朋友。
　　이 사람은 내 중국 친구입니다.
① 几 몇　　② 哪 어느
③ 谁 누구　　④ 多大 몇 살
⑤ 什么 무엇, 무슨

02 빈칸에 공통으로 들어갈 말로 알맞은 것은?

> A: 她______几年级?
> B: 她______高中二年级

① 有 ② 的 ③ 都
④ 也 ⑤ 上

02

① yǒu 있다
② de ~의
③ shàng (~에) 다니다
④ yě ~도, 역시

03 빈칸에 들어갈 말로 알맞은 것은?

> A: Nà shì ____.
> 뜻: 저것은 의자이다.

① yǐzi ② cídiǎn ③ zhuōzi
④ shūbāo ⑤ xiǎogǒu

03

那是椅子。저것은 의자이다.
① 椅子 의자　　② 词典 사전
③ 桌子 책상　　④ 书包 책가방
⑤ 小狗 강아지

04 단어와 뜻의 연결이 알맞은 것은?

① 小学 – 고등학교 ② 初中 – 초등학교
③ 中学 – 중학교 ④ 高中 – 중 · 고등학교
⑤ 大学 – 대학교

04

① 小学 xiǎoxué 초등학교
② 初中 chūzhōng 중학교
③ 中学 zhōngxué 중·고등학교
④ 高中 gāozhōng 고등학교
⑤ 大学 dàxué 대학교

05 학교에서 함께 공부한 친구를 나타내는 단어로 알맞은 것은?

① tóngxué ② nǐmen ③ péngyou
④ lǎoshī ⑤ wǒ

같은 학교 일 경우에는 tóngxué, 나이가 같거나 달라도 상관없이 친구인 경우에는 péngyou라고 부릅니다.

06 빈칸에 들어갈 말로 알맞은 것은?

> 나는 오빠가 두 명 있다.
>
> 我有(   )哥哥。

① 一个 ② 两个 ③ 两岁
④ 二个 ⑤ 二岁

숫자 'èr 二'은 'ge 个'나 'suì 岁'와 같은 양사 앞에 쓸 수 없으므로 잘못된 표현이다.

07 빈칸에 들어갈 말로 알맞은 것은?

> A: 你有姐姐吗?
>
> B: (   )有, 我有一个妹妹。

① 很 ② 了 ③ 不
④ 是 ⑤ 没

① hěn 매우, 아주
② le ~되다(어기조사)
③ bù ~이 아니다
④ shì ~이다
⑤ méi 없다.

08 중국의 대학 입학 시험의 설명으로 알맞은 것은?

① 중국은 수시 제도가 있기 때문에 우리나라와 비슷하다.
② 중국은 부정행위를 방지하기 위해 보안 검색대를 설치하기도 한다.
③ 중국의 가오카오는 4월에 실시된다.
④ 중국 학생들은 치파오를 입고 시험에 참여한다.
⑤ 중국의 가오카오는 하루 동안 실시된다.

'싸우자마자 승리한다' 는 의미로, 학부모들은 치파오를 입고 수험생 자녀를 응원합니다.

5

Xiànzài jǐ diǎn?
现在几点？
지금 몇 시니?

학습 목표 날짜, 요일, 시간 관련 표현을 할 수 있다.

의사소통 기본 표현

날짜	Jīntiān shì jǐ yuè jǐ hào?
요일	Nà míngtiān xīngqī jǐ?
시간	Xiànzài jǐ diǎn?

문화 중국의 전통 명절

의사소통 기본 표현

날짜

Jīntiān shì jǐ yuè jǐ hào?
今天是几月几号？
오늘은 몇 월 며칠이니?

요일

Nà míngtiān xīngqī jǐ?
那明天星期几？
그럼 내일은 무슨 요일이니?

시간

Xiànzài jǐ diǎn?
现在几点？
지금 몇 시니?

 **문화 Plus⁺**

(1) 중국은 5월에 노동절 연휴가 있다. 노동절(劳动节, Láodòng Jié)은 5월 1일로, 근로자의 열악한 근로 조건을 개선하고 지위를 향상시키기 위한 날이다. 중국 노동절 연휴는 우리나라와 다르게 공식적인 휴일은 1일이지만 연휴는 3일로 지정되어 있어 많은 사람들이 여행을 가기도 한다.

(2) 黑板报(hēibǎnbào)
중국 교실의 뒤편에는 칠판 형태의 게시판이 있다. 학생들은 주제에 맞게 글과 그림으로 칠판에 벽보를 완성하는 활동을 한다. 학교에서는 학급별로 黑板报(hēibǎnbào)를 평가하고 심사해서 상을 주기도 한다.

❸ diǎn
点 시

❹ fēn
分 분

듣기 대본

❶ 月
❷ 号
❸ 点
❹ 分

준비하기 2번 예시

㉠ 12월 25일
크리스마스에 캐롤을 들으면서 친구들과 맛있는 음식을 먹고 파티하는 게 재미있기 때문이에요.

단어 미리보기

단어를 소리내어 읽고 □에 √표기를 해 보세요.

□□□	今天	jīntiān	오늘	□□□	点	diǎn	시	□□□	劳动节	Láodòng Jié	노동절
□□□	月	yuè	월	□□□	分	fēn	분	□□□	生日	shēngrì	생일
□□□	号	hào	일	□□□	吃	chī	먹다	□□□	音乐	yīnyuè	음악
□□□	那	nà	그러면	□□□	饭	fàn	밥	□□□	考试	kǎoshì	시험
□□□	星期	xīngqī	요일	□□□	半	bàn	반(30분)	□□□	上学	shàngxué	등교하다
□□□	前天	qiántiān	그저께	□□□	吧	ba	~하자	□□□	上课	shàngkè	수업을 하다
□□□	昨天	zuótiān	어제	□□□	刻	kè	15분	□□□	散步	sànbù	산책하다
□□□	后天	hòutiān	모레	□□□	起床	qǐchuáng	기상하다	□□□	祝	zhù	축하하다
□□□	天	tiān	날, 일	□□□	回	huí	돌아가다	□□□	快乐	kuàilè	즐겁다
□□□	星期日	xīngqīrì	일요일	□□□	家	jiā	집				
□□□	现在	xiànzài	지금	□□□	睡觉	shuìjiào	잠을 자다				

교과서 단어

- 今天 jīntiān 오늘
- 月 yuè 월
- 号 hào 일
- 那 nà 그러면
- 星期 xīngqī 요일

예문 단어

- 圣诞节 Shèngdànjié 성탄절
- 生日 shēngrì 생일
- 书包 shūbāo 책가방
- 一起 yìqǐ 같이
- 去 qù 가다

체 크 체 크

1. 오늘은 무슨 요일입니까?
   ① 화요일
   ② 수요일
   ③ 목요일
   ④ 금요일

2. 본문에서 '내일'을 나타내는 단어에 밑줄 그어 보세요.

2. míngtiān 明天
1. ②

▶ 이나영이 AI 징징에게 날짜를 물어봅니다. 〔058〕

이나영

今天是几月几号?
Jīntiān shì jǐ yuè jǐ hào?

오늘은 몇 월 며칠이니?

AI 징징

五月七号。
Wǔ yuè qī hào.

5월 7일이야.

이나영

那明天星期几?
Nà míngtiān xīngqī jǐ?

그러면 내일은 무슨 요일이니?

AI 징징

星期三。
Xīngqīsān.

수요일이야.

내일은 ___5___ 월 ___8___ 일입니다.

본문 해설

❶ 'jǐ 几'는 '몇'이라는 뜻의 의문사로, 날짜, 요일, 시간 등을 물어볼 때 사용한다. 문장 끝에 '吗(ma)'를 붙이지 않는다.

❷ 날짜, 요일 등을 말할 때 'shì 是'를 생략할 수 있다. 단, 생일이나 기념일 등 특별한 날을 가리키는 날에는 'shì 是'를 생략할 수 없다.
   예시 Shèngdànjié shì shí'èr yuè èrshíwǔ hào. 圣诞节是十二月二十五号。
   성탄절은 12월 25일이다.
   Wǒ de shēngrì shì xīngqītiān. 我的生日是星期天。 내 생일은 일요일이다.

❸ 'hào 号'는 날짜의 '일(日)'이라는 뜻으로, 날짜를 말할 때 사용하는 日(rì)의 구어적인 표현이다. 이 외에 주소의 번지수, 방 호수, 옷이나 신발 사이즈 등을 말할 때도 사용한다.

❹ 'nà 那'는 지시대명사로 '저(것), 그(것)'의 뜻으로, 쓰일 수도 있고, 접속사로 '그러면, 그렇다면'의 뜻으로 쓰일 수도 있다.
   예시 Nà shì wǒ de shūbāo. 那是我的书包。 저것은 나의 책가방이다.
   Nà wǒmen yìqǐ qù ba. 那我们一起去吧。 그러면 우리 같이 가자.

표현 쏙쏙 ①

1 날짜와 요일 표현

- 날짜와 요일을 물을 때는 几 jǐ를 사용하며, 문장에서 是 shì는 생략할 수 있다.

  A 明天(是)几月几号？　Míngtiān (shì) jǐ yuè jǐ hào?
  내일은 몇 월 며칠이니?

  B 六月八号。　Liù yuè bā hào.
  6월 8일이야.

- 부정은 不是 bú shì로 표현한다.

  今天不是星期三。　Jīntiān bú shì xīngqīsān.
  오늘은 수요일이 아닙니다.

날짜 표현

前天	昨天	今天	明天	后天
qiántiān	zuótiān	jīntiān	míngtiān	hòutiān
그저께	어제	오늘	내일	모레

요일 표현

星期天	星期一	星期二	星期三	星期四	星期五	星期六
xīngqītiān	xīngqīyī	xīngqī'èr	xīngqīsān	xīngqīsì	xīngqīwǔ	xīngqīliù
일요일	월요일	화요일	수요일	목요일	금요일	토요일

알려줘 징징 **중국의 이색 기념일**

5월 20일, 五二零(wǔ èr líng)과 我爱你(wǒ ài nǐ)의 발음이 비슷해서 좋아하는 사람에게 마음을 고백하는 날이에요.

11월 11일은 솔로 데이, 광군절(光棍节, Guānggùnjié)로 중국의 최대 쇼핑데이에요.

교과서 단어

- 前天 qiántiān 그저께
- 昨天 zuótiān 어제
- 后天 hòutiān 모레
- 天 tiān 날, 일
- 星期日 xīngqīrì 일요일

1 꼬마 문제
- 어순 배열하기

오늘은 월요일이 아닙니다.
bú shì / xīngqīyī / jīntiān
→

2 꼬마 문제
- 알맞은 표현 쓰기

___ tiān 그저께
___ tiān 어제
___ tiān 모레

3 꼬마 문제
- 빈칸 채우기

내일은 일요일이다.
→ Míngtiān shì ___ .

징징 Plus 
❶ 2월 14일
: 情人节 Qíngrénjié 밸런타인데이
❷ 3월 8일
: 妇女节 Fùnǚjié 여성의 날

꼬마 문제 정답 
❸ xīngqītiān
❷ qián, zuó, hòu
❶ Jīntiān bú shì xīngqīyī.

교과서 단어

- 现在 xiànzài 지금
- 点 diǎn 시
- 分 fēn 분
- 吃 chī 먹다
- 饭 fàn 밥
- 半 bàn 반(30분)
- 吧 ba ~하자

예문 단어

- 每天 měitiān 매일
- 晚饭 wǎnfàn 저녁밥
- 做 zuò ~하다
- 作业 zuòyè 숙제
- 走 zǒu 가다
- 玩儿 wánr 놀다

▶ 이나영이 왕둥에게 시간을 묻습니다. 060

이나영
現在几点? 
Xiànzài jǐ diǎn?
지금 몇 시니?

왕둥
四点二十分。
Sì diǎn èrshí fēn.
4시 20분이야.

이나영
我们几点吃饭? 
Wǒmen jǐ diǎn chī fàn?
우리 몇 시에 밥 먹을까?

왕둥
六点半吃饭吧。 
Liù diǎn bàn chī fàn ba.
6시 반에 밥 먹자.

지금은 __4__ 시 __20__ 분입니다.

체크 체크

1. 이나영과 왕둥은 언제 밥을 먹기로 했나요?
   ① 4시
   ② 4시 20분
   ③ 6시
   ④ 6시 30분

2. 본문에서 '시'를 나타내는 단어는 몇 번 쓰였나요?

본문 해설

❶ 'diǎn 点'은 '시', 'fēn 分'은 '분'이라는 뜻으로, 앞에 숫자를 붙여 시간을 표시한다.
   예시 sān diǎn shí fēn 3시 10분
   shí diǎn sānshíwǔ fēn 10시 35분

❷ 시간을 나타내는 말은 주어의 앞뒤에 모두 위치할 수 있다.
   예시 Wǒ měitiān liù diǎn chī wǎnfàn.
   주어 + 시간 + 동작
   我每天六点吃晚饭。 나는 매일 6시에 저녁밥을 먹는다.
   예시 Jīntiān wǒmen yìqǐ zuò zuòyè ba.
   시간 + 주어 + 동작
   今天我们一起做作业吧。 오늘 우리 같이 숙제하자.

❸ 'ba 吧'는 문장 끝에 쓰여 청유, 제안의 의미를 나타낸다.
   예시 Zǒu ba! 走吧! 가자!
   Wǒmen yìqǐ wánr ba! 我们一起玩儿吧! 우리 같이 놀자!

정답
1. ④
2. 네 번

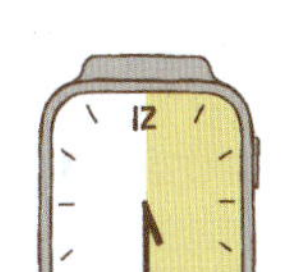

표현 쏙쏙 ②

① 시간 표현

- 点 diǎn은 '시', 分 fēn은 '분'을 나타낸다.

15분	30분	45분
一刻 yí kè	半 bàn	三刻 sān kè

两点一刻
liǎng diǎn yí kè

五点半
wǔ diǎn bàn

十二点三刻
shí'èr diǎn sān kè

② 일과 표현

주어 + 시간 + 일과 표현

我五点回家。 Wǒ wǔ diǎn huí jiā.
나는 다섯 시에 귀가한다.

起床
qǐchuáng

回家
huí jiā

睡觉
shuìjiào

교과서 단어

- 刻 kè 15분
- 起床 qǐchuáng 기상하다
- 回 huí 돌아가다
- 家 jiā 집
- 睡觉 shuìjiào 잠을 자다

① 꼬마 문제

- 빈칸 채우기

8시 45분

bā diǎn sìshíwǔ fēn

→ bā diǎn ______

② 꼬마 문제

- 어순 배열하기

나는 7시에 기상한다.

diǎn / qǐchuáng / wǒ / qī

→ ______

징징 Plus⁺

중국 각 지역의 등하교나 출퇴근 시간을 똑같이 맞추는 것이 현실적으로 불가능하기 때문에 실제 일상생활에서는 현지 상황을 고려하여 지역별로 융통성을 발휘한다. 베이징 사람들이 8시에 출근한다면 중국 서쪽의 우루무치 사람들은 오전 10시에 출근한다. 등하교도 마찬가지이다. 베이징 학생들은 7시 반 정도에 등교를 하지만, 우루무치 학생들은 9시 15분경에 등교를 한다.

꼬마 문제 정답

❷ Wǒ qī diǎn qǐchuáng.

❶ sān kè

알려줘 징징 — 지역 간 시차가 없는 중국

중국의 가장 동쪽에 위치한 헤이룽장성에서 가장 서쪽에 있는 신장웨이우얼 자치구까지 실제로는 시차가 무려 4시간이에요. 하지만 중국은 베이징 표준시를 사용하기 때문에 전국의 시간이 동일해요.

교과서 단어

- 劳动节 Láodòngjié 노동절
- 生日 shēngrì 생일
- 音乐 yīnyuè 음악
- 考试 kǎoshì 시험
- 上学 shàngxué 등교하다
- 上课 shàngkè 수업을 하다
- 散步 sànbù 산책하다

예시 답안 및 해석

연습 1

A: <u>Jīntiān</u> shì jǐ yuè jǐ hào?
今天是几月几号?
오늘은 몇 월 며칠이니?

B: Wǔ yuè <u>qī hào</u>.
五月七号。 5월 7일이야.

A: Xīngqī jǐ?
星期几? 무슨 요일이니?

B: <u>Xīngqīsān</u>.
星期三。 수요일이야.

❶ A: <u>Láodòng Jié</u> shì jǐ yuè jǐ hào?
劳动节是几月几号?
노동절은 몇 월 며칠이니?

B: Wǔ yuè <u>yī hào</u>.
五月一号。 5월 1일이야.

A: Xīngqī jǐ?
星期几? 무슨 요일이니?

B: <u>Xīngqīsì</u>.
星期四。 목요일이야.

❷ A: <u>Māma de shēngrì</u> shì jǐ yuè jǐ hào?
妈妈的生日是几月几号?
엄마의 생신은 몇 월 며칠이니?

B: Wǔ yuè <u>shíyī hào</u>.
五月十一号。 5월 11일이야.

A: Xīngqī jǐ?
星期几? 무슨 요일이니?

B: <u>Xīngqītiān</u>.
星期天。 일요일이야.

❸ A: <u>Yīnyuè kǎoshì</u> shì jǐ yuè jǐ hào?
音乐考试是几月几号?
음악시험은 몇 월 며칠이니?

B: Wǔ yuè <u>èrshíliù hào</u>.
五月二十六号。 5월 26일이야.

A: Xīngqī jǐ?
星期几? 무슨 요일이니?

B: <u>Xīngqīyī</u>.
星期一。 월요일이야.

1 밑줄 친 부분을 바꾸어 날짜와 요일을 묻고 답해 봅시다. 〔062〕

연습

A: <u>Jīntiān</u> shì jǐ yuè jǐ hào?

B: Wǔ yuè <u>qī hào</u>.

A: Xīngqī jǐ?

B: Xīngqīsān.

2 밑줄 친 부분을 바꾸어 일과를 묻고 답해 봅시다. 〔063〕

연습

A: Nǐ jǐ diǎn <u>chī fàn</u>?

B: Wǒ <u>liù diǎn bàn</u> <u>chī fàn</u>.

shàngxué

shàngkè

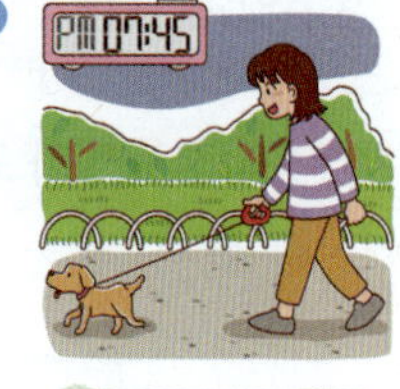
sànbù

A: Nǐ jǐ diǎn <u>chī fàn</u>?
你几点吃饭?
너는 몇 시에 밥을 먹니?

B: Wǒ <u>liù diǎn bàn</u> <u>chī fàn</u>.
我六点半吃饭。
나는 6시 반에 밥을 먹어.

❶ A: Nǐ jǐ diǎn <u>shàngxué</u>?
你几点上学?
너는 몇 시에 등교하니?

B: Wǒ <u>bā diǎn yí kè</u> shàngxué.
我八点一刻上学。
나는 8시 15분에 등교해.

❷ A: Nǐ jǐ diǎn <u>shàngkè</u>?
你几点上课?
너 몇 시에 수업을 하니?

B: Wǒ <u>jiǔ diǎn shí fēn</u> shàngkè.
我九点十分上课。
나 9시 10분에 수업을 해.

❸ A: Nǐ jǐ diǎn <u>sànbù</u>?
你几点散步?
너 몇 시에 산책하니?

B: Wǒ <u>qī diǎn sān kè</u> sànbù.
我七点三刻散步。
나 7시 45분에 산책해.

Tip

하루 일과 단어 추가

吃早饭 chī zǎofàn 아침밥을 먹다
做作业 zuò zuòyè 숙제를 하다
吃晚饭 chī wǎnfàn 저녁밥을 먹다
看电视 kàn diànshì 텔레비전을 보다

쓰기

1 잘 듣고, 알맞은 단어를 찾아 ○ 표 한 후, 빈칸을 완성해 봅시다. 〔065〕

예시   月 ➡ yuè

① 号 ➡
② 今天 ➡
③ 星期 ➡

듣기 대본 및 해석 **1**

보기

月 → yuè 일

① 号 → hào 일
② 今天 → jīntiān 오늘
③ 星期 → xīngqī 요일

2 **보기**의 단어를 활용하여 대화를 완성해 봅시다.

보기   bàn   jǐ   ba

예시 답안 및 해석 **2**

보기

bàn   jǐ   ba
半   几   吧
반(30분) 몇 ~하자

A: Xiànzài ①jǐ diǎn?
　 现在几点?
　 지금 몇 시니?

B: Sān diǎn ②bàn.
　 三点半。
　 3시 반이야.

A: Wǒmen jǐ diǎn chī fàn?
　 我们几点吃饭?
　 우리 몇 시에 밥 먹어?

B: Liù diǎn chī fàn ③ba.
　 六点吃饭吧。
　 6시에 밥 먹자.

쓰기 Plus⁺

• 주요 단어와 활용 문장을 따라 써 보세요.

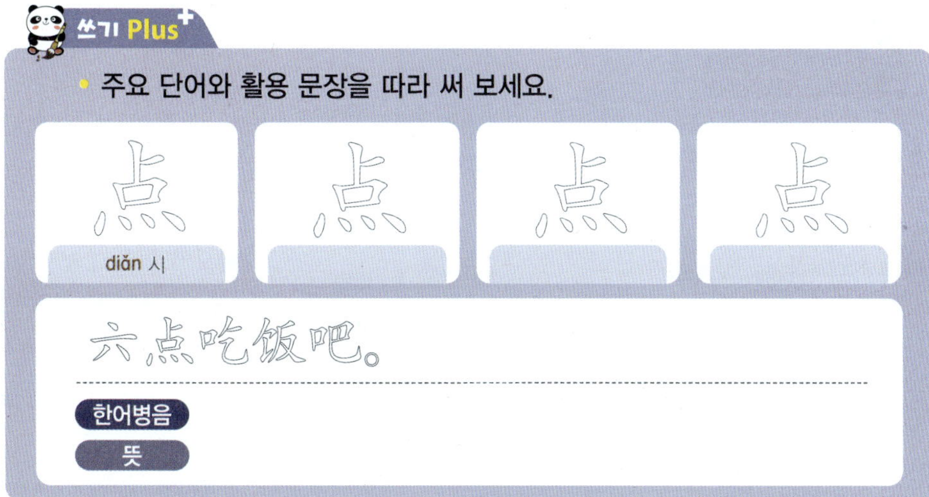

1   듣기 대본 및 해석

❶ Jīntiān liù yuè shíwǔ hào.
今天六月十五号。
오늘은 6월 15일이다.

❷ Wǒ qī diǎn qǐchuáng.
我七点起床。
나는 7시에 기상한다.

2   듣기 대본 및 해석

Wǒmen yī diǎn bàn chī fàn ba.
我们一点半吃饭吧。
우리 1시 반에 밥 먹자.

3   답안 및 해석

A Xiànzài jǐ diǎn?
现在几点?
지금 몇 시니?

A Míngtiān xīngqī jǐ?
明天星期几?
내일은 무슨 요일이니?

A Jīntiān shì jǐ yuè jǐ hào?
今天是几月几号?
오늘은 몇 월 며칠이니?

B Wǔ yuè qī hào.
五月七号。
5월 7일이야.

B Sì diǎn èrshí fēn.
四点二十分。
4시 20분이야.

B Xīngqīsān.
星期三。
수요일이야.

1 잘 듣고, 알맞은 그림에 ✔표시를 해 봅시다. 066

☐   ☑   ☑   ☐

2 잘 듣고, 징검다리를 건너며 질문에 알맞은 대답을 완성해 봅시다. 067

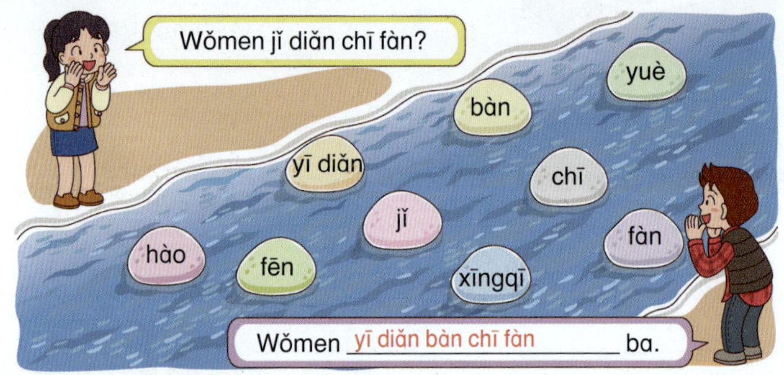

3 알맞은 대답을 연결하고 짝과 대화해 봅시다.

❶ **A** Xiànzài jǐ diǎn?   **B** Wǔ yuè qī hào.

❷ **A** Míngtiān xīngqī jǐ?   **B** Sì diǎn èrshí fēn.

❸ **A** Jīntiān shì jǐ yuè jǐ hào?   **B** Xīngqīsān.

워드서치

• 단어에 해당하는 한어병음을 쓰고 단어를 찾아봅시다.

1	요일	xīngqī	6	돌아가다	
2	그저께		7	15분	
3	분		8	30분	
4	지금		9	밥	
5	시		10	어제	

활동

친구야, 생일 축하해!

 친구의 생일을 묻고 카드에 이름과 생일을 써 봅시다.

생일 묻고 답하기

A: Nǐ de shēngrì shì jǐ yuè jǐ hào?

B: Wǒ de shēngrì shì ___ yuè ___ hào.

단어
祝 zhù 축하하다　　快乐 kuàilè 즐겁다

숫자　yī　èr　sān　sì　wǔ　liù　qī　bā　jiǔ　shí

이름	예시 김 대 한	
생일	èr yuè shí hào	___ yuè ___ hào

이름		
생일	___ yuè ___ hào	___ yuè ___ hào

나와 같은 달에 태어난 친구는?

이번 달에 생일인 친구는?

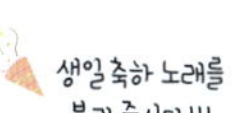

교과서 단어

□ 祝 zhù 축하하다
□ 快乐 kuàilè 즐겁다

 **Tip**

[생일 묻고 답하기]
A: Nǐ de shēngrì shì jǐ yuè jǐ hào?
　你的生日是几月几号?
　너의 생일은 몇 월 며칠이니?

B: Wǒ de shēngrì shì ___ yuè ___ hào.
　我的生日是___月___号。
　내 생일은 ___월 ___일이야.

h	u	í	g	z	u	ó	t	i	ā	n	h
g	b	e	g	n	ì	x	o	ā	g	g	ù
f	j	x	ī	n	g	q	ī	r	f	n	h
r	i	l	n	à	d	i	á	n	g	ē	e
é	à	d	x	f	b	á	n	y	á	q	n
h	z	i	g	d	c	n	h	à	d	g	ù
g	b	ǎ	g	ì	x	t	ā	u	f	n	ō
f	j	n	n	g	k	i	e	ō	n	à	d
r	i	z	ǐ	è	p	ā	ū	á	p	x	n
b	à	n	x	n	b	n	z	l	d	p	y
ì	j	m	ō	á	q	ū	b	i	k	t	u
m	x	i	à	n	z	à	i	n	è	n	à

문화 Plus⁺

쟈오즈와 녠가오를 먹는 이유

❶ 쟈오즈

'자시(pm 11:30~am 12:30)에 해가 바뀐다(更岁交子, gēng suì jiāo zǐ)' 의 의미

❷ 녠가오

'해마다 더 좋아진다(年年高升, niánnián gāo shēng)' 는 의미

문화 Plus⁺

단오절 추가 풍습

❶ 대문에 쑥과 창포 걸기

벌레 퇴치와 액운을 막아주는 용도

❷ 손목이나 발목에 5색실 차기

파랑, 하양, 빨강, 검정, 노랑의 다섯 색깔의 실. 악귀를 물리치고 몸을 강하게 해준다는 의미

❸ 향낭 걸기

액운을 막아주며 질병에 걸리지 않고 건강하게 생활하도록 하는 의미

중국의 전통 명절

춘절(春节, ChūnJié) 음력 1월 1일

중국의 최대 명절로 우리의 설에 해당합니다. 사람들은 고향으로 돌아가 가족과 춘절을 보내며 새해를 맞이합니다. 악귀를 쫓는 의미로 폭죽을 터뜨리고, 평안을 기원하는 춘롄(春联, chūnlián)을 대문에 붙입니다.

▲ 춘롄

▲ 쟈오즈

▲ 녠가오

당일에는 친척들과 새해 인사를 나누고, 어른들은 아이들에게 빨간색 봉투 홍바오(红包, hóngbāo)에 돈을 담아 줍니다. 북방에서는 물만두인 쟈오즈(饺子, jiǎozi)를, 남방에서는 떡인 녠가오(年糕, niángāo)를 먹습니다.

▲ 홍바오

단오절(端午节, Duānwǔ Jié) 음력 5월 5일

초나라 시인 굴원을 기리기 위한 날로 찹쌀밥을 대나무 잎에 싸서 찐 쫑즈(粽子, zòngzi)를 먹고 용선 경기를 합니다.

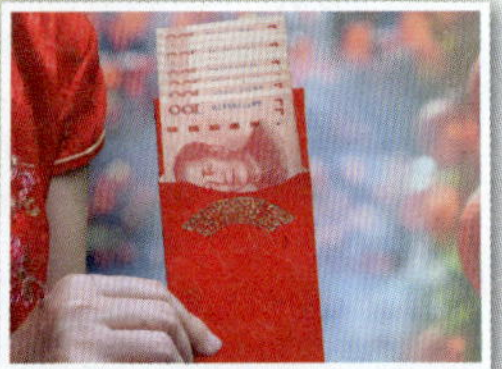

▲ 용선 경기

▲ 굴원

▲ 쫑즈

MEMO

중추절(中秋节, Zhōngqiū Jié) 음력 8월 15일

우리의 추석에 해당하는 명절입니다. 온 가족이 함께 모여 보름달을 감상하고 소원을 빌며, 보름달을 닮은 월병(月饼, yuèbǐng)을 먹습니다.

▲ 월병

퀴즈

1. 춘절(春节, Chūnjié)에는 악귀를 쫓는다는 의미로 폭죽을 터뜨린다. (O / X)
2. 음력 8월 15일에는 쫑즈(粽子, zòngzi)를 먹는다. (O / X)

문화 체험

쫑즈(粽子, zòngzi) 만들기

준비물: 색종이, 양면테이프, 노끈

1. 반으로 자른 색종이의 테두리에 양면테이프를 두른 후 동그랗게 오므려요.

2. 한쪽 부분을 손으로 눌러 붙인 후, 안에 작은 간식거리를 넣어요.

3. 쫑즈의 모양을 만들어 나머지 쪽도 붙여요.

4. 노끈으로 묶어 장식하면 완성!

중추절의 또 다른 명칭

보름달이 한 해 중 가장 둥글다고 하여 '团圆节 Tuányuánjié'라고 부르기도 한다.

중추절 추가 풍습

연등 밝히기 - 중추절은 중국 3대 등불 명절로 알려져 있다. 중추절 당일 저녁에 연등을 피워놓고 달을 향해 소원을 빈다.

Tip

추석 인사말

Zhōngqiūjié kuàilè!
즐거운 추석 보내세요!

나만의 중국 문화 요약 노트

01 빈칸에 들어갈 성모로 알맞은 것은?

> 잠을 자다
> _______ uìjiào

① s
② x
③ c
④ sh
⑤ ch

01

睡觉 shuìjiào - 잠을 자다

02 밑줄 친 ㉠과 ㉡의 발음을 바르게 표기한 것은?

> 几㉠月几㉡号?

	㉠	㉡
①	yuē	hào
②	yuē	háo
③	yué	hào
④	yuè	háo
⑤	yuè	hào

02

Jǐ yuè jǐ hào?
몇 월 며칠입니까?

03 단어의 뜻으로 알맞은 것은?

> 那

① 날　　　② 일　　　③ 이것
④ 어느　　⑤ 그러면

03

nà - 그러면
① 天
② 号
③ 这
④ 哪
⑤ 那

04 문장 표현이 옳지 <u>않은</u> 것은?

① 今天是几月几号?
② 明天星期几?
③ 今天不星期三。
④ 我四点半回家。
⑤ 现在十点三刻。

04

① Jīntiān shì jǐ yuè jǐ hào?
② Míngtiān xīngqī jǐ?
③ Jīntiān bù xīngqīsān.
④ Wǒ sì diǎn bàn huí jiā.
⑤ Xiànzài shí diǎn sān kè.

날짜와 요일을 물을 때 문장에서 是는 생략할 수 있으나, 부정을 나타낼 때는 是를 생략할 수 없다.
→ 今天不是星期三。

05 시간 순서대로 배열할 때 ㉠에 들어갈 말로 옳은 것은?

> (   ) – (㉠) – 今天 – 明天 – 后天

① 昨天   ② 明年   ③ 前天
④ 今年   ⑤ 明日

【6~7】 일과표를 보고 물음에 답하시오.

Wáng Dōng의 하루

AM	일과	PM	일과
7:00	起床	12:30	吃饭
8:15	上学	4:45	回家
9:10	上课	11:00	睡觉

06 Wáng Dōng jǐ diǎn qǐchuáng?

① 7:00   ② 8:15   ③ 9:10
④ 12:30   ⑤ 12:00

07 빈칸에 들어갈 알맞은 표현은?

> Wáng Dōng __________ shàngxué.

① bā diǎn yí kè   ② jiǔ diǎn shí fēn
③ shí'èr diǎn bàn   ④ sì diǎn sìshíwǔ fēn
⑤ shíyī diǎn

08 중국의 전통 명절과 기념일에 대한 설명으로 알맞지 <u>않은</u> 것은?

① 춘절은 중국 최대의 명절로, 음력 1월 1일이다.
② 단오절에는 홍바오를 주고 받으며 인사를 나눈다.
③ 중추절은 온 가족이 함께 모여 보름달을 감상하고 월병을 먹는다.
④ 5월 20일은 'Wǒ ài nǐ(사랑합니다)'와 발음이 비슷하여 좋아하는 마음을 고백하기도 한다.
⑤ 11월 11일은 광군절로, 중국 최대의 쇼핑데이이다.

6

Nǐ yǒu shénme àihào?
你有什么爱好？ ⟮068⟯
너는 취미가 뭐니?

학습 목표   취미와 장래 희망 관련 표현을 할 수 있다.

의사소통 기본 표현		
취미	Nǐ yǒu shénme àihào?	
장래 희망	Wǒ xiǎng dāng tǐyù lǎoshī.	
능력	Wǒ huì yóuyǒng、dǎ pīngpāng...	

문화   중국인의 여가 생활

의사소통 기본 표현

취미

Nǐ yǒu shénme àihào?
你有什么爱好？
너는 취미가 뭐니?

장래 희망

Wǒ xiǎng dāng tǐyù lǎoshī.
我想当体育老师。
나는 체육 선생님이 되고 싶어.

능력

Wǒ huì yóuyǒng、
dǎ pīngpāngqiú.
我会游泳、打乒乓球。
난 수영이랑 탁구를 할 줄 알아.

문화 Plus⁺

(1) 중국의 공원은 산책뿐만 아니라 다양한 여가 생활을 즐기는 공간으로 활용되고 있다. 공원에 가면 이른 아침부터 무리 지어 태극권(太极拳)을 수련하거나 에어로빅이나 사교춤 등의 광장무를 추는 사람들을 흔히 볼 수 있다. 또한 땅에 물로 붓글씨를 쓰거나 연날리기와 제기차기를 하는 모습 등을 볼 수 있다.

(2) 공죽
죽방울 놀이인 공죽은 명나라 때부터 중국 서민들의 대표 전통놀이였다. 두 개의 대나무 막대에 줄을 매달아 대나무 통 가운데 부분에 실을 넣어 감은 뒤 손을 빠르게 움직여 방향을 바꿔가면서 돌리는 놀이이다.

(3) 숏폼 플랫폼
중국은 숏폼 영상의 천국으로 다양한 분야에서 활동하는 인플루언서들이 있다. 유행하는 춤을 추거나 음식을 먹는 등 다채로운 분야에서 영상을 기획하여 제작하고 있다.

1. 단어를 듣고 따라 써 봅시다. 069
2. 나의 취미를 적어 봅시다.

듣기 대본

❶ 画儿
❷ 拍
❸ 点赞
❹ 运动

준비하기 2번 예시

예 중국 드라마 보기
요즘 중국 청춘 드라마에 대한 관심이 많아져서 여가 시간에 드라마를 보며 시간을 보내고 싶어요.

---

❹ **yùndòng** 
运动 운동

❸ **diǎnzàn**
点赞 '좋아요'를 누르다

단어 미리보기

단어를 소리내어 읽고 □에 √표기를 해 보세요.

□□□ 爱好	àihào	취미	
□□□ 喜欢	xǐhuan	좋아하다	
□□□ 画	huà	(그림을) 그리다	
□□□ 画儿	huàr	그림	
□□□ 拍	pāi	(사진을) 찍다	
□□□ 视频	shìpín	영상	
□□□ 棒	bàng	훌륭하다	
□□□ 给	gěi	~에게	
□□□ 点赞	diǎnzàn	'좋아요'를 누르다	
□□□ 上网	shàngwǎng	인터넷을 하다	
□□□ 听	tīng	듣다	
□□□ 唱	chàng	(노래를) 부르다	
□□□ 歌	gē	노래	

□□□ 跳舞	tiàowǔ	춤을 추다	
□□□ 电影	diànyǐng	영화	
□□□ 将来	jiānglái	장래, 장차	
□□□ 想	xiǎng	~하고 싶다	
□□□ 当	dāng	~이/가 되다	
□□□ 体育	tǐyù	체육	
□□□ 会	huì	(배워서) 할 수 있다	
□□□ 做	zuò	~하다	
□□□ 运动	yùndòng	운동	
□□□ 游泳	yóuyǒng	수영(하다)	
□□□ 打	dǎ	(운동을) 하다	
□□□ 乒乓球	pīngpāngqiú	탁구	
□□□ 喝	hē	마시다	

□□□ 茶	chá	차	
□□□ 歌手	gēshǒu	가수	
□□□ 踢	tīng	차다	
□□□ 篮球	lánqiú	농구	
□□□ 棒球	bàngqiú	야구	
□□□ 足球	zúqiú	축구	
□□□ 厨师	chúshī	요리사	
□□□ 菜	cài	요리	
□□□ 医生	yīshēng	의사	
□□□ 爬	pá	(산을) 오르다	
□□□ 山	shān	산	

교과서 단어

- 爱好 àihào 취미
- 喜欢 xǐhuan 좋아하다
- 画 huà (그림) 그리다
- 拍 pāi (사진을) 찍다
- 视频 shìpín 영상
- 棒 bàng 훌륭하다
- 点赞 diǎnzàn '좋아요'를 누르다

예문 단어

- 客 kè 손님
- 欢迎 huānyíng 환영하다
- 送 sòng 보내다, 배달하다
- 买 mǎi 사다
- 水 shuǐ 물
- 喝 hē 마시다

체크 체크

1. 왕둥의 취미는 무엇인가요?
   ① 가르치기
   ② 요리하기
   ③ 그림 그리기
   ④ 춤추기

2. 본문에서 '취미'를 나타내는
   단어에 밑줄 그어 보세요.

정답 1. ③ 2. àihào

 읽기 

▶ 이나영과 왕둥이 취미에 대해 이야기합니다. 070

이나영

你有什么爱好?
Nǐ yǒu shénme àihào?

너는 취미가 뭐니?

왕둥

我喜欢画画儿。
Wǒ xǐhuan huà huàr.

난 그림 그리는 것을 좋아해

这是我拍的视频。
Zhè shì wǒ pāi de shìpín.

이것이 내가 찍은 영상이야.

이나영

真棒! 我给你点赞!
Zhēn bàng! Wǒ gěi nǐ diǎnzàn!

정말 훌륭하다! 내가 '좋아요' 눌러 줄게.

본문 해설

1. '好'가 '안녕하다, 좋다'의 의미로 쓰일 때는 'hǎo'로, '좋아하다'라는 의미로 쓰이면 'hào'로 발음한다.
   예시 Hěn hǎo! 很好! 아주 좋아요!
   hào kè 好客 손님 접대를 좋아하다

2. 'huān 欢'의 원래 성조는 제1성이나 'xǐhuan 喜欢'에서는 경성으로 발음한다.
   예시 huānyíng 欢迎 환영하다

3. '给'는 '~에게 ~를 향하여'의 의미와 '~를 주다'라는 의미로 쓰인다.
   예시 Wǒ gěi nǐ mǎi shuǐ hē. 我给你买水喝。 너에게 마실 물 좀 사줄게.
   sònggěi tā 送给他 그에게 보내 주다

1 喜欢 xǐhuan

- 喜欢 xǐhuan은 '좋아하다'라는 뜻으로 뒤에 명사 혹은 동사가 올 수 있다.

喜欢 xǐhuan +	명사	～을 좋아하다
	동사	～하는 것을 좋아하다

我喜欢你。Wǒ xǐhuan nǐ. 나는 너를 좋아한다.
我喜欢上网。Wǒ xǐhuan shàngwǎng. 나는 인터넷 하는 것을 좋아한다.

2 취미 관련 표현

听音乐
tīng yīnyuè
음악을 듣다

唱歌
chànggē
노래를 부르다

跳舞
tiàowǔ
춤을 추다

看电影
kàn diànyǐng
영화를 보다

교과서 단어

- 上网 shàngwǎng
  인터넷을 하다
- 听 tīng 듣다
- 唱 chàng (노래를) 부르다
- 歌 gē 노래
- 跳舞 tiàowǔ 춤을 추다
- 电影 diànyǐng 영화

1  꼬마 문제

- 빈칸 채우기

나는 노래 듣는 것을 좋아한다.

→ Wǒ ________ tīng yīnyuè.

2  꼬마 문제

- 해석하기

Wǒ xǐhuan kàn diànyǐng.

____

알려줘 징징 — 핸드폰으로 중국어 입력하기

중국어 자판을 추가하고 한어병음을 입력하면 원하는 중국어 간화자를 입력할 수 있어요. 요즘은 더 빠르게 의미를 전달하기 위해 음성 메시지를 선호해요.

1 작성하고 싶은 단어의 한어병음을 입력한다.
예 Nǐ hǎo!

2 해당하는 간화자를 터치하여 입력한다.
예 你好!

징징 Plus+

자주 입력하는 간화자는 한어병음 하나만 입력해도 휴대 전화가 미리 예측하여 제시해주기도 한다.

 꼬마 문제 **정답**

2 나는 영화 보는 것을 좋아해.
1 xǐhuan

교과서 단어

- 将来 jiānglái 장래, 장차
- 想 xiǎng ~하고 싶다
- 当 dāng ~이/가 되다
- 体育 tǐyù 체육
- 会 huì (배워서) 할 수 있다
- 做 zuò ~하다
- 运动 yùndòng 운동
- 游泳 yóuyǒng 수영(하다)
- 打 dǎ (운동을) 하다
- 乒乓球 pīngpāngqiú 탁구

예문 단어

- 来 lái 오다

읽기 2

▶ 김대한과 장리리가 장래 희망에 대해 이야기합니다. 072

김대한

你将来想当什么?
Nǐ jiānglái xiǎng dāng shénme?

너는 장래에 뭐가 되고 싶니?

장리리

我想当体育老师。
Wǒ xiǎng dāng tǐyù lǎoshī.

나는 체육 선생님이 되고 싶어.

김대한

你会做什么运动?
Nǐ huì zuò shénme yùndòng?

너는 무슨 운동을 할 줄 아니?

장리리

我会游泳、打乒乓球。
Wǒ huì yóuyǒng、dǎ pīngpāngqiú.

나는 수영이랑 탁구를 할 줄 알아.

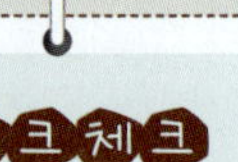 체크체크

1. 장리리의 장래 희망은 무엇인가요?
   ① 요리사
   ② 화가
   ③ 체육선생님
   ④ 의사

2. 본문에서 '운동'을 나타내는 단어에 밑줄 그어 보세요.

퀴즈

본문 해설

❶ '想(xiǎng)'은 단독으로 동사로 사용하면 '생각하다', '그리워하다'라는 동사로 사용된다.
예시 我很想你。Wǒ hěn xiǎng nǐ. 나는 네가 정말 보고 싶다.

❷ 'dāng 当'은 '~이 되다'라는 뜻으로, 일반적으로 직업이나 어떤 역할을 담당하였을 때 쓴다.

❸ '会 huì'는 '~할 줄 안다'라는 뜻으로, 동사 앞에 쓰여 능력을 나타내지만, 조동사로서 '~할 것이다.'라는 추측을 나타내기도 한다.
예시 明天他会来吗? Míngtiān tā huì lái ma? 내일 그 사람이 올 수 있을까요?(추측)

정답
1. ③
2. yóuyǒng 游泳
   pīngpāngqiú 乒乓球

① 想 xiǎng

- 想 xiǎng은 '~하고 싶다'라는 뜻으로 동사 앞에 쓰여 소망과 바람을 나타낸다. 장래 희망을 말할 때는 想当 xiǎng dāng '~가 되고 싶다'를 사용한다.

  我想喝茶。 Wǒ xiǎng hē chá. 나는 차를 마시고 싶어요.
  我想当歌手。 Wǒ xiǎng dāng gēshǒu. 나는 가수가 되고 싶어요.

② 打 dǎ / 踢 tī

- 일반적으로 손을 주로 쓰는 운동은 동사 打 dǎ를 쓰고, 발로 하는 운동은 踢 tī를 쓴다.

打
dǎ

篮球
lánqiú
농구

棒球
bàngqiú
야구

踢
tī

足球
zúqiú
축구

교과서 단어

- 喝 hē 마시다
- 茶 chá 차
- 歌手 gēshǒu 가수
- 踢 tī 차다
- 篮球 lánqiú 농구
- 棒球 bàngqiú 야구
- 足球 zúqiú 축구

① 꼬마 문제

- 빈칸 채우기

나는 선생님이 되고 싶다.

→ Wǒ xiǎng ______ lǎoshī.

② 꼬마 문제

- 빈칸 채우기

나는 농구를 할 수 있다.

→ Wǒ huì ______ lánqiú.

알려줘 징징 중국은 e-스포츠 열풍!

중국 아시아올림픽평의회(OCA)는 2022년에 항저우 아시안게임에서 e-스포츠를 정식 종목으로 채택했어요. 우리 나라 e-스포츠 선수단은 일부 종목에서 금메달 2개, 은메달 1개, 동메달 1개를 수상하였어요.

징징 Plus⁺

항저우 아시안게임의 총 7개의 종목 중 리그 오브 레전드, 배틀그라운드 모바일, 스트리트파이터 5, 피파온 4인 4개 종목에 우리나라 선수가 참여하였다.

꼬마 문제 정답

① dāng
② dǎ

교과서 단어

- 厨师 chúshī 요리사
- 菜 cài 요리
- 医生 yīshēng 의사
- 爬 pá (산을) 오르다
- 山 shān 산

1 예시 답안 및 해석

연습1

A: Nǐ yǒu shénme àihào?
你有什么爱好? 너는 취미가 뭐니?

B: Wǒ xǐhuan huà huàr.
我喜欢画画
나는 그림 그리는 것을 좋아해.

① A: Nǐ yǒu shénme àihào?
你有什么爱好?
너는 취미가 뭐니?

B: Wǒ xǐhuan zuò cài.
我喜欢做菜。
나는 요리하는 것을 좋아해.

② A: Nǐ yǒu shénme àihào?
你有什么爱好?
너는 취미가 뭐니?

B: Wǒ xǐhuan tīng yīnyuè.
我喜欢听音乐。
나는 노래 듣는 것을 좋아해.

③ A: Nǐ yǒu shénme àihào?
你有什么爱好?
너는 취미가 뭐니?

B: Wǒ xǐhuan pá shān.
我喜欢爬山。
나는 등산하는 것을 좋아해.

2

연습2

A: Nǐ jiānglái xiǎng dāng shénme?
你将来想当什么?
넌 장래에 뭐가 되고 싶니?

B: Wǒ xiǎng dāng tǐyù lǎoshī.
我想当体育老师。
나는 체육 선생님이 되고 싶어.

1 그림을 보고 취미와 장래 희망을 묻고 답해 봅시다.  074

연습1
A: Nǐ yǒu shénme àihào?
B: Wǒ xǐhuan huà huàr.

연습2 
A: Nǐ jiānglái xiǎng dāng shénme?
B: Wǒ xiǎng dāng tǐyù lǎoshī.

연습2

① A: Nǐ jiānglái xiǎng dāng shénme?
你将来想当什么?
너는 장래에 뭐가 되고 싶니?

B: Wǒ xiǎng dāng chúshī.
我想当厨师。
나는 요리사가 되고 싶어.

② A: Nǐ jiānglái xiǎng dāng shénme?
你将来想当什么?
너는 장래에 뭐가 되고 싶니?

B: Wǒ xiǎng dāng gēshǒu.
我想当歌手。
나는 가수가 되고 싶어.

③ A: Nǐ jiānglái xiǎng dāng shénme?
你将来想当什么?
너는 장래에 뭐가 되고 싶니?

B: Wǒ xiǎng dāng yīsheng.
我想当医生。
나는 의사가 되고 싶어.

취미 말하기

| Wǒ 我 | + | xǐhuan 喜欢 | + | 취미 |

장래희망 말하기

| Wǒ 我 | + | xiǎng 想 | + | dāng 当 | + | 직업 |

직업 단어

公司职员 gōngsī zhíyuán 회사원
护士 hùshi 간호사
科学家 kēxuéjiā 과학자
演员 yǎnyuán 배우
公务员 gōngwùyuán 공무원
警察 jǐngchá 경찰
记者 jìzhě 기자
作家 zuòzhě 작가
翻译 fānyì 번역(가)

1 잘 듣고, 한어병음을 조합하여 바르게 써 봅시다. 🎧076

① ì p sh n í ➡ ________

② ò n ù y d ng ➡ ________

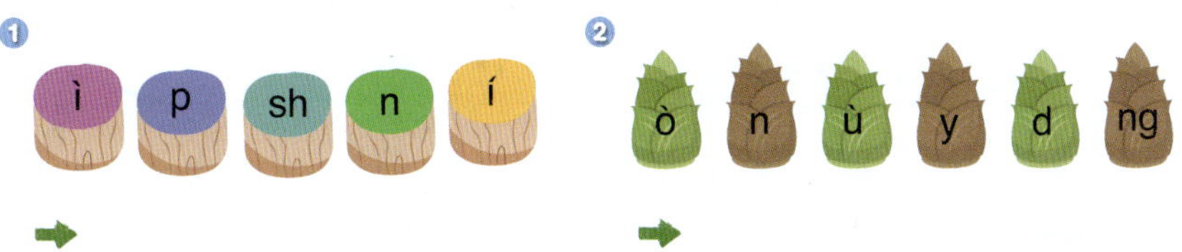

2 보기의 단어를 활용하여 빈칸을 완성해 봅시다.

보기   tǐyù   diǎnzàn   yóuyǒng

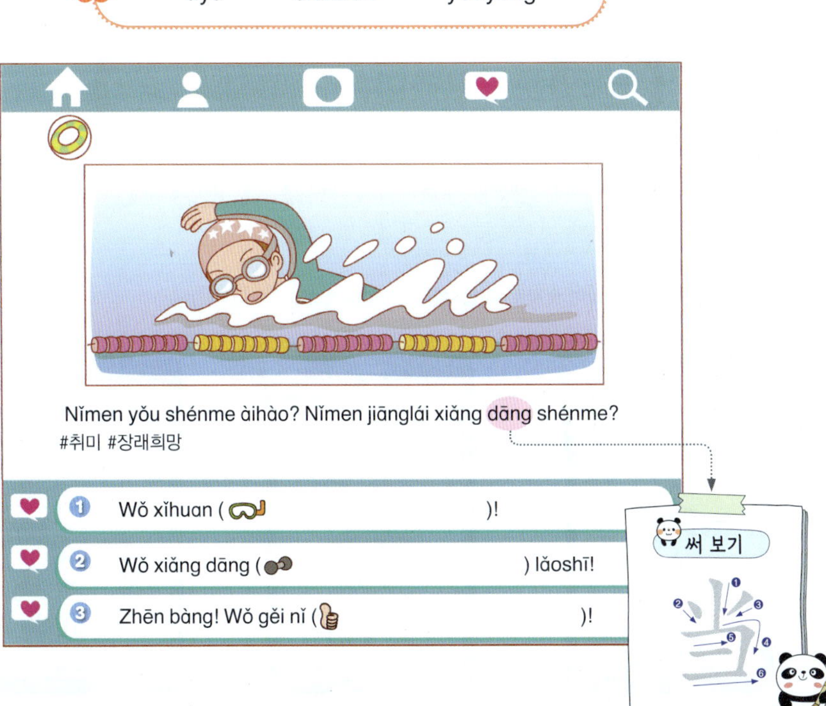

• 주요 단어와 활용 문장을 따라 써 보세요.

当	当	当	当
dāng ~이 되다			

我想当体育老师。

한어병음

뜻

듣기 대본 및 해석 **1**

① 视频 shìpín 영상 
② 运动 yùndòng 운동

예시 답안 및 해석 **2**

보기

tǐyù   diǎnzàn   yóuyǒng
体育   点赞   游泳
체육   '좋아요'를 누르다   수영

Nǐmen yǒu shénme àihào?
你们有什么爱好？
너희는 취미가 뭐니?

Nǐmen jiānglái xiǎng dāng
shénme?
你们将来想当什么？
너희는 장래에 뭐가 되고 싶니? 

① Wǒ xǐhuan (yóuyǒng).
喜欢游泳。
나는 수영하는 것을 좋아해.

② Wǒ xiǎng dāng (tǐyù)
lǎoshī.
想当体育老师。
나는 체육 선생님이 되고 싶어.

③ Zhēn bàng! Wǒ gěi nǐ
(diǎnzàn)!
真棒！我给你点赞！
정말 훌륭하다! 내가 '좋아요' 눌러
줄게.

1 듣기 대본 및 해석

① Wǒ xǐhuan tī zúqiú.
我喜欢踢足球。
나는 축구하는 것을 좋아한다.

② Wǒ xǐhuan tiàowǔ.
我喜欢跳舞。
나는 춤추는 것을 좋아한다.

2 듣기 대본 및 해석

① Wǒ xiǎng dāng lǎoshī.
我想当老师。
나는 선생님이 되고 싶다.

② Wǒ huì dǎ pīngpāngqiú.
我会打乒乓球。
나는 탁구를 할 줄 안다.

3 답안 및 해석

A Nǐ yǒu shénme àihào?
你有什么爱好?
너는 취미가 뭐니?

B Wǒ xǐhuan tiàowǔ.
我喜欢跳舞。
나는 춤추는 것을 좋아해.

Zhè shì wǒ pāide shìpín.
这是我拍的视频。
이것이 내가 찍은 영상이야.

A Zhēn bàng!
真棒!
정말 훌륭하다!

Wǒ gěi nǐ diǎnzàn!
我给你点赞!
내가 '좋아요' 눌러줄게.

1 잘 듣고, 알맞은 그림에 ✓표시를 해 봅시다. 077

2 잘 듣고, 단어가 들어갈 알맞은 위치를 골라 봅시다. 078

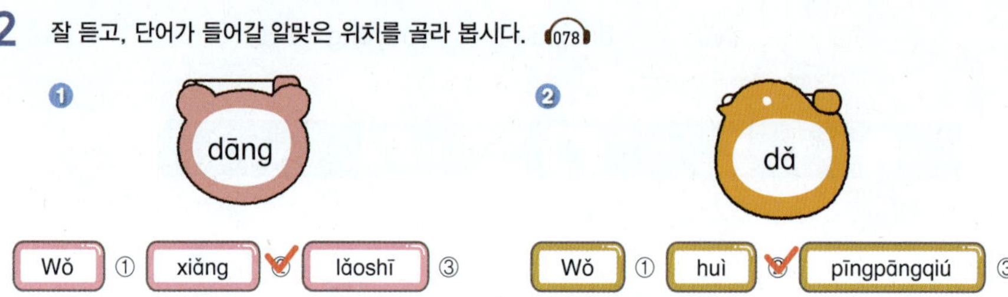

3 대화를 순서대로 배열하여 숫자로 써 봅시다.

가로세로 퍼즐

- 단어에 해당하는 한어병음을 쓰고 가로세로 퍼즐을 완성해 봅시다. (※성조 제외)

세로		가로	
① 취미	àihào	① '좋아요'를 누르다	
② 운동		② (사진을) 찍다	
③ (배워서)할 수 있다		③ 훌륭하다	
④ 장래		④ 그림	
		⑤ ~하고 싶다	
		⑥ 체육	

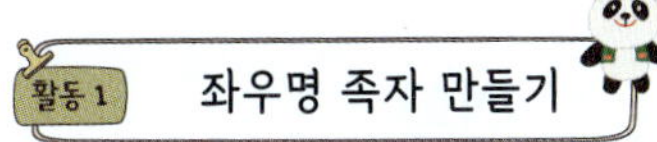

자신의 좌우명을 중국어로 검색하고 족자에 적어 봅시다.

不怕慢，只怕站。
Bú pà màn, zhǐ pà zhàn.
느린 것을 두려워하지 말고,
중도에서 그만두는 것을 두려워하라.

有志者事竟成。
Yǒu zhì zhě shì jìng chéng.
뜻만 있으면 일은 반드시 성취된다.
(하려고만 들면 못 해낼 일이 없다.)

나의 좌우명

❶ 선생님이 알려 주는
본문 내용을 교과서를 보며
중국어로 입력합니다.

❷ 정확하게 입력한 학생들은
선생님께 내용을 제출합니다.

❸ 가장 먼저 정확하게 입력한
학생이 우승!

좌우명 예시

❶ Huó dào lǎo, xué dào lǎo.
活到老，学到老。
살아있는 동안 배움에는 끝이 없다.

❷ Sān rén xíng, bì yǒu wǒ shī.
三人行，必有我师。
세 사람이 길을 가다 보면 그중에는 반드시 스승을 삼을 만한 이가 있다.

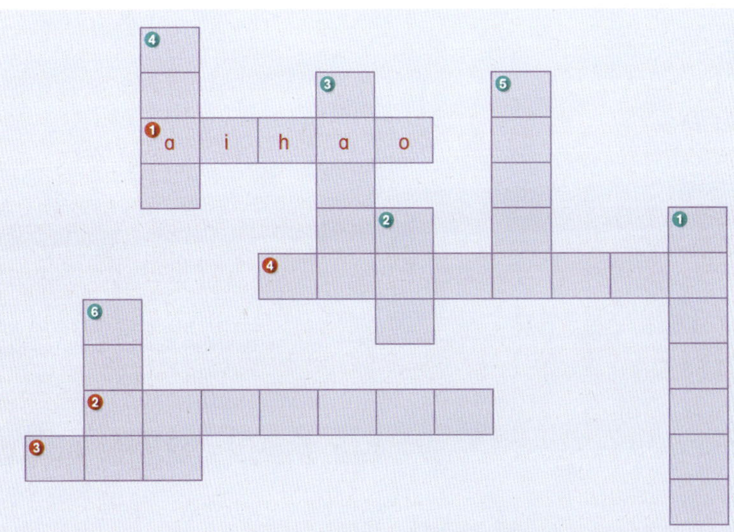

문화

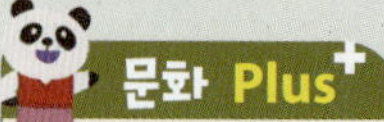
문화 Plus⁺

중국인의 여가 생활은 공원에서 시작된다. 아침 일찍 공원에 가면 바닥 서예, 태극권, 제기 차기, 광장무 등을 즐기는 사람들을 볼 수 있다. 하지만 현대에는 다양한 서구 문화의 유입과 매체의 영향으로 한국에서 즐기는 골프, 스키, 방송댄스 등을 즐기는 젊은이들이 많다.

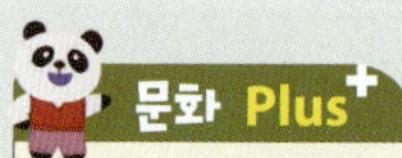
문화 Plus⁺

중국의 다양한 놀이

❶ 마작(麻将 májiàng)

136개 이상의 패로 4명이 하는 게임으로서 남녀노소에게 현재까지 사랑을 받고 있는 게임이다.

❷ 얼후 연주(拉二胡 lā èrhú)

얼후는 한국의 해금과 유사한 악기로, 중국의 대표적인 전통 악기 중 하나이다. 공원에서 연주하는 모습을 종종 볼 수 있다.

❸ 연날리기(放风筝 fàng fēngzheng)

중국연은 한국연과 비슷하지만 모양과 크기가 매우 다양하다.

MEMO

광장무(广场舞, guǎngchǎngwǔ)

공원에 모여서 노래에 맞춰 함께
춤을 추는 여가 활동

바닥서예(地书, dìshū)

야외에서 큰 스펀지 붓에 물을 묻혀
바닥에 글씨를 쓰는 취미 활동

공죽(空竹, kōngzhú)

두 개의 대나무 막대에 줄을 달아 장구 모양의
대나무 통을 감아서 가지고 노는 전통 놀이
우리말로 죽방울이라고 하며 빠르게 회전하면서
소리를 내는 것이 특징

퀴즈

❶ 한국과 다르게 중국의 제기는 빳빳한 깃털로 만든다. (O X)

❷ 공원에 모여서 노래에 맞춰 함께 춤을 추는 것을 태극권이라고 한다. (O X)

실천 활동

나도 K-놀이 홍보대사!

미디어 매체의 영향으로 '무궁화 꽃이 피었습니다', '딱지치기' 등 우리의 놀이 문화가 세계적으로 사랑받고 있습니다.
우리의 재미있는 전통 놀이 방법을 영상으로 제작하여 중국 친구들에게 알려 주세요!

Tip

공연 예술 추가

경극

베이징 오페라(Beijing Opera)라고도 하는 경극(京剧, jīngjù)은 200여 년의 역사를 지닌 전통극으로, 노래, 대사, 동작, 무술의 요소를 모두 포함하는 종합 예술입니다.

우리나라의 전통 놀이

딱지치기: 종이로 만든 딱지를 땅바닥에 놓고 다른 딱지로 그 옆을 치며, 땅바닥의 딱지가 뒤집히거나 일정한 선 밖으로 나가면 따먹는 놀이

공기놀이: 공기알을 바닥에 깐 다음 공기알 하나를 위로 던지고 나머지 공기알을 집은 후 던졌던 공기알이 떨어지기 전에 잡는 놀이

나만의 중국 문화 요약 노트

01 밑줄 친 단어의 한어병음으로 알맞은 것은?

> 你有什么爱好?

① áiháo ② áihǎo ③ àiháo
④ àihǎo ⑤ àihào

01

'好' 가 '안녕하다, 좋다' 의 의미로 쓰일 때는 'hǎo' 로, '좋아하다' 라는 의미로 쓰이면 'hào' 로 발음한다.

02 ㉠과 ㉡에 들어갈 단어로 알맞은 것은?

> · dǎ(㉠)　· tī (㉡)

	㉠	㉡
①	zúqiú	bàngqiú
②	lánqiú	tàijíquán
③	bàngqiú	yóuyǒng
④	yóuyǒng	zúqiú
⑤	lánqiú	zúqiú

02

'dǎ 打' 는 손으로 하는 운동, 'tī 踢' 는 발로 하는 운동의 동사로 쓰인다. 'yóuyǒng 游泳' 은 자체로 동사의 뜻이 있어서 다른 동사를 사용해 표현하지 않는다.

【3~4】 다음 대화를 읽고 물음에 답하시오

> A: ㉠너 어떤 요리 할 줄 알아?
> B: ㉡不会。

03 ㉠을 중국어로 바르게 옮긴 것은?

① 你做会什么菜?　② 你会什么做菜?
③ 你会做什么菜?　④ 你菜会做什么?
⑤ 你会做菜什么?

03

① 什么 무엇
② 做菜 요리하다
③ 菜 음식

04 ㉡을 실제로 발음할 때 '不'의 성조로 알맞은 것은?

① 제1성 ② 제2성 ③ 제3성
④ 제4성 ⑤ 경성

04

bù 不 는 단독으로 쓸 때는 제 4성으로 읽지만 'huì 会' 와 같은 제4성 앞에서는 제2성으로 성조 가 변한다.

05 다음 우리말을 중국어로 옮길 때 필요 <u>없는</u> 단어는?

> 나는 장래에 요리사가 되고 싶어.

① 当   ② 想   ③ 会

④ 将来   ⑤ 厨师

05

① dāng ~이/가 되다
② xiǎng ~하고 싶다
③ huì ~할 줄 안다
④ jiānglái 장래, 장차
⑤ chúshī 요리사

06 빈칸에 들어갈 말로 알맞은 것은?

> A: Nǐ xǐhuan shénme yùndòng?
> B: Wǒ xǐhuan ______.

① pá shān   ② zuò cài   ③ huà huàr

④ dǎ lánqiú   ⑤ tīng yīnyuè

06

좋아하는 운동이 무엇인지 물었기 때문에 단어 중에 '운동'에 해당하는 것을 찾아야 한다.

07 단어와 뜻이 바르게 연결되지 <u>않은</u> 것은?

① 做 – 하다
② 打 – 치다
③ 踢 – 차다
④ 教 – 부르다
⑤ 玩儿 – 놀다

07

① zuò
② dǎ
③ tī
④ jiāo - 가르치다
⑤ wánr

08 중국인의 취미 생활에 대한 설명으로 알맞지 <u>않은</u> 것은?

① 팔각건은 여덟 개의 각이 있는 수건으로 손가락을 뻗어서 돌리고 던지는 놀이이자 공연 예술이다.
② 중국의 제기와 한국의 제기는 모양이 똑같다.
③ 공죽은 두 개의 대나무 막대에 줄을 달아 가지고 노는 놀이다.
④ 태극권은 중국 전통 무술로 특별한 도구가 필요 없다.
⑤ 큰 붓을 물에 적셔서 바닥에 글씨를 쓰는 것을 바닥 서예라고 한다.

08

'중국의 제기는 한국의 제기와는 다르게 뻣뻣한 깃털 모양이지만 차는 방법은 유사하다.

7

Nǐ qù nǎr?
你去哪儿? (079)
너 어디 가니?

학습 목표 교통수단과 길 묻기 관련 표현을 할 수 있다.

의사소통 기본 표현
장소　　Wǒ qù Tiān'ānmén.
교통수단　Zuò gōngjiāochē qù.
길 묻기　Qǐngwèn, túshūguǎn zěnme zǒu?

문화 변화하는 중국의 교통수단

의사소통 기본 표현

장소

Wǒ qù Tiān'ānmén.
我去天安门。
나는 톈안먼에 가.

교통수단

Zuò gōngjiāochē qù.
坐公交车去。
버스를 타고 가.

길 묻기

Qǐngwèn, túshūguǎn
zěnme zǒu?
请问，图书馆怎么走？
말씀 좀 여쭙겠습니다. 도서관에
어떻게 가나요?

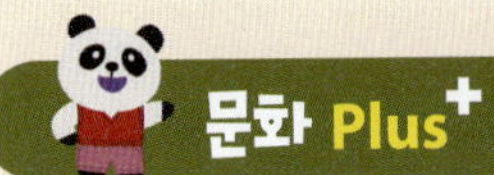

문화 Plus⁺

(1) 톈안먼(天安门)은 높이가 34.7m에 달하며 원래 1417년 명(明) 영락제에 의해 건설되었던 승천문(承天门)이 그 전신으로, 청(清)대에 불탄 것을 1651년에 재건해 '톈안먼'이라고 부르게 되었다.

(2) 는 베이징 지하철을 나타내는 엠블럼으로, 2023년 12월 현재 베이징 지하철은 27개 노선, 운행거리 836km, 역 490개(환승역 83개 포함)가 있다.

2023년 12월 기준 건설 중인 베이징 지하철 노선은 10개이며, 2025년까지 베이징 지하철은 30개 노선을 운영하고 총 길이가 1,177km에 달하는 철도 운송 네트워크를 형성할 예정이다.

준비하기

1. 단어를 듣고 따라 써 봅시다. 080
2. 매일 학교에 등교하는 방법에 대해 말해 봅시다.

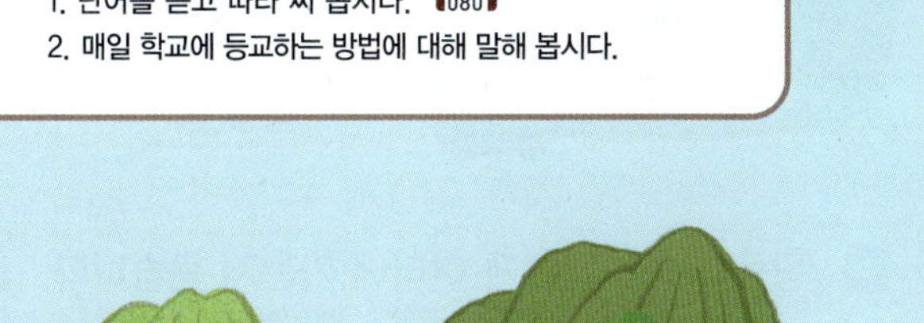

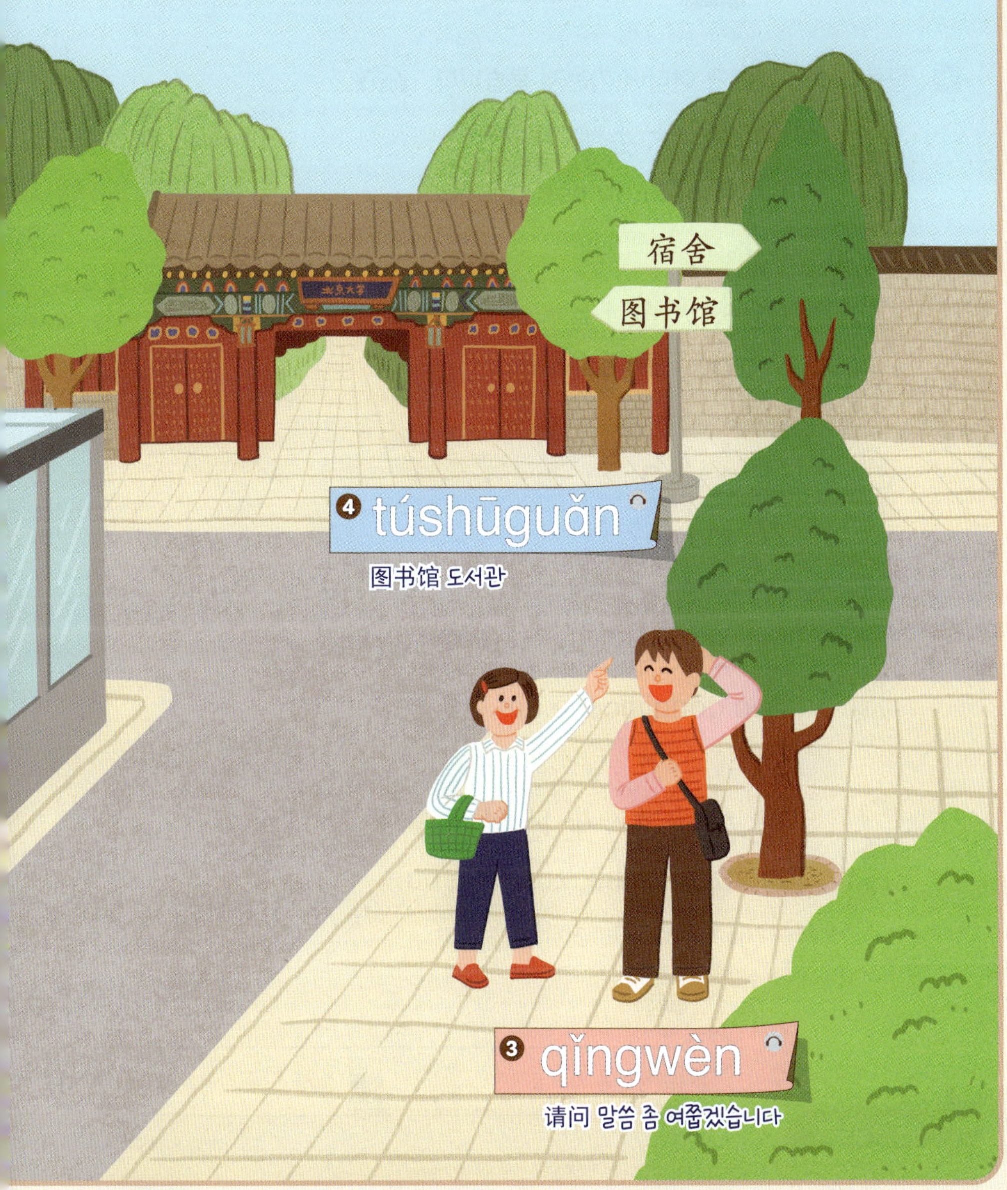

교과서 89쪽

듣기 대본

❶ 公交车
❷ 地铁
❸ 请问
❹ 图书馆

준비하기 2번 예시

예
걸어서 등교해요.
버스 타고 등교해요.
지하철을 타고 등교해요.

베이징대 입구

베이징대학교는 중국에서 가장 유구한 교육부 직속 국립 종합대학이다. 전국 중점대학교이자 211공정과 985공정에도 속한다. 칭화대학과 더불어 중국의 학문을 이끌어가는 양대 쌍두마차이다. 동북아시아와 중화권의 대표적 대학 중 하나이며 2024년에는 QS 세계 대학 랭킹 기준 전 세계 17위를 차지했다.

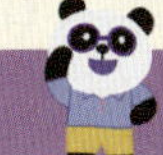

단어 미리보기

단어를 소리내어 읽고 □에 √표기를 해 보세요.

□□□	哪儿	nǎr	어디
□□□	天安门	Tiān'ānmén	톈안먼
□□□	怎么	zěnme	어떻게
□□□	坐	zuò	타다
□□□	公交车	gōngjiāochē	버스
□□□	堵车	dǔchē	차가 막히다
□□□	地铁	dìtiě	지하철
□□□	洗手间	xǐshǒujiān	화장실
□□□	在	zài	~에 있다
□□□	写	xiě	쓰다
□□□	办	bàn	처리하다
□□□	骑	qí	(말, 자전거를) 타다
□□□	火车	huǒchē	기차
□□□	出租车	chūzūchē	택시
□□□	船	chuán	배
□□□	飞机	fēijī	비행기
□□□	自行车	zìxíngchē	자전거
□□□	马	mǎ	말
□□□	请问	qǐngwèn	말씀 좀 여쭙겠습니다
□□□	图书馆	túshūguǎn	도서관
□□□	走	zǒu	가다, 걷다
□□□	一直	yìzhí	곧장, 쭉
□□□	往	wǎng	~을/를 향하여
□□□	前	qián	앞
□□□	就	jiù	바로, 곧
□□□	离	lí	~로부터, ~에서
□□□	这儿	zhèr	여기
□□□	远	yuǎn	멀다
□□□	不太	bú tài	그다지 ~하지 않다
□□□	分钟	fēnzhōng	분(시간의 길이)
□□□	到	dào	도착하다, 도달하다
□□□	左	zuǒ	왼쪽
□□□	拐	guǎi	돌다
□□□	右	yòu	오른쪽
□□□	餐厅	cāntīng	식당
□□□	医院	yīyuàn	병원
□□□	超市	chāoshì	슈퍼마켓

교과서 단어

- 哪儿 nǎr 어디
- 天安门 Tiān'ānmén 톈안먼
- 怎么 zěnme 어떻게
- 坐 zuò 타다
- 公交车 gōngjiāochē 버스
- 堵车 dǔchē 차가 막히다
- 地铁 dìtiě 지하철

예문 단어

- 机场 jīchǎng 공항

읽기 1

▶ 왕둥이 이나영에게 어디에 가는지 묻습니다. 081

 왕둥
娜英, 你去哪儿?
Nàyīng, nǐ qù nǎr?
나영아, 너 어디 가니?

 이나영
我去天安门。
Wǒ qù Tiān'ānmén.
나는 톈안먼에 가.

 왕둥
怎么去?
Zěnme qù?
어떻게 가?

 이나영
坐公交车去。
Zuò gōngjiāochē qù.
버스를 타고 가.

 왕둥
现在堵车, 坐地铁吧。
Xiànzài dǔchē, zuò dìtiě ba.
지금 차가 막히니까 지하철을 타고 가.

왕둥은 이나영에게 🚌 ✓🚄 (을)를 타고 가라고 했습니다.

본문 해설

❶ 'nǎr 哪儿, shénme 什么'등 의문사가 있는 의문문은 일반적으로 문장 뒤에 의문을 나타내는 吗(ma)를 쓰지 않는다.

예시 Nǐ jiào shénme míngzi? 你叫什么名字? 당신의 이름은 무엇입니까?

❷ 의문사 자리에 답을 넣어 대답한다.

예시 A : Nǐ qù nǎr? 你去哪儿? 당신은 어디에 가나요?
B : Wǒ qù jīchǎng. 我去机场。 저는 공항에 갑니다.

❸ 'zuò 坐'는 원래 '앉다'라는 뜻으로 자주 쓰이지만, 교통수단과 함께 쓰일 때는 '타다'의 뜻이 된다.

예시 请坐! Qǐng zuò! 앉으세요!

❹ [문화] 베이징의 교통 체증
실제로 최근 베이징 시내 교통 체증은 심각하다. 2023년 3월 바이두가 발표한 지난해 '중국 도시 교통보고서'에 따르면 베이징은 중국에서 충칭 다음으로 교통 체증이 심각한 도시였다. 2021년엔 베이징이 1위였다. 지난해 베이징 주민의 평균 출퇴근 시간은 편도 기준 42분으로, 전국에서 유일하게 40분을 넘은 도시였다.

체크체크

1. 나영은 무엇을 타고 톈안먼에 가려고 하나요?
   ① 기차
   ② 자전거
   ③ 지하철

2. 본문에서 '타다'를 나타내는 단어에 밑줄 그어 보세요.

정답
1. ③
2. zuò 坐

표현 쏙쏙 ①

① 哪儿 nǎr

• 哪儿 nǎr은 '어디'라는 뜻의 의문사로 장소를 물을 때 사용한다.

洗手间在哪儿? Xǐshǒujiān zài nǎr? 화장실이 어디 있어요?

② 怎么 zěnme

• 怎么 zěnme는 '어떻게'라는 뜻의 의문사로 수단이나 방법을 물을 때 사용한다.

怎么写? Zěnme xiě? 어떻게 써?
怎么办? Zěnme bàn? 어떻게 해?

③ 교통수단

• '타다'라는 뜻을 나타낼 때, 교통수단의 종류에 따라 坐 zuò와 骑 qí를 구별하여 사용한다.

坐 zuò				骑 qí	
火车 huǒchē	出租车 chūzūchē	船 chuán	飞机 fēijī	自行车 zìxíngchē	马 mǎ

我骑自行车上学。 Wǒ qí zìxíngchē shàngxué.
나는 자전거를 타고 등교한다.

교과서 단어

- □ 洗手间 xǐshǒujiān 화장실
- □ 在 zài ～에 있다
- □ 写 xiě 쓰다
- □ 办 bàn 처리하다
- □ 骑 qí (말, 자전거를) 타다
- □ 火车 huǒchē 기차
- □ 出租车 chūzūchē 택시
- □ 船 chuán 배
- □ 飞机 fēijī 비행기
- □ 自行车 zìxíngchē 자전거
- □ 马 mǎ 말

① 꼬마 문제

• 빈칸 채우기

화장실이 어디 있어요?

→ Xǐshǒujiān zài ________ ?

② 꼬마 문제

• 빈칸 채우기

네가 어떻게 알아?

→ Nǐ ________ zhīdao?

③ 꼬마 문제

• 어순 배열하기

저는 자전거를 타고 등교해요.
(zìxíngchē/ qí / shàngxué)

→ Wǒ ________ .

알려줘 징징

베이징의 중심, 톈안먼

톈안먼은 중국을 대표하는 랜드마크 중 하나로, 중앙에는 마오쩌둥의 대형 초상화가 걸려 있어요. 주변에는 자금성, 인민대회당, 중국국가박물관 등 주요 관광지가 있어 항상 국내외 관광객으로 붐비는 곳이에요. 톈안먼 광장에서는 매일 베이징의 일출·일몰 시간에 맞춰 국기 게양식과 하강식을 해요.

꼬마 문제 정답

① nǎr
② zěnme
③ qí zìxíngchē shàngxué.

교과서 단어

- 请问 qǐngwèn
  말씀 좀 여쭙겠습니다.
- 图书馆 túshūguǎn 도서관
- 走 zǒu 가다, 걷다
- 一直 yìzhí 곧장, 쭉
- 往 wǎng ~을/를 향하여
- 前 qián 앞
- 就 jiù 바로, 곧
- 离 lí ~로부터, ~에서
- 这儿 zhèr 여기
- 远 yuǎn 멀다
- 不太 bú tài 그다지 ~하지 않다
- 分钟 fēnzhōng 분(시간의 길이)
- 到 dào 도착하다, 도달하다

예문 단어

- 大小 dàxiǎo 크기
- 位 wèi [존칭] 분, 명
- 饿 è 배고프다
- 下课 xiàkè 수업을 마치다

김대한이 행인에게 길을 묻습니다. 🔊083

김대한:
请问, 图书馆怎么走?
Qǐngwèn, túshūguǎn zěnme zǒu?

> 말씀 좀 여쭙겠습니다, 도서관에 어떻게 가나요?

행인:
一直往前走就是。
Yìzhí wǎng qián zǒu jiù shì.

> 곧장 앞쪽으로 가시면 됩니다.

김대한:
离这儿远吗?
Lí zhèr yuǎn ma?

> 여기에서 먼가요?

행인:
不太远, 走五分钟就到。
Bú tài yuǎn, zǒu wǔ fēnzhōng jiù dào.

> 그다지 멀지 않아요, 5분 걸어가면 바로 도착해요.

도서관까지는 걸어서 ___5___ 분이 걸립니다.

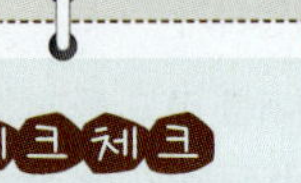

체크 체크

1. 도서관은 어느 쪽으로 가면 있나요?
   ① 앞쪽
   ② 왼쪽
   ③ 오른쪽

2. 도서관까지는 어떻게 가나요?

본문 해설

❶ 'qǐngwèn 请问'은 길 묻기 외에도 다양한 상황에서 상대방에게 정중하게 질문할 때 사용하는 표현이다.
   예시 Qǐngwèn, nín shì nǎ wèi? 请问, 您是哪位? 실례지만, 어느 분이신가요?

❷ 'zǒu 走'는 흔히 '달릴 주'로 알고 있지만, 현대 중국어에서는 '가다' 또는 '걷다'의 의미를 가지고 있다.
   예시 Dìtiězhàn zěnme zǒu? 地铁站怎么走? 지하철역은 어떻게 가나요?

❸ 'wǎng 往'은 동작의 이동방향을 나타내며, [往 + 방향 + 동사]의 형태로 쓴다.
   예시 Wǎng zuǒ guǎi. 往左拐。 왼쪽으로 도세요.

❹ 'bú tài 不太'는 '그다지 ~하지 않다'라는 뜻으로 부분 부정을 나타낸다.
   예시 Wǒ bú tài è. 我不太饿。 나는 그다지 배고프지 않아.

❺ 'jiù 就'는 '곧, 바로'라는 뜻으로, 어떤 일이나 상황이 매우 빠르게 진행됨을 나타낸다.
   예시 Tā xià le kè, jiù huíjiā. 他下了课, 就回家。
   그는 수업이 끝나자마자 바로 귀가한다.

교과서 단어

- 左 zuǒ 왼쪽
- 拐 guǎi 돌다
- 右 yòu 오른쪽

---

1 往 wǎng

- 往 wǎng은 '~을/를 향하여'라는 뜻으로 동작의 방향을 나타낸다.

往左拐
wǎng zuǒ guǎi
왼쪽으로 돌다

往前走
wǎng qián zǒu
앞쪽으로 가다

往右拐
wǎng yòu guǎi
오른쪽으로 돌다

1 꼬마 문제

- 빈칸 채우기

오른쪽으로 돌다

→ wǎng [　　　] guǎi

---

2 分 fēn vs 分钟 fēnzhōng

- 分钟 fēnzhōng은 ' ~분'이라는 뜻으로 시간의 길이를 나타낸다.

十五分
shíwǔ fēn
15분

十五分钟
shíwǔ fēnzhōng
15분

2 꼬마 문제

- 알맞은 말 고르기

15분 걸으면 도착합니다.

→ Zǒu (shíwǔ fen/
　　shíwǔ fenzhōng) dào.

징징 Plus+

"이것들은 가지고 타면 안 돼요!"

검색이 공항만큼 철저하지는 않지만, 휴대 금지 품목은 명확히 정의되어 있다. 우선 주방 칼, 과도, 커터칼 등 모든 칼류 및 망치 등 무기가 될 수 있는 것들은 절대 안 된다고 명시되어 있다. 대부분의 지하철 검색이 그리 까다롭지는 않지만 베이징의 톈안먼 광장역 주변은 아주 철저하니 불필요한 물품 등은 휴대하지 않는 것이 좋다.

알려줘 징징　중국의 보안 검색

중국은 공공의 안전을 위해 공항은 물론 기차역, 지하철, 박물관, 관광지에서도 보안 검색을 해요.

꼬마 문제 정답

2 shíwǔ fēnzhōng
1 yòu

교과서 단어

- 餐厅 cāntīng 식당
- 医院 yīyuàn 병원
- 超市 chāoshì 슈퍼마켓

1 예시 답안 및 해석

연습
A: Zěnme qù? 怎么去?
어떻게 가나요?
B: Zuò gōngjiāochē qù.
坐公交车去。 버스 타고 갑니다.

❶ A: Zěnme qù? 怎么去?
어떻게 가나요?
B: Zuò dìtiě qù.
坐地铁去。 지하철 타고 갑니다.

❷ A: Zěnme qù? 怎么去?
어떻게 가나요?
B: Qí zìxíngchē qù.
坐自行车去。
자전거 타고 갑니다.

❸ A: Zěnme qù? 怎么去?
어떻게 가나요?
B: Zuò fēijī qù.
坐飞机去。 비행기 타고 갑니다.

말하기Plus

교통수단 말하기

| Wǒ 我 | + | zuò 坐 / qí 骑 | + | 교통수단 |

길 안내 말하기

| wǎng 往 | + | 방향 | + | zǒu 走 / guǎi 拐 |

1 밑줄 친 부분을 바꾸어 교통수단을 말해 봅시다. 🔊085

연습
A Zěnme qù?
B Zuò gōngjiāochē qù.

2 밑줄 친 부분을 바꾸어 길을 묻고 답해 봅시다. 🔊086

연습
A Qǐngwèn, túshūguǎn zěnme zǒu?
B Yìzhí wǎng qián zǒu jiù shì.

연습 2

A: Qǐngwèn, túshūguǎn zěnme zǒu?
请问，图书馆怎么走？
말씀 좀 여쭙겠습니다, 도서관은 어떻게 가나요?
B: Yìzhí wǎng qián zǒu jiù shì.
一直往前走就是。
곧장 앞쪽으로 가시면 됩니다.

❶ A: Qǐngwèn, cāntīng zěnme zǒu?
请问，图书馆怎么走？
말씀 좀 여쭙겠습니다, 식당은 어떻게 가나요?
B: Wǎng zuǒ guǎi jiù shì.
往左拐就是。
곧장 앞쪽으로 가시면 됩니다.

❷ A: Qǐngwèn, yīyuàn zěnme zǒu?
请问，医院怎么走？
말씀 좀 여쭙겠습니다, 병원은 어떻게 가나요?
B: Wǎng qián zǒu jiù shì.
一直往前走就是。
곧장 앞쪽으로 가시면 됩니다.

❸ A: Qǐngwèn, chāoshì zěnme zǒu?
请问，超市怎么走？
말씀 좀 여쭙겠습니다, 슈퍼마켓은 어떻게 가나요?
B: Wǎng qián zǒu jiù shì.
一直往前走就是。
곧장 앞쪽으로 가시면 됩니다.

쓰기

1 그림에 해당하는 한어병음을 찾아 동그라미로 묶고 써 봅시다.

2 보기 의 단어를 활용하여 길 안내 음성 서비스 대화를 완성해 봅시다.

쓰기 Plus⁺

- 주요 단어와 활용 문장을 따라 써 보세요.

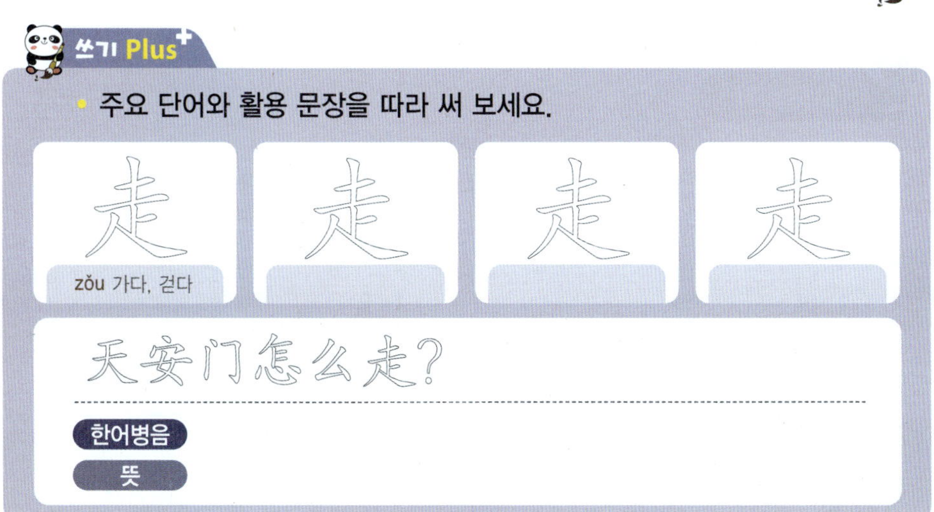

교과서 **95**쪽

예시

dìtiě 地铁 지하철

① fēijī 飞机 비행기
② zìxíngchē 自行 자전거
③ huǒchē 汽车 기차

보기

fēnzhōng   zěnme   lí qián
分钟   怎么   离 前
분   어떻게   ~에서 앞
                부터

A: Tiān'ānmén ①zěnme zǒu?
천안먼은 어떻게 갑니까?

天安门怎么走?
톈안먼은 어떻게 갑니까?

B: Yìzhí wǎng ②qián zǒu jiù shì.
一直往前走就是。
곧장 앞쪽으로 가시면 됩니다.

A: ③Lí zhèr yuǎn ma?
离这儿远吗?
여기에서 먼가요?

B: Bú tài yuǎn, zǒu wǔ ④fēnzhōng jiù dào.
不太远，走五分钟就到。
그다지 멀지 않아요. 걸어서 5분이면 도착합니다.

Tip

중국 여행 시 필수 어플 고덕지도(高德地图) 활용하기! 중국에서는 G사의 지도맵 어플 사용이 쉽지 않은데, 중국 자체 개발 길찾기 어플인 고덕지도를 활용하면 관광명소와 맛집 등을 쉽게 찾아갈 수 있다. 가고자 하는 장소의 한자 혹은 한어병음을 미리 찾아서 어플에 붙여 넣기를 하면 길 찾기뿐만 아니라 택시를 부를 수도 있다.

1　듣기 대본 및 해석

❶ Tā zuò gōngjiāochē qù.
他坐工交车去。
그는 버스를 타고 간다.

❷ Wǎng zuǒ guǎi.
往左拐。
좌회전 하세요.

2　답안 및 해석

❶ Xiànzài dǔchē, zuò dìtiě ba.
现在堵车，坐地铁吧。
지금은 차가 막히니, 지하철을 타렴.

❷ Zǒu wǔ fēnzhōng jiù dào.
走五分钟就到。
걸어서 5분이면 도착한다.

3　답안 및 해석

A　Nǐ qù nǎr?
你去哪儿?
너 어디 가니?

A　Túshūguǎn zěnme zǒu?
图书馆怎么走?
도서관은 어떻게 가나요?

A　Lí zhèr yuǎn ma?
离这儿远吗?
여기에서 먼가요?

B　Bú tài yuǎn.
不太远。
그다지 멀지 않아요.

B　Wǒ qù Tiān'ānmén.
我去天安门。
나는 텐안먼에 가.

B　Yìzhí wǎng qián zǒu.
一直往前走。
곧장 앞쪽으로 가세요.

1　잘 듣고, 알맞은 그림에 ✓표시를 해 봅시다. 🎧088

① ☐ ☑　② ☑ ☐

2　단어를 배열하여 문장을 완성해 봅시다.

① | zuò | ba | dìtiě | dǔchē |

➡ Xiànzài _dǔ chē_ , _zuò dìtiě ba_ .

② 

➡ 走 _五分钟就到_ 。

3　알맞은 대답을 연결하고 짝과 대화해 봅시다.

① A Nǐ qù nǎr? —— B Bú tài yuǎn.

② A Túshūguǎn zěnme zǒu? —— B Wǒ qù Tiān'ānmén.

③ A Lí zhèr yuǎn ma? —— B Yìzhí wǎng qián zǒu.

● 단어에 해당하는 한어병음을 써서 크로스 워드 퍼즐을 완성해봅시다.

1	가다	qù	6	곧장, 쭉	
2	버스		7	앞	
3	어떻게		8	여기	
4	지하철		9	멀다	
5	도서관		10	말씀 좀 여쭙겠습니다	

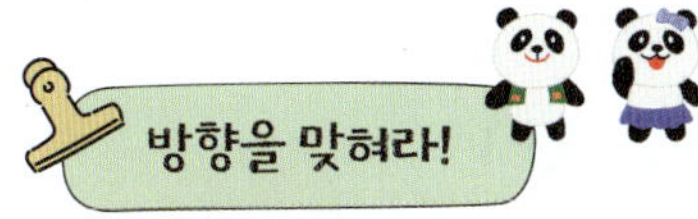 방향을 맞혀라!

활동 방법

1. 각 줄에서 1명씩 일어납니다.
2. 선생님이 부르는 방향으로 몸을 움직입니다.
   - 예 *Wǎng yòu guǎi, wǎng zuǒ guǎi, wǎng zuǒ guǎi!*
   - → 오른쪽으로 90° 회전, 다시 왼쪽으로 90° 회전, 다시 왼쪽으로 90° 회전!
3. 방향을 맞게 움직였는지 친구들과 확인해 봅시다.

b	z	a	o	ǔ	c	ū	s	k	a	g	h
e	ǒ	p	q	s	z	ě	n	m	e	ì	ē
í	r	u	z	i	ó	h	ě	r	i	h	c
g	d	m	q	f	á	c	g	e	c	j	j
ű	ì	sh	ō	ù	h	n	ǖ	o	ǐ	q	e
d	t	f	é	ā	i	ē	ā	z	t	y	g
u	i	z	h	è	r	i	u	x	a	ì	n
t	ě	b	n	e	j	a	l	i	s	z	à
ī	n	ǎ	u	g	ū	h	s	ú	t	h	i
ǔ	ch	p	n	ú	r	zh	a	g	z	í	d
á	n	ō	l	c	ǜ	y	u	ǎ	n	ò	t
i	g	è	q	ǐ	n	g	w	è	n	m	ù

문화 Plus⁺

자전거

중국에서 자전거는 등교, 출퇴근, 쇼핑 등을 위한 교통 수단으로 보편화되어 있다. 신(新) 4대 발명*으로 꼽히는 공유 자전거(共享单车)는 새로운 유형의 친환경 공유경제를 창출하기도 했다.

*** 신(新) 4대 발명 :**

고속철도(高速铁路)
QR코드 결제(二维码支付)
공유 자전거(共享单车)
온라인 쇼핑(网上购物)

문화 Plus⁺

자율주행(自动驾驶)

베이징과 광저우에서는 '차량 내 무인화 및 차량 외부 원격' 운용 허가를 취득해 완전 무인 시범 운용 단계에 돌입했다.(2024년 기준) 중국의 자율주행(自动驾驶) 적용 시스템 모델인 레벨4는 모든 상황에서 운전자의 개입이 필요 없는 완전자율주행 단계를 의미한다.

현재 자율주행 기술은 여전히 빠르게 발전하고 있으나, 관련 산업 기술 표준은 아직 확정되지 않았다. 무인 자동차는 많은 편의성을 제공하지만 해결해야 할 데이터 보안 위험도 있다.

자율주행 관련 어휘 확장

- 무인택시(无人的士 wúrrén dīshì)
- 무인지하철(无人驾驶地铁 wúrén jiàshǐ dìtiě)
- 무인운행버스(无人驾驶公交车 wúrén jiàshǐ gōngjiāochē)

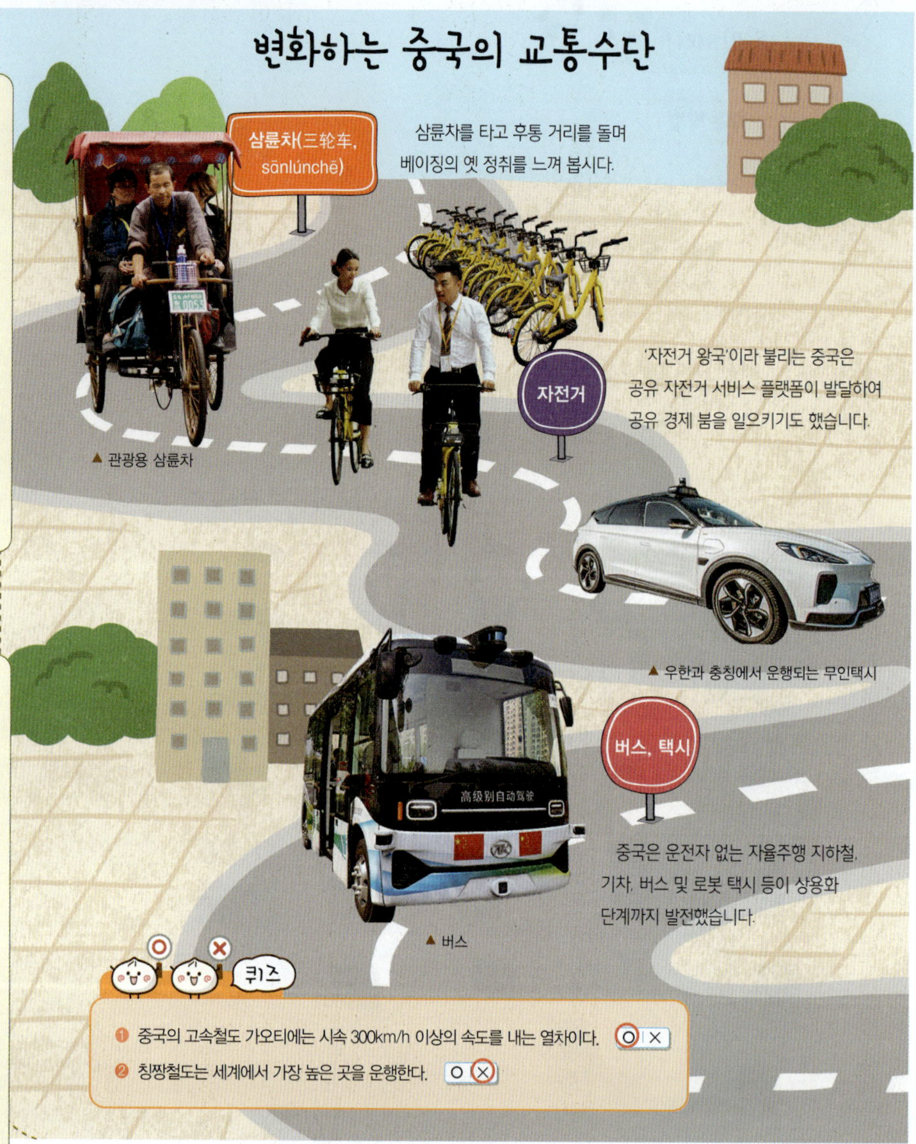

MEMO

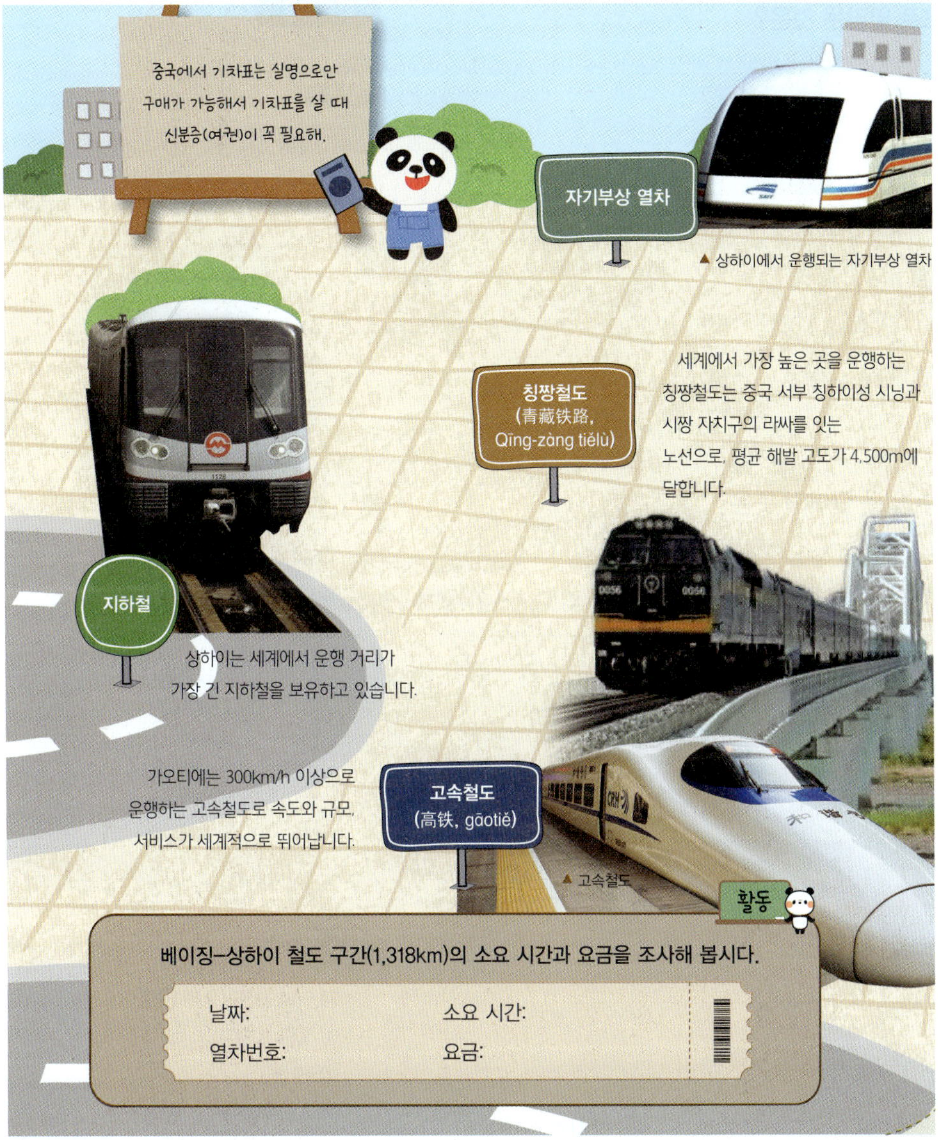

나만의 중국 문화 요약 노트

Tip

[기차표]

중국은 실명제 실시로 인해 기차표 구매 시 신분증이 필요하다. 기차를 탈 때도 기차표에 기재된 신분증 번호로 본인 확인을 한다.

상하이 자기부상열차
(上海磁浮列车)

2002년에 개통된 상하이 자기 부상 열차는 롱양루역과 푸동 국제공항역 노선이 운행 중이며, 평균 시속 300km/h, 최고속도는 421km/h에 달한다.

칭짱철도(铁路)

세계에서 가장 긴 노선을 가진 가장 높은 고원 철도로, 노선의 총 길이는 1,956km이고, 1984년 5월 개통된 이래 2024년 4월 말 현재 칭장철도 시닝-거무 구간은 1억 1천만 명 이상의 승객과 화물을 운송했으며, 4억 8천만 톤의 수송 능력을 갖추고 있어 서부 지역 개발 기능과 지역 경제를 견인하는 역할이 커지고 있다.

지하철(地路)

중국 본토 최초의 지하철 시스템은 베이징 지하철이며(1981년 공식 개통), 1993년에 개통된 상하이 지하철은 중국은 물론 세계에서 가장 크고 긴 지하철이다. 중국은 현재 55개의 도시 철도 교통 시스템이 운영되고 있으며(2023 기준), 운행 라인은 198개(지하철 167개, MRT 12개, 경전철 8개, 자기부상열차 3개, 급행철도 2개, APM 2개)에 달한다.(2020년 기준)

고속철도(高速铁路)

중국 고속철도 운행 열차 모델인 CR400은 중국 표준 EMU(Electric Multiple Unit)로, 운행 속도 350km/h에 이른다. 베이징(北京)에서 상하이(上海)까지 1,318km의 거리를 최소 4시간 30분면 갈 수 있다. 비즈니스석(商务座), 1등석(一等座), 2등석(二等座)으로 좌석이 나뉘며 좌석에 따라 티켓 가격도 달라진다.

고속철도 승무원을 '高姐'라고 하는데 EMU 열차의 승객 서비스를 제공하며 항공 승무원과 유사한 수준 높은 승객 서비스 이미지를 가지고 있다.

01 빈칸에 공통으로 들어갈 성모로 알맞은 것은?

> · 地铁 □ìtiě
> · 电影院 □iànyǐngyuàn

① d   ② c   ③ k
④ q   ⑤ t

02 다음 발음을 조합하여 만들 수 있는 단어의 뜻은?

> h ǒ c ē u h

① 버스   ② 기차   ③ 택시
④ 비행기   ⑤ 자전거

03 제시된 동사와 결합이 자연스러운 것은?

> 骑 qí

① fēijī   ② chuán   ③ chūzūchē
④ gōngjiāochē   ⑤ zìxíngchē

04 제시된 단어와 성조 배열이 같은 한자는?

> 医院

① 现在   ② 怎么   ③ 公园
④ 超市   ⑤ 堵车

【5~6】일과표를 보고 물음에 답하시오.

> A : 请问，图书馆怎么走?
> B : <u>就是 / 往 / 一直 / 走 / 前</u>。
> A : 离这儿远吗?
> B : 不太远，走⊙5분就到。

05 A가 가고자 하는 장소로 알맞은 곳은?

① 상점   ② 마트   ③ 학교
④ 영화관   ⑤ 도서관

06 밑줄 친 부분을 어순에 맞게 배열한 것은?

① 一直往前走就是   ② 往前走一直就是
③ 就是 一直往前走   ④ 往前走一直就是
⑤ 一直就是往前走

07 ⊙에 해당하는 중국어 표현으로 알맞은 것은?

① 分   ② 点   ③ 星期
④ 小时   ⑤ 分钟

08 중국의 교통수단에 대한 설명으로 알맞지 <u>않은</u> 것은?

① 칭짱철도는 세계에서 가장 높은 곳을 운행한다.
② 가오티에는 시속 300KM이상의 속도를 내는 고속열차이다.
③ 베이징은 세계에서 운행거리가 가장 긴 지하철을 보유하고 있다.
④ 공유자전거 서비스 플랫폼이 발달하여 공유경제 붐을 일으키기도 했다.
⑤ 기차표는 실명으로만 구매가 가능해서 신분증이 반드시 필요하다.

8

Zhè jiàn duōshao qián?
这件多少钱? (089)
이건 얼마예요?

학습 목표 물건 살 때 필요한 표현을 말할 수 있다.

의사소통 기본 표현	**가격 묻기**	Zhè jiàn duōshao qián?
	흥정하기	Tài guì le, piányi diǎnr ba.
	구매	Wǒ yào zhè shuāng le.

문화 중국의 해음 문화

의사소통 기본 표현

가격 묻기

Zhè jiàn duōshao qián?
这件多少钱?
이건 얼마예요?

흥정하기

Tài guì le, piányii dianr ba.
太贵了，便宜点儿吧。
너무 비싸네요.
조금 싸게 해 주세요.

구매

Wǒ yào zhè shuāng le.
我要这双了。
이걸로 할게요.

문화 Plus +

(1) 즉시배송
온라인과 오프라인을 결합한 마케팅이 확대되면서 온라인으로 주문하고 1시간 내로 받을 수 있는 서비스가 활성화되었다. 이와 함께 무인 드론, 무인 배달 로봇 등의 배달 수단도 발전하고 있다. 특히 햄버거, 음료 등은 10분 만에 드론 배달이 가능한데 공원 내 지정된 드론 착륙 캐비닛으로 이동하면 된다.

(2) 배달부터 인명구조까지 활용
만리장성의 한 구간에서 드론을 이용해 배달을 한다는 안내판이 붙어 있기도 하다. QR코드를 스캔해서 음식을 주문하면 만리장성 위로 음식을 실은 드론이 날아오는데 무게는 약 2.5kg으로 약 15분이면 10km의 거리까지 배송이 가능하다. 특히 다양한 기상 조건에서도 비행이 가능하여 많은 편리함을 가져다 주고 있다. 대형 드론은 재산 구호에도 요긴하게 쓰이는데 폭우 등으로 통신이 중단되었을 때에도 현장에 투입되어 재해 지역에서의 통신서비스 등을 제공하기도 했다.

듣기 대본

❶ 打折
❷ 钱
❸ 旗袍
❹ 红色

준비하기 2번 예시

예
2024년 11월 3일 현재 약 193원이다

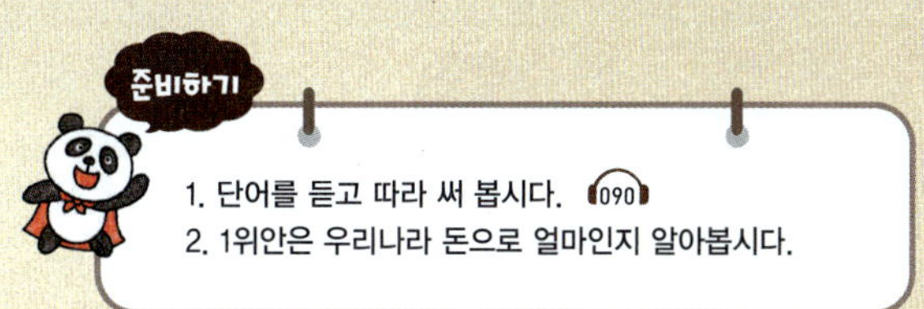

단어 미리보기

단어를 소리내어 읽고 □에 √표기를 해 보세요.

□□□	要	yào	~하려고 하다	□□□	扫	sǎo	스캔하다	□□□	的	de	~인 것
□□□	买	mǎi	사다	□□□	一下	yíxià	한번 ~해 보다	□□□	试	shì	시범 삼아 해 보다
□□□	旗袍	qípáo	치파오	□□□	码	mǎ	코드(숫자를 나타내는 부호)	□□□	要	yào	원하다
□□□	件	jiàn	벌[양사]	□□□	这个	zhège	이것	□□□	条	tiáo	개, 벌[길고 가느다란 하의 종류나 소품을 세는 양사]
□□□	多少	duōshao	얼마	□□□	元	yuán	위안[화폐 단위]	□□□	裙子	qúnzi	치마
□□□	钱	qián	돈	□□□	毛	máo	마오[화폐 단위]	□□□	张	zhāng	장[양사]
□□□	百	bǎi	100, 백	□□□	分	fēn	펀[화폐 단위]	□□□	票	piào	표
□□□	块	kuài	위안	□□□	角	jiǎo	자오[화폐 단위]	□□□	本	běn	권[양사]
□□□	太	tài	너무	□□□	零	líng	0, 영	□□□	送	sòng	주다, 선물하다
□□□	贵	guì	비싸다	□□□	双	shuāng	쌍, 켤레[양사]	□□□	顶	dǐng	개[꼭대기에 있는 물건을 세는 단위]
□□□	便宜	piányi	싸다	□□□	鞋	xié	신발	□□□	帽子	màozi	모자
□□□	(一)点儿	(yì)diǎnr	조금, 약간	□□□	打折	dǎzhé	할인하다	□□□	袜子	wàzi	양말
□□□	请	qǐng	청하다	□□□	红色	hóngsè	붉은색	□□□	裤子	kùzi	바지

교과서 단어

- 要 yào ~하려고 하다
- 买 mǎi 사다
- 旗袍 qípáo 치파오
- 件 jiàn 벌[양사]
- 多少 duōshao 얼마
- 钱 qián 돈
- 百 bǎi 100, 백
- 块 kuài 위안
- 太 tài 너무
- 贵 guì 비싸다
- 便宜 piányi 싸다
- (一)点儿 (yì)diǎnr 조금, 약간
- 请 qǐng 청하다
- 扫 sǎo 스캔하다
- 一下 yíxià 한번 ~해 보다
- 码 mǎ 코드(숫자를 나타내는 부호)

예문 단어

- 要 yào ~하려고 하다
- 机场 jīchǎng 공항
- 瓶 píng 병(양사)
- 水 shuǐ 물
- 忙 máng 바쁘다
- 零 líng 0
- 慢 màn 느리다

체크 체크

1. 본문에서 가격을 물어볼 때 쓰는 표현에 밑줄을 그어 보세요.

2. 판매원이 처음 제시했던 가격은 얼마인가요?
   ① 350위안
   ② 305위안

이나영이 치파오를 사려고 합니다. 〔091〕

 이나영

我要买旗袍, 这件多少钱?
Wǒ yào mǎi qípáo, zhè jiàn duōshao qiá

저는 치파오를 사려고 합니다. 이건 얼마예요?

 판매원

三百五十块。
Sānbǎi wǔshí kuài.

350위안이에요.

 이나영

太贵了, 便宜点儿吧。
Tài guì le, piányi diǎnr ba.

너무 비싸네요, 조금 싸게 해 주세요.

 판매원

好吧, 三百二, 请扫一下码。
Hǎoba, sānbǎi èr, qǐng sǎo yíxià mǎ.

좋아요, 320위안, QR 코드를 스캔하세요

이나영이 산 치파오의 가격은 얼마입니까? ☑ 320块 ○ 302块

본문 해설

❶ 'yào 要'는 조동사로 '~하려고 하다' '필요하다, 원하다'라는 의미로 사용된다.
  예시 Wǒ yào qù jīchǎng. 我要去机场。 나는 공항에 가려고 한다.
  Wǒ yào yì píng shuǐ. 我要一瓶水。 나는 물 한 병이 필요하다.

❷ 'sānbǎi wǔ 三百五'는 350으로, 일의 자리 숫자가 없어 'sānbǎi wǔshí 三百五十'에서 'shí 十'를 생략하고 말한 것이므로 305라고 해석하지 않도록 주의한다. 참고로 305는 'sānbǎi líng wǔ 三百零五'라고 읽는다.

❸ 'tài~le 太~了'는 '너무 ~하다'는 뜻으로, 정도가 심함을 나타내는 표현이다.
  예시 Tài hǎo le! 太好了! 너무 좋아요!
  Tài máng le! 太忙了! 너무 바빠요!

❹ '(yì)diǎnr (一)点儿'은 '약간, 조금'이라는 뜻으로, 형용사 뒤에 오며, 보통 '一'는 생략하고 '형용사 + diǎnr 点儿'의 형태로 사용한다.
  예시 Màn diǎnr. 慢点儿。 조금 천천히 하세요.

표 현 쏙 쏙 ①

① 多少钱?

- 물건의 가격을 물을 때는 일반적으로 多少钱? Duōshao qián?을 사용한다.

  这个多少钱? Zhège duōshao qián? 이것은 얼마인가요?

② 화폐 단위

- 중국의 화폐 단위 块 kuài는 구어체에서 쓰고, 元 yuán은 문어체에서 쓰인다.

	X10	X10	
말할 때	块 kuài	毛 máo	分 fēn
글로 쓸 때	元 yuán	角 jiǎo	分 fēn

二十五块
èrshíwǔ kuài

七块九(毛)
qī kuài jiǔ (máo)

③ 세 자리 숫자 읽기

	설명	예시
100	'一 yī'를 붙여 읽는다.	一百 yìbǎi
101	십의 자리 숫자가 0인 경우 '零 líng'으로 읽는다.	一百零一 yìbǎi líng yī
110	일의 자리 숫자가 0인 경우 '十 shí'는 생략하고 읽을 수 있다.	一百一十 yìbǎi yīshí 一百一 yìbǎi yī
111	십의 자리 숫자가 1인 경우 '一 yī'를 붙여서 읽는다.	一百一十一 yìbǎi yīshíyī

중국 화폐는 인민폐 人民币, rénmínbì이며, 화폐 단위는 위안 元 yuán이에요.

약자 RMB

기호 元, ¥

교과서 단어

- 这个 zhège 이것
- 元 yuán 위안[화폐 단위]
- 毛 máo 마오[화폐 단위]
- 分 fēn 펀[화폐 단위]
- 角 jiǎo 자오[화폐 단위]

① 꼬마 문제

- 빈칸 채우기

이것은 얼마인가요?

→ Zhège ____ qián?

② 꼬마 문제

- 한어병음으로 쓰기

3.50块

→ sān ____

③ 꼬마 문제

- 공통 단어 넣기

120

yì ____ èrshí

yì ____ èr

징징 Plus+

중국의 화폐 단위

1999년 중화인민공화국 건국 50주년을 기념하여 발행된 중국 지폐 앞면에는 모두 마오쩌둥 (毛泽东 Máo Zédōng)의 초상이 있고, 뒷면에는 중국의 다양한 명승고적의 사진이 있다. 문어체 元 Yuán 을 중국어 외래어 표기법으로는 '위안' 이라 표기하지만 실제 중국어 발음으로는 '위안' 이 아니라 '위엔' 에 가깝게 읽힌다.

현재 일상생활에서 펀 分 fēn은 거의 사용하지 않는다. 가격을 쓸 때에는 위안 元 yuán을 기준으로 그 이하는 소수점을 찍어 표기한다.

꼬마 문제 정답

❶ duōshao
❷ sān kuài wǔ (máo)
❸ bǎi

교과서 단어

- 双 shuāng 쌍, 켤레[양사]
- 鞋 xié 신발
- 打折 dǎzhé 할인하다
- 红色 hóngsè 붉은색
- 的 de ~인 것
- 试 shì 시범 삼아 해 보다
- 要 yào 원하다

예문 단어

- 袜子 wàzi 양말
- 买 mǎi 사다
- 本 běn 권(양사)
- 书 shū 책
- 看 kàn 보다
- 听 tīng 듣다

체크체크

1. 왕둥이는 어떤 물건을 사려
   고 합니까?
   ① 가방
   ② 신발
   ③ 옷
   ④ 모자

2. 본문에서 양사에 해당하는
   단어에 밑줄을 그어 보세요.

2. 双 shuāng

1. ②

정답

읽기 2

▶ 왕둥이 모바일 앱으로 라이브 쇼핑을 하고 있습니다. 093

쇼호스트

大家好, 这**双**鞋打八折。
Dàjiā hǎo, zhè shuāng xié dǎ bā zhé.

> 여러분 안녕하세요! 이 신발은 20% 할인합니다.

왕둥

有红色**的**吗?
Yǒu hóngsè de ma?

> 빨간색 있나요?

쇼호스트

有, 我**给**你**试**一下。
Yǒu, wǒ gěi nǐ shì yíxià.

> 있어요, 제가 신어 봐 드릴게요.

왕둥

谢谢, 我要这**双**了。
Xièxie, wǒ yào zhè shuāng le.

> 감사합니다, 이걸로 할게요.

왕둥은 ☑붉은색 ○검은색 신발을 사려고 합니다.

본문 해설

❶ 'shuāng 双'은 '쌍, 켤레[양사]'라는 뜻으로, 주로 짝을 이루는 물건을 셀 때 쓰인다.
   예시 yì shuāng wàzi 一双袜子 양말 한 켤레

❷ 'de 的'는 형용사, 동사 뒤에 붙어서 이를 명사로 만드는 역할을 한다.
   예시 Nà shì mǎi de. 那是买的。 저것은 구입한 것입니다.

❸ 'gěi 给'는 '(~에게) 주다'라는 뜻으로, 'gěi 给 + 사람 + 사물'의 순서로 쓴다.
   예시 Tā gěi wǒ yì běn shū. 他给我一本书。 그가 나에게 책 한 권을 주었다.

❹ 'shì 试'는 '시험 삼아 해 보다'라는 뜻으로, 옷을 살 때에는 '입어 보다'의 의미로 사용된다.
   동사의 중첩은 '좀 ~해 보다'는 가벼운 시도의 느낌을 표현하며, 단음절 동사를 중첩시킬 경
   우 두 번째 발음은 경성으로 가볍게 발음한다.

   예시 kàn 看 → kànkan 看看   tīng 听 → tīngting 听听
        보다   좀 보다   듣다   좀 들어 보다

❺ 'shuāng 双' 뒤에 'xié 鞋'가 생략되었다. 대화 속에서 서로 무엇을 말하는지가 분명할 때
   에는 양사 뒤의 명사를 생략할 수 있다.

교과서 단어

- 条 tiáo 개, 벌[길고 가느다란 하의 종류나 소품을 세는 양사]
- 裙子 qúnzi 치마
- 张 zhāng 장[양사]
- 票 piào 표
- 本 běn 권[양사]
- 送 sòng 주다, 선물하다

❶ 양사

• 양사는 물건을 세는 단위로, '수사 + 양사 + 명사'의 순으로 쓴다.

条 tiáo

一条裙子
yì tiáo qúnzi
치마 한 벌

张 zhāng

两张票
liǎng zhāng piào
표 두 장

本 běn

五本书
wǔ běn shū
책 다섯 권

❶ 꼬마 문제

• 빈칸 채우기

표 두 장

→ liǎng ______ piào

❷ 打八折

• 打折 dǎzhé는 '할인하다'의 뜻으로, 20% 할인은 打八折 dǎ bā zhé로 표현한다.

打七折
dǎ qī zhé

❷ 꼬마 문제

• 알맞은 숫자 넣기

dǎ qī zhé

→ ______ % 세일 판매

❸ 꼬마 문제

• 1+1

하나를 사면 하나를 더 준다

→ ______ yī ______ yī

알려줘 징징 — 붉은색을 좋아하는 중국인

중국 사람들은 붉은색이 나쁜 기운을 물리치고 행운과 복, 부와 명예를 가져다준다고 여겨 매우 좋아해요.

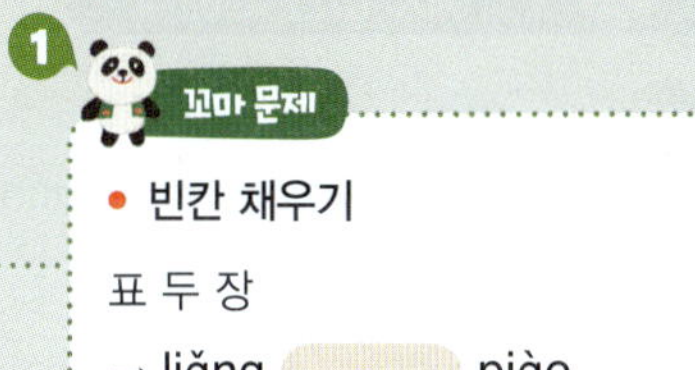

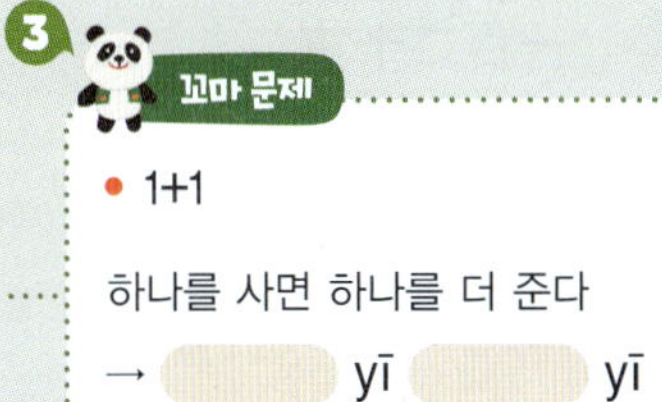

꼬마 문제 정답

❶ zhāng
❷ 30
❸ mǎi, sòng

교과서 단어

- 顶 dǐng 개[꼭대기에 있는 물건을 세는 단위]
- 帽子 màozi 모자
- 袜子 wàzi 양말
- 裤子 kùzi 바지

1 예시 답안 및 해석

연습

A: Zhè jiàn qípáo duōshao qián?
这件旗袍多少钱？
이건 얼마예요?

B: Sānbǎi wǔshí kuài.
三百五十块。
350 위안이에요.

① A: Zhè dǐng màozi duōshao qián?
这顶帽子多少钱？
이 모자 얼마예요?

B: Yìbǎi èrshí kuài.
一百二十块。
120위안이에요.

② A: Zhè tiáo qúnzi duōshao qián?
这条裙子多少钱？
이 치마 얼마예요？

B: Yìbǎi bāshí kuài.
一百八十块。
140위안이에요.

③ A: Zhè shuāng wàzi duōshao qián?
这双袜子多少钱？
이 양말 얼마예요?

B: Shí kuài.
十块。
10위안이에요.

④ A: Zhè tiáo kùzi duōshao qián?
这条裤子多少钱？
이 바지 얼마예요?

B: Bāshí bā kuài.
八十八块。
88위안이에요.

1 그림을 보고 가격을 묻고 답해 봅시다. 〔095〕

A Zhè jiàn qípáo duōshao qián?
B Sānbǎi wǔshí kuài.

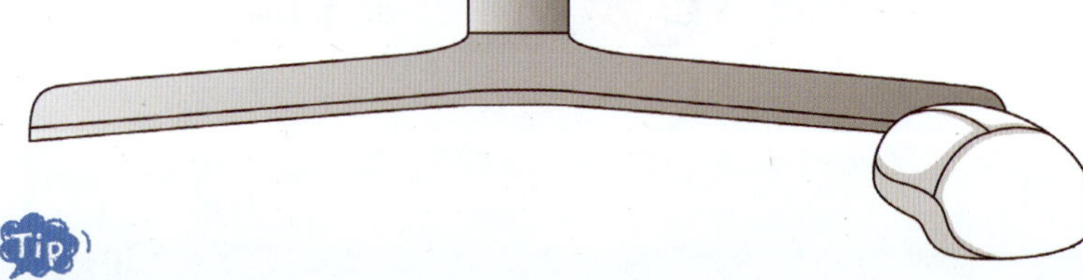

온라인 쇼핑 관련 어휘

온라인 쇼핑 网购 wǎnggòu	상품 商品 shāngpǐn
가격 价格 jiàgé	배송비 运费 yùnfèi
무료배송 免运费 miǎn yùnfèi	주문하다 下单 xiàdān
결제하다 支付 zhīfù	배송 配送 pèisòng
택배 快递 kuàidì	송장번호 快递单号 kuàidì dān hào
주문번호 订单号 dìngdān hào	장바구니 购物车 gòu wù chē
인기상품 热门商品 rèmén shāng pǐn	

사고자 하는 물건 말하기

Wǒ 我 + yào 要 + mǎi 买 + 숫자 + 양사 + 물건

1 블록을 결합하여 단어 카드를 완성해 봅시다.

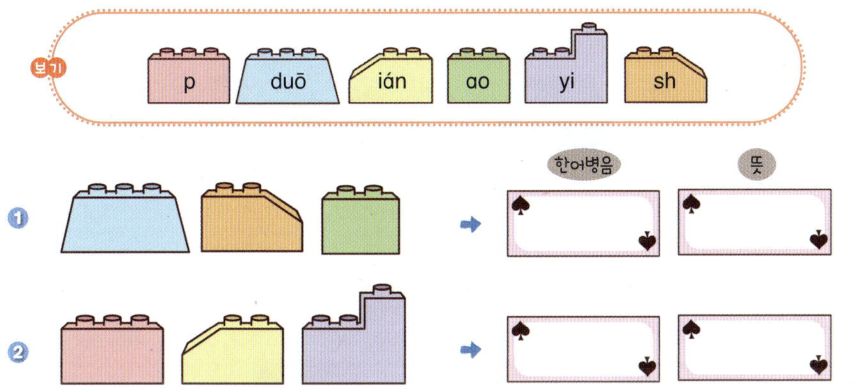

2 보기의 단어를 활용하여 대화를 완성해 봅시다.

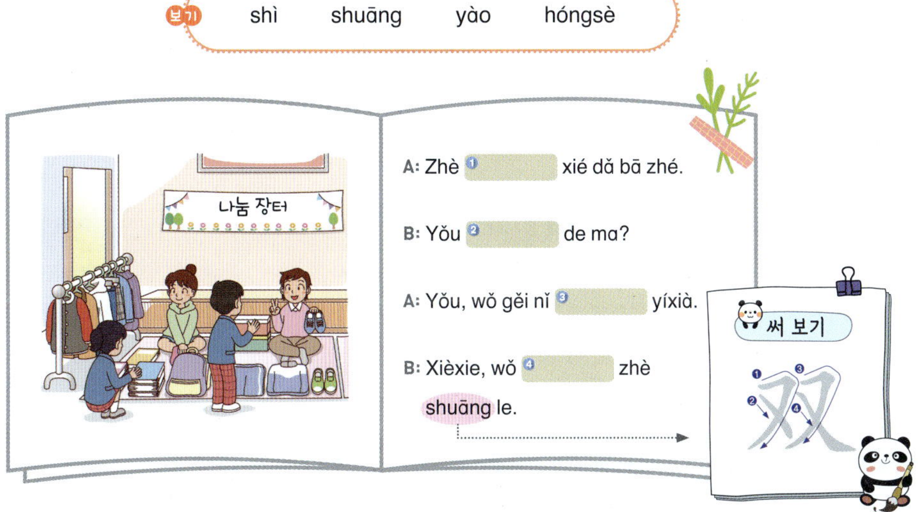

쓰기 Plus⁺

• 주요 단어와 활용 문장을 따라 써 보세요.

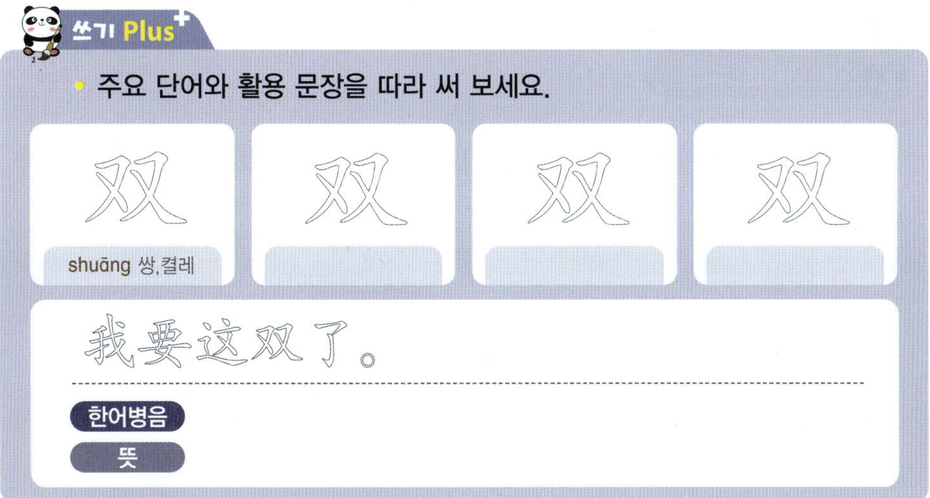

정답 및 해석   1

① 多少 duōshao 얼마
② 便宜 piányi 싸다

예시 답안 및 해석   2

보기

shì	shuāng	yào	hóngsè
试	双	要	红色

시범 삼아 해 보다 / 쌍, 켤레 [양사] / ~하려고 하다, 원하다 / 붉은색

A: Zhè ①shuāng xié dǎ bā zhé.
这双鞋打八折。
이 신발은 20% 할인합니다.

B: Yǒu ②hóngsè de ma?
有红色的吗？
빨간색 있나요?

A: Yǒu, wǒ gěi nǐ ③shì yíxià.
有，我给你试一下。
있어요, 제가 신어 봐 드릴게요.

B: Xièxie, wǒ ④yào zhè shuāng le.
谢谢，我要这双了。
감사합니다, 이걸로 할게요.

1   듣기 대본 및 해석

❶ sānbǎi èr
三百二
320

❷ dǎ bā zhé
打八折
20% 할인

2   답안 및 해석

Tài guì le, piányi diǎnr ba.
太贵了，便宜点儿吧。
너무 비싸네요, 조금 싸게 해 주세요.

Wǒ yào mǎi qípáo, zhè jiàn duōshao qián?
我要买旗袍，这件多少钱?
저는 치파오를 사려고 합니다, 이거 얼마에요?

3   답안 및 해석

❶ Yǒu, wǒ gěi nǐ shì yíxià.
有，我给你试一下。
있어요, 제가 신어 봐 드릴게요.

❷ Yǒu hóngsè de ma?
有红色的吗?
빨간색 있나요?

❸ Xièxie, wǒ yào zhè shuāng le.
谢谢，我要这双了。
감사합니다, 이걸로 할게요.

1 잘 듣고, 알맞은 그림에 ✔표시를 해 봅시다. 〔097〕

❶ ✔ ☐   ❷ ☐ ✔

2 단어를 배열하여 문장을 완성해 봅시다.

❶ diǎnr   piányi   ba

➡ Tài guì le, _piányi diǎnr ba._ .

❷ 多少   件   这   钱

➡ 我要买旗袍, _这件多少钱_ ?

3 문장을 순서대로 배열하여 대화를 완성해 봅시다.

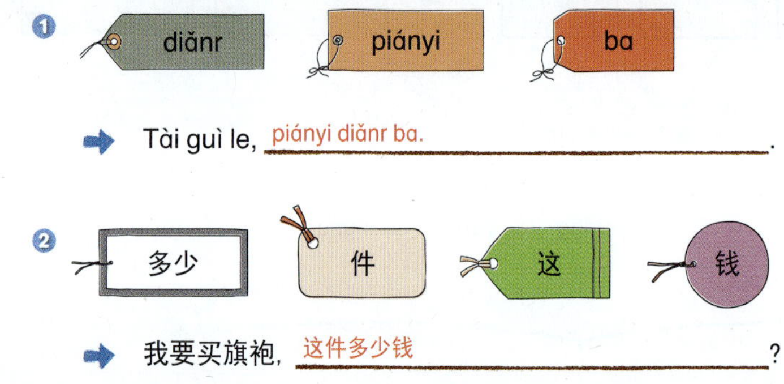

❶ Yǒu, wǒ gěi nǐ shì yíxià.   1

❷ Yǒu hóngsè de ma?   2

❸ Xièxie, wǒ yào zhè shuāng le.   3

가로세로 퍼즐

• 단어에 해당하는 한어병음을 쓰고 가로세로 퍼즐을 완성해 봅시다. (※성조 제외)

가로		세로	
❶ ~하려고 하다	yào	❶ 조금, 약간	
❷ 얼마		❷ 스캔하다	
❸ 쌍		❸ 붉은색	
❹ 하나를 사면 하나를 더 준다		❹ 개, 벌 (양사)	
❺ 양말		❺ 장 (양사)	

1. 중국 쇼핑 사이트를 검색하여 학급 마켓에 팔고 싶은 물건을 찾아봅시다.

2. 상품 종류, 가격, 특징 등 광고 문구를 조원들끼리 만들고 홍보해 봅시다.

3. 투표를 통해 우리 반 최고의 인기 상품을 뽑아 봅시다.

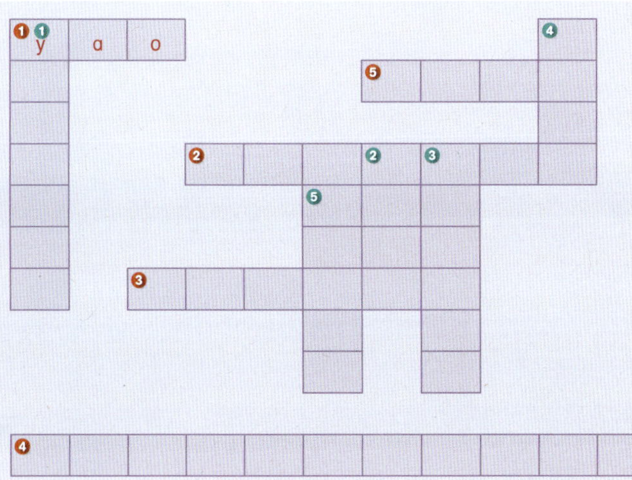

문화

중국의 해음 문화

해음(谐音, xiéyīn) 현상이란 어떤 한 단어가 음이 같거나 비슷하여 다른 단어의 이미지를 연상하게 되는 것을 말합니다.

전통 명절 속 해음

복이 왔어요!

'뒤집히다'를 의미하는 글자 倒(dào)와 '도착하다'를 의미하는 글자 到(dào)의 발음이 같아, '거꾸로 붙인 복(福)'은 '복이 온다, 복이 왔다'라는 의미를 나타냅니다.

해마다 풍요롭기를!

새해 복을 기원하는 그림인 녠화(年画, niánhuà)에는 물고기가 자주 등장합니다. 물고기(鱼, yú)는 '남다, 여유가 있다'를 의미하는 余(yú)와 발음이 같아, 연화 속 年年有鱼(余)(niánnián yǒu yú)는 '해마다 풍요롭다'라는 의미를 나타냅니다.

퀴즈

① 중국인들은 숫자 9를 '(돈을) 벌다'라는 의미를 가진 단어와 발음이 비슷해서 좋아한다. O Ⓧ

② 중국인들은 '화내다'라는 의미가 연상되어서 괘종시계를 선물하지 않는다. O Ⓧ

문화 체험

'복(福)'이 왔어요.

준비물 가위

부록 163쪽

중국의 전통 종이 공예인 '젠즈(剪纸, jiǎnzhǐ)'로 '복(福)'을 완성하고 자신이 좋아하는 장소에 거꾸로 붙여 봅시다.

❶ 163쪽 부록의 도안과 가위를 준비합니다.

❷ 도안 점선에 맞추어 접습니다.

❸ 빗금선에 맞추어 자릅니다.

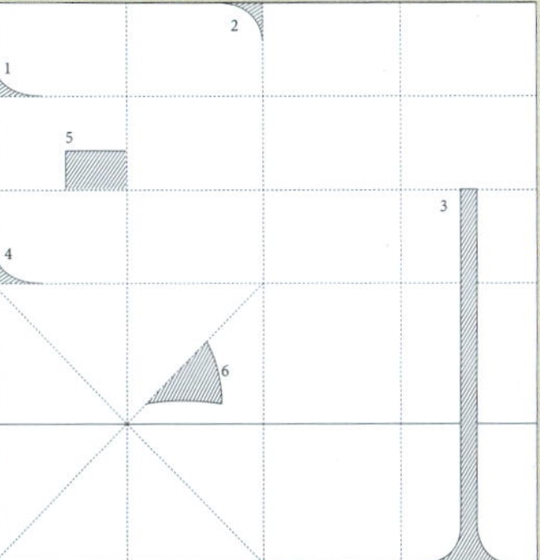

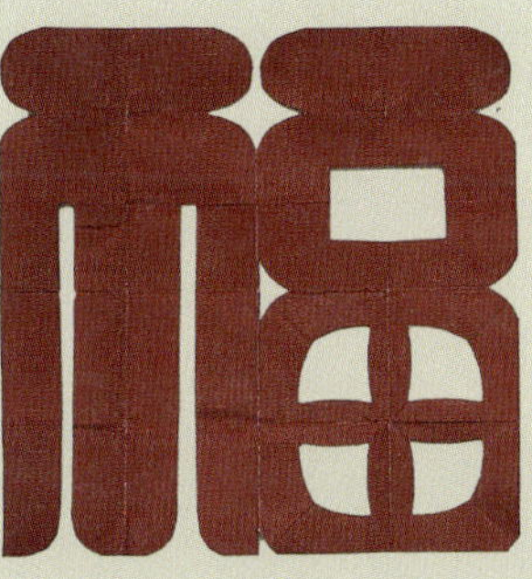

숫자 4(四, sì)는 '죽다'라는 뜻의 死(sǐ)와 발음이 비슷해 죽음을 연상시키기 때문에 중국인이 싫어하는 숫자이다. 우리나라도 엘리베이터에 4층을 F로 표기한 곳이 많은 것처럼 중국도 4층, 14층이 없는 곳도 있으며, 병원에는 특히 4호 병실이 없는 곳이 많다.

좋은 감이 줄줄이?

好柿连连 hǎo shī liánlián
감을 상징하는 '柿 shī'는 '事 shì'과 발음이 비슷해서 좋은 일이 연이어 이어진다는 의미를 가진다.

01 밑줄 친 간화자의 발음으로 알맞은 것은?

> 중국의 화폐 단위
>
> 말할 때 : <u>块</u>
>
> 글로 쓸 때 : <u>元</u>

① fēn ② máo ③ jiǎo

④ kuài ⑤ yuán

01
중국에서는 말할 때와 글로 쓸
때 화폐 단위 표현이 다르다.
말할 때: 块 kuài - 毛 máo - 分 fēn
글로 쓸 때: 元 yuán - 角 jiǎo - 分 fēn

02 빈칸에 들어갈 말로 알맞은 것은?

> A: _____ diǎnr ba.
> 뜻: 조금 싸게 해주세요.

① jiàn ② guì ③ piányi

④ duōshao ⑤ qián

02
'yìdiǎnr 一点儿' 은 '약간, 조금' 이라는 뜻으로
형용사 뒤에 오며, 보통 '一' 는 생략하고 '형용사 +
diǎnr 点儿' 의 형태로 사용한다.

【3~4】 다음 대화를 읽고 물음에 답하시오.

> A: ㉠이거 얼마예요?
> B: ㉡三百二。

03 ㉠을 중국어로 바르게 옮긴 것은?

① 这个多少钱?
② 这个钱多少?
③ 多少这个钱?
④ 多少这钱个?
⑤ 钱多少这个?

03
这个多少钱? 이거 얼마예요?
① 这个 이것
② 多少 얼마
③ 钱 돈(위안)

04 ㉡를 숫자로 바르게 표현한 것은?

① 302 ② 303 ③ 320

④ 323 ⑤ 330

04
중국어에서 일의 자리 숫자가 0인 경우 '十' 은 생
략하고 읽을 수 있다.

05 빈칸에 들어갈 말이 순서대로 바르게 짝지어진 것은?

> 너무 비싸요! 좀 깎아 주세요!
> 太( ) 了! ( )点儿吧!

① 贵 – 便宜 ② 便宜 – 贵 ③ 贵 – 找
④ 找 – 行 ⑤ 行 – 找

05

Tài guì le! Piányi diǎnr ba!
- 贵 guì 비싸다
- 便宜 piányi 싸다
- 找 zhǎo 거슬러 주다
- 行 xíng 좋다

---

06 빈칸에 들어갈 말로 알맞은 것은?

> A: zhè shuāng xié dǎ ( ) zhé.
> 뜻: 이 신발은 20% 할인합니다.

① èr ② sān ③ wǔ
④ qī ⑤ bā

06

중국에서는 할인을 '打折 dǎzhé' 라고 하는데, '折 zhé' 앞에 숫자를 넣어 할인율을 표시한다. 단, 우리나라와 달리 중국에서는 할인 후 실제로 받는 금액을 표시한다는 점을 주의해야 한다.

---

07 양사와 뜻이 바르게 연결되지 <u>않은</u> 것은?

① 条 – 개, 벌
② 张 – 장
③ 本 – 권
④ 双 – 마리
⑤ 件 – 벌

07

'tiáo 条' 는 주로 가늘고 긴 물건을 셀 때 쓰인다.
'zhāng 张' 은 평면이나 평면이 있는 물체를 셀 때 쓰인다.
'jiàn 件' 은 옷이나 일 등을 셀 때 쓰인다.
'shuāng 双' 은 쌍을 이루어 사용하는 물건을 셀 때 쓰인다.
'běn 本' 은 제본하여 책으로 만들어진 것을 셀 때 쓰인다.

---

08 숫자의 해음현상과 그 이유가 바르게 연결된 것은?

① 6 – '건강하다'는 의미의 'liú'와 발음이 비슷하여 좋아한다.
② 8 – '돈을 벌다'는 의미의 'fā'와 발음이 비슷하여 좋아한다.
③ 9 – '새롭다'는 의미의 'jiǔ'와 발음이 같아서 좋아한다.
④ 4 – '죽다'는 의미의 'sǐ'와 발음이 같아서 싫어한다.
⑤ 7 – '기쁘다'는 의미의 'qì'와 발음이 비슷하여 좋아한다.

08

중국인들은 숫자 8를 '돈을 벌다' 는 의미를 가진 'fācái' 의 'fā' 와 발음이 비슷하여 좋아한다.

9

Zánmen jiào wàimài ba.
咱们叫外卖吧。

우리 배달시키자.

학습 목표 식사 및 주문과 관련된 표현을 할 수 있다.

의사소통 기본 표현

맛 표현	Wǒ juéde yǒudiǎnr xián, búguò hěn hǎochī.
음식 주문	Lái liǎng wǎn zhájiàngmiàn hé yì píng shuǐ ba.
경험	Nǐ chīguo málàtàng ma?

문화 중국의 4대 요리와 식사 문화

의사소통 기본 표현

맛 표현

Wǒ juéde yǒudiǎnr xián,
我觉得有点儿咸,
내 생각에는 조금 짠 것 같아,

búguò hěn hǎochī.
不过很好吃。
하지만 매우 맛있어.

음식 주문

Lái liǎng wǎn zhájiàngmiàn hé
yì píng shuǐ ba.
来两宛炸酱面和一瓶水吧。
짜장면 두 그릇과 물 한 병 시키자.

경험

Nǐ chīguo málàtàng ma?
你吃过麻辣烫吗?
너 마라탕 먹어 봤니?

① zhájiàngmiàn
炸酱面 짜장면

② kuàizi
筷子 젓가락

문화 Plus⁺

1) 베이징 오리구이 : 구운 오리 요리로, 원나라 때부터 전해져 내려오는 베이징의 대표적인 요리이다.

2) 마파두부 : 두반장을 기본 양념으로 하여 주재료인 두부에 고기, 향신채, 전분과 물을 넣어 만든 중화요리이다.

3) 새우딤섬(하가우) : 전분피에 신선한 새우를 넣어 한입 크기로 빚어서 쪄내는 만두로, 중국 광둥지역의 유명한 전통 음식이다.

4) 로봇 식당 : 중국에는 스마트폰으로 주문을 하고, 로봇이 요리를 하며, 서빙도 로봇이 완수하는 무인식당이 도입되어 운영되고 있다.

5) 환경 보호 정책 : 중국은 기후 변화와 환경오염에 대한 대응으로 다양한 정책과 계획을 시행하고 있다.
   - 신재생 에너지 확대 = 화석 연료의 비중을 낮추고 풍력, 태양광, 수력 등 신재생 에너지에 대한 투자 확대
   - 대기 및 물질 관리 = 공장 및 기업에 대한 환경 규제 강화
   - 자동차 및 교통 관리 = 차량의 배출 기준을 강화하고 전기차 등 친환경 교통수단을 촉진

6) 드론 배달 : 중국에는 AI드론이 배달에 투입되는 시스템이 도입되어 운영되고 있다. 주문자가 음식을 주문하면 드론이 주거지나 사무실 빌딩 주변에 설치되어 있는 픽업 키오스크에 배송하여 주문자가 음식을 찾아갈 수 있게 한다.

❸ bǎohù huánjìng
保护环境 환경 보호

❹ wàimài
外卖 배달 음식

듣기 대본

❶ 炸酱面
❷ 筷子
❸ 保护环境
❹ 外卖

준비하기 2번 예시

예 마라탕
맵고 얼얼한 맛이 스트레스를 풀게 해주는 느낌이에요. 내가 좋아하는 재료를 다양하게 선택해서 먹는 재미도 있어서 좋아해요.

단어 미리보기

단어를 소리내어 읽고 □에 √표기를 해 보세요.

□□□ 炸酱面	zhájiàngmiàn	짜장면	
□□□ 味道	wèidao	맛	
□□□ 怎么样	zěnmeyàng	어떠하다	
□□□ 觉得	juéde	~라고 생각하다	
□□□ 有点儿	yǒudiǎnr	조금, 약간	
□□□ 咸	xián	짜다	
□□□ 不过	búguò	그러나	
□□□ 好吃	hǎochī	맛있다	
□□□ 来	lái	(어떤 동작을) 하다	
□□□ 碗	wǎn	그릇[양사]	
□□□ 和	hé	~와/과	
□□□ 瓶	píng	병[양사]	
□□□ 水	shuǐ	물	
□□□ 点	diǎn	주문하다	
□□□ 酸	suān	시다	

□□□ 甜	tián	달다
□□□ 苦	kǔ	쓰다
□□□ 辣	là	맵다
□□□ 杯	bēi	잔
□□□ 咖啡	kāfēi	커피
□□□ 请客	qǐngkè	대접하다, 한턱내다
□□□ 打包	dǎbāo	포장하다
□□□ 过	guo	~한 적 있다
□□□ 麻辣烫	málàtàng	마라탕
□□□ 咱们	zánmen	우리(말하는 사람과 듣는 사람을 모두 포함)
□□□ 叫	jiào	(음식을) 주문하다
□□□ 外卖	wàimài	배달 음식
□□□ 需要	xūyào	필요하다
□□□ 一次性	yícìxìng	일회용
□□□ 筷子	kuàizi	젓가락

□□□ 保护	bǎohù	보호(하다)
□□□ 环境	huánjìng	환경
□□□ 传统	chuántǒng	전통
□□□ 市场	shìchǎng	시장
□□□ 烤鸭	kǎoyā	오리구이
□□□ 用	yòng	사용하다
□□□ 保温杯	bǎowēnbēi	텀블러
□□□ 垃圾	lājī	쓰레기
□□□ 分类	fēnlèi	분류하다
□□□ 火锅	huǒguō	훠궈
□□□ 酸辣汤	suānlàtāng	쏸라탕
□□□ 糖葫芦	tánghúlu	탕후루
□□□ 奶茶	nǎichá	밀크티
□□□ 京剧	jīngjù	경극

교과서 단어

- 炸酱面 zhájiàngmiàn 짜장면
- 味道 wèidao 맛
- 怎么样 zěnmeyàng 어떠하다
- 觉得 juéde ～라고 생각하다
- 有点儿 yǒudiǎnr 조금, 약간
- 咸 xián 짜다
- 不过 búguò 그러나
- 好吃 hǎochī 맛있다
- 来 lái (어떤 동작을) 하다
- 碗 wǎn 그릇[양사]
- 和 hé ～와/과
- 瓶 píng 병[양사]
- 水 shuǐ 물
- 点 diǎn 주문하다

예문 단어

- 大小 dàxiǎo 크기
- 难 nán 어렵다
- 冷 lěng 춥다
- 汉堡包 hànbǎobāo 햄버거
- 介绍 jièshao 소개하다
- 一下 yíxià 한 번

체크체크

1. 장리리는 짜장면의 맛이 어떻다고 생각하나요?
   ① 짜지 않다
   ② 조금 짜다
   ③ 매우 짜다

2. 본문에서 '주문하다'를 나타내는 단어에 밑줄 그어 보세요.

정답
1. ②
2. diǎn 点

읽기 1

김대한과 장리리가 음식점에서 짜장면을 주문합니다. 100

김대한

炸酱面的味道怎么样?
Zhájiàngmiàn de wèidao zěnmeyàng?

짜장면의 맛은 어때?

장리리

我觉得有点儿咸, 不过很好吃。
Wǒ juéde yǒudiǎnr xián,
búguò hěn hǎochī.

내 생각에는 조금 짠 것 같아. 하지만 매우 맛있어.

김대한

好, 来两碗炸酱面和一瓶水吧。
Hǎo, lái liǎng wǎn zhájiàngmiàn hé
yì píng shuǐ ba.

좋아. 짜장면 두 그릇과 물 한 병 시키자.

장리리

那我来点菜。
Nà wǒ lái diǎn cài.

그럼 내가 주문할게.

김대한과 장리리가 주문한 음식은  ○  입니다.

본문 해설

❶ 'zěnmeyàng 怎么样'은 '어떠하다'라는 뜻의 의문사로, 주로 상대방의 의견을 물을 때 사용한다.
> 예시 Dàxiǎo zěnmeyàng? 大小怎么样? 크기는 어때요?

❷ 'yǒudiǎnr 有点儿'은 '조금, 약간'이라는 뜻으로, 상황이 다소 불만족스럽거나 부정적임을 나타낸다.
> 예시 Yǒudiǎnr nán. 有点儿难。 조금 어렵다.
> Jīntiān yǒudiǎnr lěng. 今天有点儿冷。 오늘은 조금 춥다.

❸ 'hǎochī 好吃'는 '맛있다'라는 뜻으로, 'hǎo 好' 뒤에 동사를 붙여 '～하기 좋다'라는 의미를 나타낸다.
> 예시 hǎokàn 好看 예쁘다(보기 좋다), hǎotīng 好听 듣기 좋다

❹ 'lái 来'는 구체적인 동사를 대신하여 '点(주문하다)'의 의미로 사용되기도 하며, 다른 동사 앞에 쓰여 어떤 일을 하려는 것을 나타내기도 한다.
> 예시 Lái yí ge hànbǎobāo. 来一个汉堡包。 햄버거 하나 주문할게요.
> Wǒ lái jièshao yíxià. 我来介绍一下。 내가 한 번 소개해 볼게요.

표 현 쏙 쏙 ①

① 味道 wèidao

   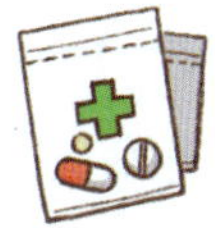 

酸	甜	苦	辣
suān	tián	kǔ	là

② 来 lái

- 来 lái는 '(어떤 동작이나 행동을) 하다'라는 뜻으로, 구체적인 동작을 나타내는 동사를 대신하여 사용한다.

  来一杯咖啡。 Lái yì bēi kāfēi. 커피 한 잔 주세요.

- 동사 앞에 쓰여 어떤 일을 하고자 하는 적극적인 어감을 나타낸다.

  我来做吧。 Wǒ lái zuò ba. 내가 할게.

③ 식사 관련 표현

我请客!
Wǒ qǐngkè!

请给我打包!
Qǐng gěi wǒ dǎbāo!

교과서 단어

- 酸 suān 시다
- 甜 tián 달다
- 苦 kǔ 쓰다
- 辣 là 맵다
- 杯 bēi 잔
- 咖啡 kāfēi 커피
- 请客 qǐngkè 대접하다, 한턱내다
- 打包 dǎbāo 포장하다

① 꼬마 문제

● 빈칸 채우기
tián →
là →
suān →

② 꼬마 문제

● 어순 배열하기
물 한 잔 주세요. (shuǐ / lái / yì bēi)
→

③ 꼬마 문제

● 문장 완성하기
포장해 주세요!
→ Qǐng gěi wǒ   .

징징 Plus⁺

(1) 탕수육 : 한국의 탕수육은 중국의 탕추리지(糖醋里脊 tángcùlǐjǐ)가 변형된 한국식 중국요리이다. 한국의 탕수육은 부먹과 찍먹에 대한 논쟁이 있는데, 중국은 달콤새콤한 소스가 버무려져 나온다.

(2) 라조기 : 중국의 라즈지(辣子鸡 làzǐjī)에서 변형된 한국식 중국 요리이다. 중국의 라즈지는 튀긴 닭고기를 고추와 기타 향신료를 넣어 볶아 만드는 쓰촨식 닭고기 요리이다. 중국의 라즈지는 바삭바삭한 튀김의 느낌이라면, 한국의 라조기는 걸쭉한 소스가 묻어 있는 느낌이다.

꼬마 문제 정답

③ dǎbāo
② Lái yì bēi shuǐ.
① 달다, 맵다, 시다

알려줘 징징

같은 이름 다른 맛, 짜장면!

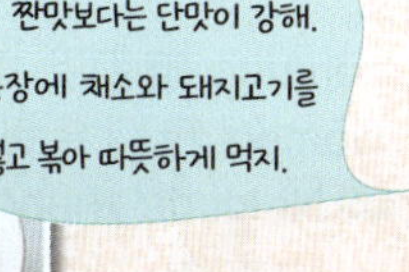

읽기 2

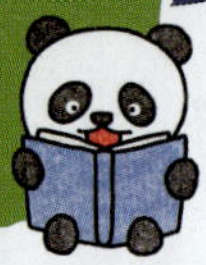

교과서 단어

- 过 guo ~한 적 있다
- 麻辣烫 málàtàng 마라탕
- 咱们 zánmen 우리(말하는 사람과 듣는 사람을 모두 포함)
- 叫 jiào (음식을) 주문하다
- 外卖 wàimài 배달 음식
- 需要 xūyào 필요하다
- 一次性 yícìxìng 일회용
- 筷子 kuàizi 젓가락
- 保护 bǎohù 보호(하다)
- 环境 huánjìng 환경

예문 단어

- 跆拳道 táiquándào 태권도
- 得 de 구조조사, 동사 뒤에 쓰여 정도를 나타내는 보어를 연결함
- 正好 zhènghǎo 딱 좋다, 꼭 알맞다
- 商店 shāngdiàn 상

▶ 왕둥과 이나영이 배달 음식을 주문합니다. 102

왕둥: ❶你吃过麻辣烫❷吗?
Nǐ chīguo málàtàng ma?
너 마라탕 먹어 봤니?

이나영: ❸没吃过, 不过很想吃。
Méi chīguo, búguò hěn xiǎng chī.
안 먹어봤는데, 먹어 보고 싶어.

왕둥: 咱们叫外卖吧。
Zánmen jiào wàimài ba.
우리 배달시키자.

이나영: ❹好, 需要一次性筷❺子吗?
Hǎo, xūyào yícìxìng kuàizi ma?
좋아, 일회용 젓가락 필요할까?

왕둥: 不, 我们要保护环境。
Bù, wǒmen yào bǎohù huánjìng.
아니, 우리 환경 보호해야지.

퀴즈 이나영은 마라탕을 먹어 본 적이 있습니다. O / X

체크체크

1. '우리 배달시키자'라는 문장에 들어갈 수 있는 단어는?
   ① bǎohù
   ② huánjìng
   ③ wàimài
   ④ málàtàng
2. 본문에서 '일회용 젓가락'을 나타내는 단어에 밑줄 그어 보세요.

정답
1. ③
2. yícìxìng kuàizi 一次性筷子

본문 해설

❶ 'guo 过'는 '~한 적이 있다'의 의미로, 과거의 경험을 나타낸다. 부정형은 동사 앞에 'méi(yǒu) 没(有)'를 붙인다.
예시 Wǒ xuéguo táiquándào. 我学过跆拳道。 나는 태권도를 배워본 적이 있어.
Wǒ méi xuéguo táiquándào. 我没(有)学过太极拳。 나는 태극권을 배워본 적이 없어.

❷ 'zánmen 咱们'은 '우리'라는 의미로, 화자와 청자를 모두 포함한다. 같은 뜻으로 쓰이는 'wǒmen 我们'은 청자를 포함할 수도 있고 포함하지 않을 수도 있다.
예시 Nǐ lái de zhènghǎo, zánmen yìqǐ qù chī fàn ba.
你来得正好, 咱们一起去吃饭吧。 너 딱 맞춰 왔구나, 우리 같이 밥 먹으러 가자.

❸ 'jiào 叫'는 다의어로, 이 문장에서는 '(음식을)주문하다, 시키다'의 의미로 사용된다.
예시 Jiào cài le ma? 叫菜了吗? 요리시켰어?

❹ 'yào 要'는 '~하려고 하다'라는 뜻으로, 의지를 나타내는 조동사이다.
예시 Wǒ yào qù shāngdiàn. 我要去商店。 나는 상점에 가려고 한다.

표현 쏙쏙 ❷

1 过 guo

- 过 guo는 '~한 적이 있다'라는 뜻으로, 동사 뒤에 쓰여 과거의 경험을 나타낸다. 부정형은 동사 앞에 没(有) méi(yǒu)를 붙인다.

| 긍정 | 동사 + 过 |

我去过传统市场。
Wǒ qùguo chuántǒng shìchǎng.
나는 전통 시장에 가 본 적이 있다.

| 부정 | 没(有) + 동사 + 过 |

他没(有)吃过烤鸭。
Tā méi(yǒu) chīguo kǎoyā.
그는 오리구이를 먹어 본 적이 없다.

2 환경 보호 관련 표현

多用保温杯
duō yòng bǎowēnbēi

垃圾分类
lājī fēnlèi

교과서 단어

- 传统 chuántǒng 전통
- 市场 shìchǎng 시장
- 烤鸭 kǎoyā 오리구이
- 用 yòng 사용하다
- 保温杯 bǎowēnbēi 텀블러
- 垃圾 lājī 쓰레기
- 分类 fēnlèi 분류하다

1  꼬마 문제

- 빈칸 채우기

나는 전통시장에 가 본 적이 없다.

→ Wǒ ____ qù ____ chuántǒng shìchǎng.

2  꼬마 문제

- 뜻 쓰기

duō yòng bǎowēnbēi

→ ____________

 중국인의 아침 식사

중국 사람들은 아침 식사를 주로 밖에서 사 먹어요. 시간 절약과 경제적 측면에서 더 유리하기 때문이에요.

요우티아오
yóutiáo

또우장
dòujiāng

바오즈
bāozi

젠빙
jiānbing

 징징 Plus+

(1) 粥(zhōu): 죽

(2) 茶叶蛋(cháyèdàn): 찻잎을 넣어 삶은 계란

(3) 馄饨(húntun): 중국식 만둣국

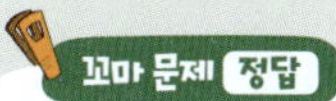 꼬마 문제 정답

❷ 텀블러를 사용하세요.
❶ méi(yǒu), guo

교과서 단어

- 火锅 huǒguō 훠궈
- 酸辣汤 suānlàtāng 쏸라탕
- 糖葫芦 tánghúlu 탕후루
- 奶茶 nǎichá 밀크티
- 京剧 jīngjù 경극

1 예시 답안 및 해석

연습

A: <u>Zhájiàngmiàn</u> de wèidao zěnmeyàng?
炸酱面的味道怎么样?
짜장면의 맛은 어때?

B: Wǒ juéde yǒudiǎnr <u>xián</u>.
我觉得有点儿咸。
내 생각에는 조금 짠 것 같아.

❶ A: <u>Huǒguō</u> de wèidao zěnmeyàng?
火锅的味道怎么样?
훠궈의 맛은 어때?

B: Wǒ juéde yǒudiǎnr <u>là</u>.
我觉得有点儿辣。
내 생각에는 조금 매운 것 같아.

❷ A: <u>Suānlàtāng</u> de wèidao zěnmeyàng?
酸辣汤的味道怎么样?
쏸라탕의 맛은 어때?

B: Wǒ juéde yǒudiǎnr <u>suān</u>.
我觉得有点儿酸。
내 생각에는 조금 신 것 같아.

❸ A: <u>Tánghúlu</u> de wèidao zěnmeyàng?
糖葫芦的味道怎么样?
탕후루의 맛은 어때?

B: Wǒ juéde yǒudiǎnr <u>tián</u>.
我觉得有点儿甜。
내 생각에는 조금 단 것 같아.

1 밑줄 친 부분을 바꾸어 음식의 맛을 묻고 답해 봅시다. 104

연습
A: <u>Zhájiàngmiàn</u> de wèidao zěnmeyàng?
B: Wǒ juéde yǒudiǎnr <u>xián</u>.

❶ 
huǒguō / là

❷ 
suānlàtāng / suān

❸ 
tánghúlu / tián

2 밑줄 친 부분을 바꾸어 경험한 내용을 묻고 답해 봅시다. 105

연습
A: Nǐ <u>chī</u>guo <u>málàtàng</u> ma?
B: <u>Chī</u>guo. / Méi <u>chī</u>guo.

❶ 
qù / Chángchéng

❷ 
hē / nǎichá

❸ 
kàn / jīngjù

❶ A: Nǐ <u>qù</u>guo <u>Chángchéng</u> ma?
你去过长城吗?
너 만리장성에 가본 적 있니?

B: <u>Qù</u>guo. / Méi <u>qù</u>guo.
去过。/ 没去过。
가본 적 있어. / 가본 적 없어.

❷ A: Nǐ <u>hē</u>guo <u>nǎichá</u> ma?
你喝过奶茶吗?
너 밀크티 마셔본 적 있니?

B: <u>Hē</u>guo. / Méi <u>hē</u>guo.
喝过。/ 没喝过。
마셔본 적 있어. / 마셔본 적 없어.

❸ A: Nǐ <u>kàn</u>guo <u>jīngjù</u> ma?
你看过京剧吗?
너 경극을 본 적 있니?

B: <u>Kàn</u>guo. / Méi <u>kàn</u>guo.
看过。/ 没看过。
본 적 있어. / 본 적 없어.

A: Nǐ <u>chī</u>guo <u>málàtàng</u> ma?
你吃过麻辣烫吗?
너 마라탕 먹어 봤니?

B: <u>Chī</u>guo. / Méi <u>chī</u>guo.
吃过。/ 没吃过。
먹어 봤어. / 안 먹어 봤어.

음식 맛 묻기

음식 + de + wèidao 味道 + zěnmeyàng 怎么样 ?

경험 말하기

주어 + 동사 + guo 过

(1) 만리장성 : 중국의 역대 왕조들이 북방 유목민족의 침공을 막기 위해 세운 성벽, 중국의 상징처럼 여겨지는 문화유산으로 1987년 유네스코 세계문화유산으로 지정되었다.

(2) 경극 : 중국의 대표적인 전통 연극. 2010년 유네스코 인류무형문화유산 대표목록으로 등재되었다.

1 잘 듣고, 가로세로 퍼즐을 완성해 봅시다. 107

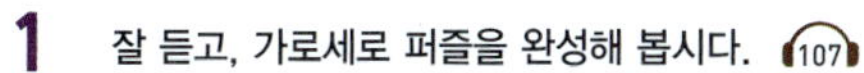

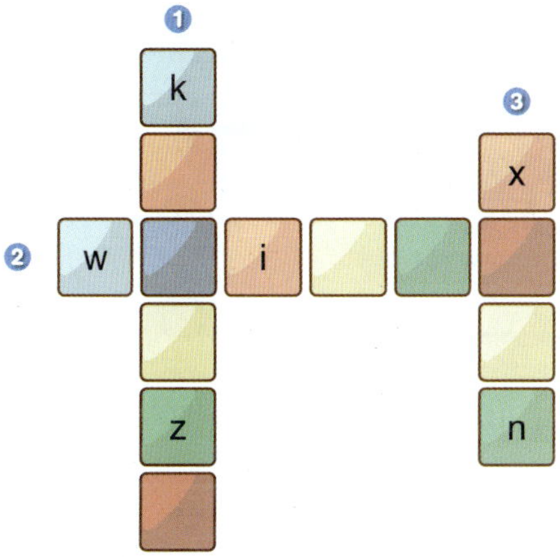

2 보기 의 단어를 활용하여 대화를 완성해 봅시다.

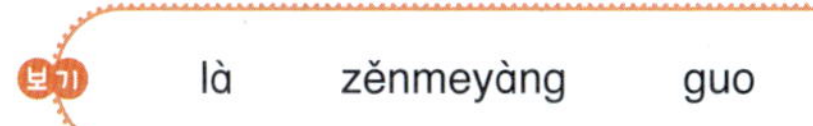

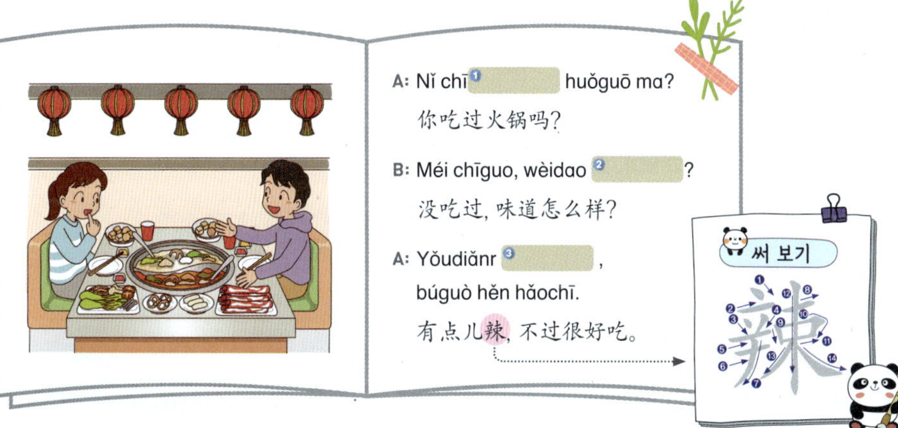

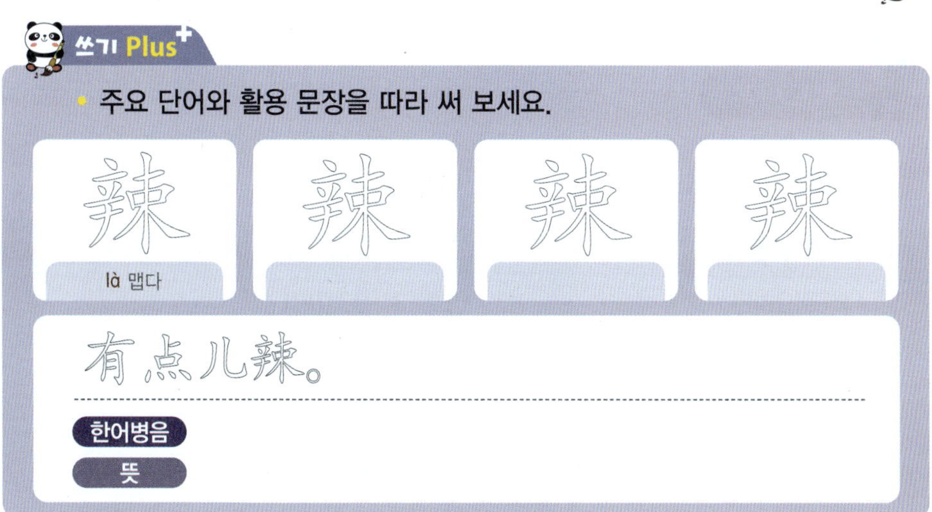

쓰기 Plus⁺

• 주요 단어와 활용 문장을 따라 써 보세요.

듣기 대본 및 해석   1

❶ 筷子 <u>kuàizi</u> 젓가락
❷ 外卖 <u>wàimài</u> 배달 음식
❸ 咸 <u>xián</u> 짜다

예시 답안 및 해석   2

보기

là   zěnmeyàng   guo
辣   怎么样   过
맵다   어떠하다   ~한 적 있다

A: Nǐ chī ①<u>guo</u> huǒguō ma?
   你吃过火锅吗?
   너 훠궈 먹어본 적 있어?

B: Méi chīguo, wèidao
   ②<u>zěnmeyàng</u>?
   没吃过, 味道怎么样?
   먹어본 적 없어, 맛이 어때?

A: Yǒudiǎnr ③<u>là</u>, búguò hěn
   hǎochī.
   有点儿辣, 不过很好
   吃。
   조금 매워, 하지만 매우 맛있어.

1 　듣기 대본 및 해석

① Wǒ juéde yǒudiǎnr là.
我觉得有点儿辣。
내 생각에는 조금 매운 것 같아.

② Lái yì wǎn zhájiàngmiàn hé liǎng píng shuǐ ba.
来一碗炸酱面和两瓶水吧。
짜장면 한 그릇과 물 두 병 시키자.

2 　예시 답안 및 해석

① Zánmen jiào wàimài ba.
咱么叫外卖吧。

② Nà wǒ lái diǎn cài.
那我来点菜。

3 　답안 및 해석

A Xūyào yícìxìng kuàizi ma?
需要一次性筷子吗?
일회용 젓가락이 필요할까?

A Zhájiàngmiàn de wèidao zěnmeyàng?
炸酱面的味道怎么样?
짜장면의 맛은 어때?

A Nǐ chīguo málàtàng ma?
你吃过麻辣烫吗?
너 마라탕 먹어 봤니?

B Méi chīguo.
没吃过。
안 먹어봤어.

B Bù, wǒmen yào bǎohù huánjìng.
不，我们要保护环境。
아니, 우리 환경 보호해야지.

B Wǒ juéde yǒudiǎnr xián.
我觉得有点儿咸。
내 생각에는 조금 짠 것 같아.

실력 쑥쑥

1 　잘 듣고, 알맞은 그림에 ✓표시를 해 봅시다. 〔108〕

① 

②

2 　〈보기〉의 단어를 활용하여 문장을 완성해 봅시다.

①
➡ Zánmen jiào wàimài ba.

②
➡ 那我来点菜。

3 　알맞은 대답을 연결하고 짝과 대화해 봅시다.

① A Xūyào yícìxìng kuàizi ma? 　 B Méi chīguo.

② A Zhájiàngmiàn de wèidao zěnmeyàng? 　 B Bù, wǒmen yào bǎohù huánjìng.

③ A Nǐ chīguo málàtàng ma? 　 B Wǒ juéde yǒudiǎnr xián.

 워드서치

• 단어에 해당하는 한어병음을 쓰고 단어를 찾아봅시다.

1	배달 음식	wàimài	6	오리구이	
2	필요하다		7	쓰레기	
3	일회용		8	분류하다	
4	환경		9	젓가락	
5	사용하다		10	보호(하다)	

 내가 만드는 우리 학교 식단, 중국 음식의 날

1. 맛있는 중국 음식으로 우리 학교 중식의 날 식단을 만들어 봅시다.
2. 중국 음식을 활용하여 식판을 꾸며 보세요.

🍲 음식

마파두부 mápódòufu	만터우 mántou
동파육 dōngpōròu	바오즈 bāozi
마라탕 málàtàng	쟈오즈 jiǎozi

🥤 음료

| 콜라 kělè |
| 밀크티 nǎichá |
| 오렌지주스 chéngzhī |

나의 식단을 중국어로 소개해 보세요.

 Wǒ xiǎng chī __________ hé __________.

Wǒ xiǎng hē __________.

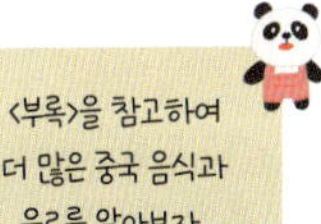
<부록>을 참고하여 더 많은 중국 음식과 음료를 알아보자.

Tip

Wǒ xiǎng chī ___ hé ___.
我想吃 ___ hé ___.
나는 __와/과 ___을/를 먹고 싶어요.

Wǒ xiǎng hē ______.
我想喝 ______.
나는 ___을/를 마시고 싶어요.

추가 음식 예

❶ xīhóngshì chǎo jīdàn
  西红柿炒鸡蛋 토마토달걀볶음
❷ jīngjiàngròusī
  京酱肉丝 춘장 돼지고기 볶음
❸ guōbāoròu
  锅包肉 궈바오로우
❹ niúròumiàn
  牛肉面 우육면
❺ chǎofàn
  炒饭 볶음밥
❻ yángròuchuàn
  羊肉串 양꼬치

추가 음료 예

❶ bīnghóngchá
  冰红茶 빙홍차
❷ qìshuǐ
  汽水 사이다
❸ niúnǎi
  牛奶 우유
❹ guǒzhī
  果汁 과일주스

---

k	n	b	ǎ	o	h	ù	k	l	h	g	f
u	d	a	r	b	f	z	h	i	ā	u	p
à	s	w	p	y	z	k	s	t	r	j	w
i	s	à	d	c	ò	f	ǎ	s	g	q	ī
z	i	i	x	y	ā	n	á	o	g	a	e
i	à	m	ě	ī	b	ā	g	z	y	i	u
n	k	à	m	w	s	k	r	x	c	ā	n
x	d	i	x	h	u	á	n	j	ì	i	g
ū	q	à	z	g	t	f	r	à	f	c	r
y	c	n	g	f	ē	n	l	è	i	b	t
à	ò	r	é	y	n	c	z	ā	m	p	n
o	w	y	í	c	i	x	ì	n	g	c	e

문화 Plus⁺

(1) 다른 명칭

베이징 요리: 京菜(Jīngcài)
상하이 요리: 沪菜(Hùcài)
쓰촨 요리: 川菜(Chuāncài)
광둥 요리: 粤菜(Yuècài)

(2) 추가 요리

베이징 요리: 炸酱面(zhájiàngmiàn), 锅包肉(guōbāoròu), 饺子(jiǎozi), 包子(bāozi)

상하이 요리: 小笼包(xiǎolóngbāo), 东坡肉(dōngpōròu)

쓰촨 요리: 火锅(huǒguō), 宫保鸡丁(gōngbǎojīdīng), 辣子鸡(làzijī), 鱼香肉丝(yúxiāngròusī)

(3) 음식 설명

마파두부

이 요리를 만든 노파가 곰보였기 때문이 당시 사람들이 '진씨 곰보 할머니(陈麻婆)'라고 부르던 것이 요리의 이름으로 굳어졌다. 빨간 고추와 향신료를 다량으로 사용해 입안이 마비될 정도의 아리고 얼얼한 매운맛이 특징이다.

베이징 오리구이

'만리장성에 오르지 않으면 사나이가 아니고, 오리구이를 먹지 않으면 평생 여한으로 남는다'는 말이 있을 정도로 중국인들의 인식 속에는 오리구이가 중국의 최고 요리라 여겨지고 있다. 장작불에 3~4시간 훈제한 오리구이는 바삭한 껍질과 부드러운 육질을 두루 갖추고 있는데, 밀가루 전병에 소스를 바르고 그 위에 오리고기와 파, 오이 등의 채소를 올린 다음 말아서 먹으면 된다.

딤섬

중국 남부의 광둥지방에서 만들어 먹던 음식이다. '마음에 점을 찍다'라는 의미를 갖고 있으며, 이는 배를 꽉 채워 먹는 것이 아니라 '마음에 점을 찍'듯이 끼니 사이에 간소하게 먹는다는 뜻을 갖는다. 종류도 만두류부터 스낵류에 이르기까지 수백종에 달한다.

털게찜

상하이를 대표하는 요리 중 하나이다. 보통 양념 없이 쪄서 먹고, 참게가 산란기를 맞는 10~11월이 제철이라 가장 맛있다.

중국의 4대 요리와 식사 문화

중국은 영토가 넓고 기후가 달라 풍부하고 다양한 음식 문화를 가지고 있습니다. 중국의 요리는 지역에 따라 크게 4가지로 분류할 수 있습니다.

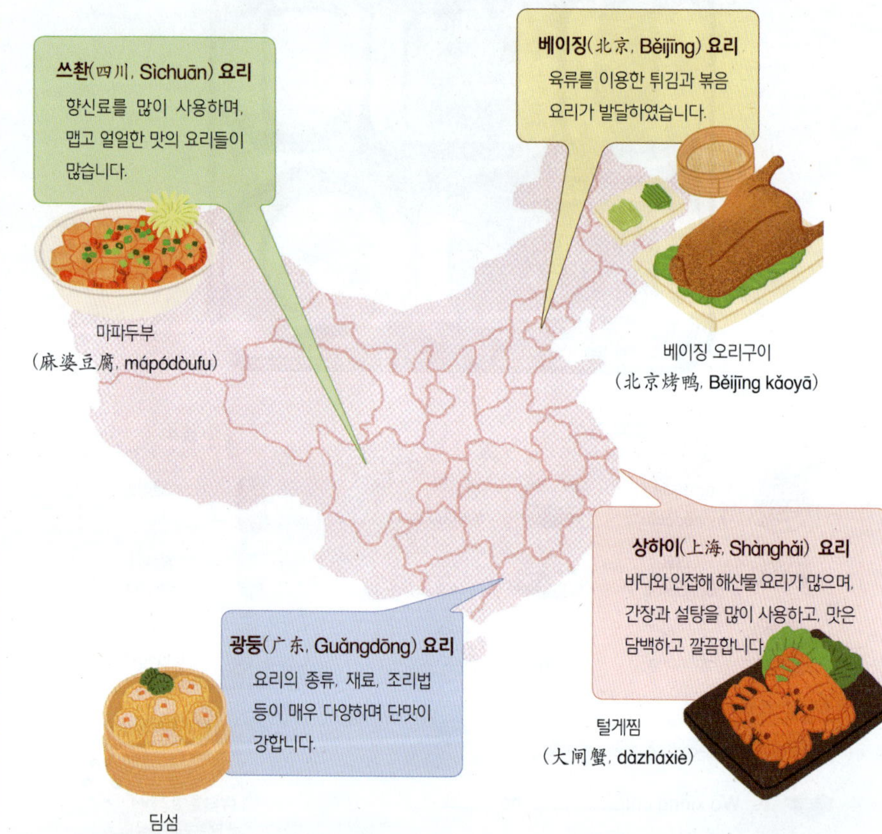

MEMO

중국에는 '백성들은 먹는 것을 하늘처럼 여긴다(民以食为天, Mín yǐ shí wéi tiān)'라는 말이 있을 정도로 음식을 중요시합니다.

퀴즈

① 상하이(上海) 요리는 맵고 강하다. (O X)

② 중국인은 밥을 먹을 때 주로 젓가락을 사용한다. (O X)

과제 활동

중국 요리의 유래를 조사하여 발표해 봅시다.
예 마파두부, 동파육, 만두

문화 Plus+

식사 예절

- 젓가락을 그릇에 부딪쳐 소리를 내거나 밥그릇 중앙에 꽂으면 안 된다.

- 밥을 먹을 때 그릇을 들고 젓가락으로 먹는 것이 일반적이다. 또한, 고개를 숙이지 않고, 식탁이나 바닥에 밥풀을 흘리지 않는 것이 예의이다.

과제 활동 예시 답안 2

동파육의 유래

소동파가 항저우 자사로 있을 때 양쯔강의 범람으로 큰 물난리 위기에 처하였다. 이 때 소동파가 병사들과 백성을 동원해 강가에 제방을 쌓아 도시를 구하게 되었다. 이 후 소동파가 돼지고기를 좋아한다는 사실을 안 백성들이 고마움의 표시로 돼지고기를 보내자, 그는 혼자 먹지 않고 자신이 개발한 요리법으로 돼지고기를 요리해 백성과 나눠 먹었다. 그러자 소동파의 어진 마음에 감동한 백성들은 돼지고기 요리 이름에 그의 호를 붙인 동파육이라고 불렀다.

01 단어와 뜻의 연결이 알맞은 것은?

① 味道 – 맛　　　　② 觉得 – 맛있다　　　　③ 好吃 –주문하다

④ 需要 – 보호하다　　⑤ 保护 – 환경

02 제시된 한자와 성조 배열이 같은 것은?

> 点菜

① 咖啡　　　　② 请客　　　　③ 打包

④ 不过　　　　⑤ 环境

03 ㉠과 ㉡에 들어갈 말로 가장 알맞은 것은?

> 来两(㉠)炸酱面和一(㉡)水。

	㉠	㉡		㉠	㉡		㉠	㉡
①	碗	个	②	个	条	③	张	杯
④	碗	瓶	⑤	个	本			

04 빈칸에 들어갈 말로 가장 알맞은 것은?

> A : tánghúlu de wèidao ________?
> B : Wǒ juéde yǒu diǎnr tián.

① nǎr　　　　② shéi　　　　③ zěnme

④ shénme　　⑤ zěnmeyàng

A : 你吃过麻辣烫吗?
B : ㉠<u>안 먹어봤어</u>, 不过很想吃。
A : 咱们叫㉡<u>外卖</u>吧。
B : 好, 那我来点菜。

05 ㉠을 중국어로 알맞게 바꾼 것은?

① 不吃 ② 没吃 ③ 不好吃
④ 没吃过 ⑤ 没吃了

06 문맥상 ㉡의 우리말 뜻으로 알맞은 것은?

① 간식 ② 가정식
③ 포장음식 ④ 학교급식
⑤ 배달 음식

07 다음을 중국어로 바꿀 때, 필요 없는 것은?

일회용 젓가락이 필요합니까?

① 吗 ② 需要 ③ 筷子
④ 一次性 ⑤ 保护

08 중국의 음식 문화에 설명으로 알맞지 않은 것은?

① 중요한 손님은 문에서 먼 쪽에 배치한다.
② 밥을 먹을 때 밥그릇을 손에 받쳐 들고 먹는다.
③ 숟가락은 주로 국물이 있는 탕요리를 먹을 때 사용한다.
④ 중요한 손님을 초대한 자리에서는 생선요리를 필수로 한다.
⑤ 상차림은 뜨거운 요리, 차가운 요리, 탕류, 주식의 순으로 제공된다.

10

Jīntiān tiānqì zěnmeyàng

今天天气怎么样?

오늘 날씨는 어때?

학습 목표 날씨와 건강 관련 표현을 할 수 있다.

의사소통 기본 표현
- 날씨 Jīntiān tiānqì zěnmeyàng?
- 묘사 Wàibian xià xuě le.
- 건강 Nǐ nǎr bù shūfu?

문화 계절별 안성맞춤 중국 여행

의사소통 기본 표현

날씨

Jīntiān tiānqì zěnmeyàng?
今天天气怎么样?
오늘 날씨 어때?

묘사

Wàibian xià xuě le.
外边下雪。
밖에는 눈이 온다.

건강

Nǐ nǎr bù shūfu?
你哪儿不舒服?
어디가 불편하신가요?

문화 Plus⁺

하얼빈 국제 빙설제(哈尔滨国际冰雪节)

중국 헤이룽장성 하얼빈에서 매년 1-2월에 열리는 겨울 축제로 얼음과 눈 조각, 빙등 (얼음안에 등을 설치)전시를 비롯한 다채로운 행사가 개최되는 세계적인 규모의 겨울 축제다. 축제는 매년 1월 5일에서 2월 말까지 진행되는데, 공식 개막일은 1월 5일로 고정되어 있으나 폐막은 빙설 조각 작품의 특성상 날씨에 따라 결정된다. 축제 기간이 다가오면 하얼빈 곳곳에 얼음과 눈을 이용한 작품들이 세워지고 오후에는 조명을 밝혀 축제 분위기를 더한다. 이 밖에 겨울 수영, 스키, 썰매 등의 겨울 스포츠와 빙설 혼례, 빙설 영화제 등 다양한 행사가 진행된다. 하얼빈 국제 빙설제는 지역 축제로 시작했으나 발전을 거듭한 끝에 매해 2백만 명 이상이 방문하는 세계적인 축제가 됐으며, 일본의 삿포로 눈 축제, 캐나다의 퀘벡 윈터 카니발과 함께 세계 3대 겨울 축제로 꼽힌다.

준비하기

1. 단어를 듣고 따라 써 봅시다. 110
2. 좋아하는 날씨와 계절을 말해 봅시다.

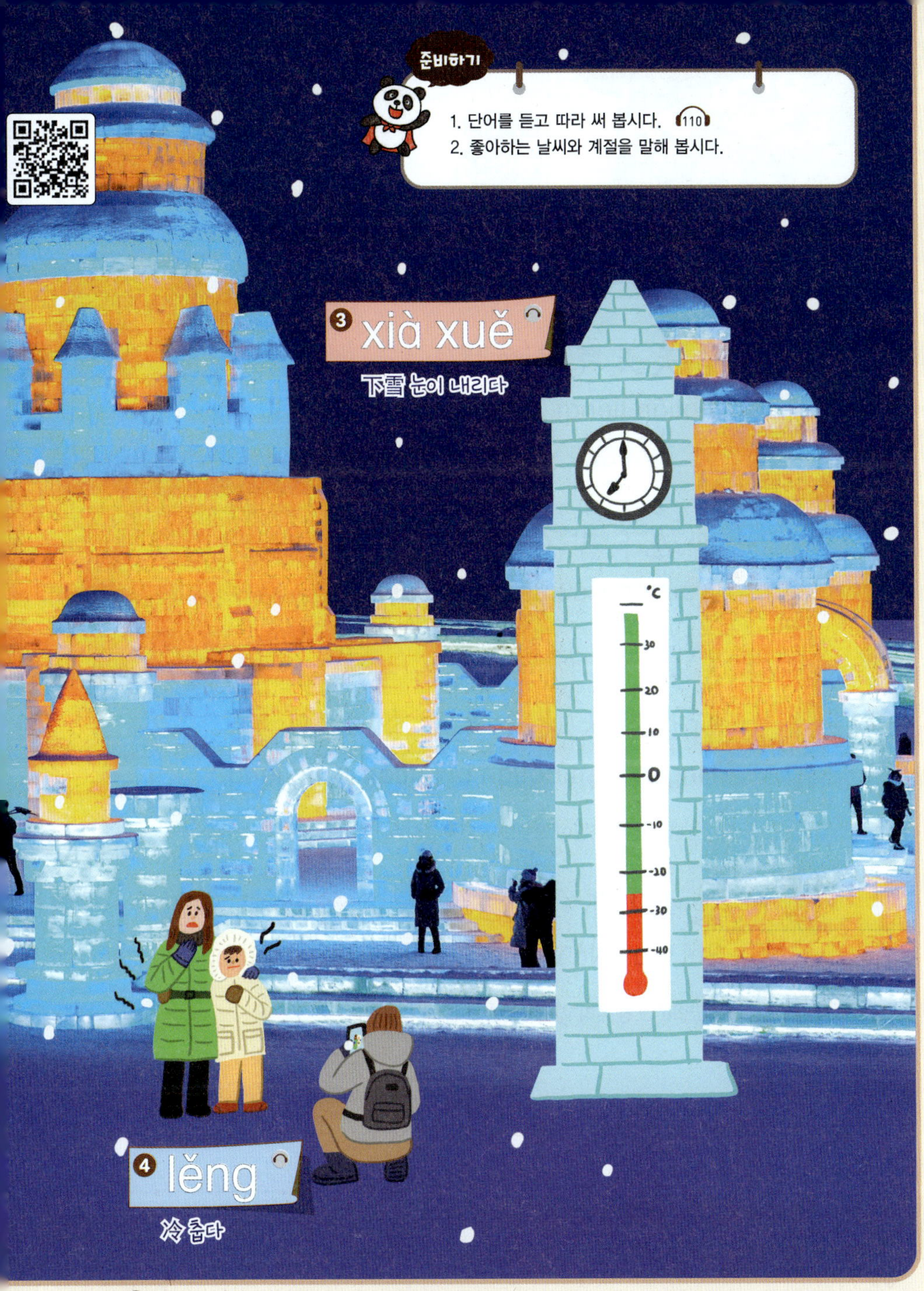

교과서 125쪽

듣기 대본

❶ 药
❷ 发烧
❸ 下雪
❹ 冷

준비하기 2번 예시

예
나는 하얀 눈이 내리는 겨울이 좋습니다.

단어 미리보기

단어를 소리내어 읽고 □에 √ 표기를 해 보세요.

□□□	天气	tiānqì	날씨	□□□	风	fēng	바람	□□□	行	xíng	좋다, 괜찮다
□□□	外边	wàibian	밖	□□□	阴	yīn	흐리다	□□□	号码	hàomǎ	번호
□□□	下	xià	내린다	□□□	晴	qíng	맑다	□□□	肚子	dùzi	배
□□□	雪	xuě	눈	□□□	饿	è	배고프다	□□□	疼	téng	아프다
□□□	冷	lěng	춥다, 차다	□□□	累	lèi	피곤하다	□□□	流	liú	흐르다
□□□	死	sǐ	죽다	□□□	凉快	liángkuai	선선하다	□□□	鼻涕	bítì	콧물
□□□	听说	tīngshuō	듣건대	□□□	喂	wèi	여보세요	□□□	咳嗽	késou	기침
□□□	比	bǐ	~보다	□□□	舒服	shūfu	편안하다	□□□	忘	wàng	잊다
□□□	更	gèng	더욱, 훨씬	□□□	头疼	tóuténg	머리가 아프다	□□□	了	le	~했다
□□□	在	zài	~에서	□□□	发烧	fāshāo	열이나다	□□□	作业	zuòyè	숙제
□□□	玩儿	wánr	놀다	□□□	好像	hǎoxiàng	마치 ~인 것 같다	□□□	暖和	nuǎnhuo	따뜻하다
□□□	游戏	yóuxì	게임	□□□	感冒	gǎnmào	감기(에 걸리다)	□□□	热	rè	덥다
□□□	雨	yǔ	비	□□□	药	yào	약	□□□	牙	yá	치아
□□□	刮	guā	불다	□□□	次	cì	번, 차례				

교과서 단어

- 天气 tiānqì 날씨
- 外边 wàibian 밖
- 下 xià 내린다
- 雪 xuě 눈
- 冷 lěng 춥다, 차다
- 死 sǐ 죽다
- 听说 tīngshuō 듣건대
- 比 bǐ ~보다
- 更 gèng 더욱, 훨씬
- 在 zài ~에서
- 玩儿 wánr 놀다
- 游戏 yóuxì 게임

예문 단어

- 大 dà 나이가 많다
- 岁 suì 나이
- 更 gèng 더욱

읽기 ①

▶ 김대한과 장리리가 날씨에 대해 이야기합니다. 🎧111

김대한

今天天气怎么样?
Jīntiān tiānqì zěnmeyàng?

오늘 날씨 어때?

장리리

外边下雪了，冷死了。
Wàibian xià xuě le, lěngsǐ le.

밖에 눈이 와, 추워 죽겠어.

김대한

听说明天比今天更冷。
Tīngshuō míngtiān bǐ jīntiān gèng lěng.

듣자 하니, 내일이 오늘보다 더욱 춥다네.

장리리

是吗? 那我们在家玩儿游戏吧。
Shì ma? Nà wǒmen zài jiā wánr yóuxì ba.

그래? 그럼 우리 집에서 게임이나 하자.

체크체크

1. 빈칸에 들어갈 알맞은 말은?

   今天天气______?

   ① 什么　　② 怎么样
   ③ 哪儿　　④ 谁
   ⑤ 几

2. 본문에서 비교를 나타내는 단어에 밑줄을 그어 보세요.

정답
1. ②
2. 比

본문 해설

❶ 'zěnme 怎么'는 '어때요, 어떻습니까'라는 뜻의 의문사로 일반적으로 상대방의 의견을 물어볼 때 많이 쓰인다.

❷ 'bǐ 比' 비교문
긍정 : A 比 B + 형용사
[예시] 他比我大。 Tā bǐ wǒ dà. 그는 나보다 나이가 많다.
부정 : A 不比 B + 형용사
[예시] 他不比我大。 Tā bù bǐ wǒ dà. 그는 나보다 나이가 많지 않다.
차이의 양 : A 比 B + 형용사 + 차이의 양
[예시] 他比我大三岁。 Tā bǐ wǒ dà sān suì. 그는 나보다 세 살 많다.
강조 : A 比 B + 更, 还 + 형용사
[예시] 他比我更大。 Tā bǐ wǒ gèng dà. 그는 나보다 나이가 훨씬 많다.

❸ 'ba 吧'는 '~ 하자'라는 뜻으로, 상대방에게 권유할 때 많이 사용한다.

① 날씨 표현

下雨
xià yǔ

刮风
guā fēng

阴天
yīntiān

晴天
qíngtiān

교과서 단어

- □ 雨 yǔ 비
- □ 刮 guā 불다
- □ 风 fēng 바람
- □ 阴 yīn 흐리다
- □ 晴 qíng 맑다
- □ 饿 è 배고프다
- □ 累 lèi 피곤하다
- □ 凉快 liángkuai 선선하다

② 冷死了 lěngsǐ le

- 형용사 + 死了 sǐ le는 '~해 죽겠다'의 뜻으로, 정도가 심함을 나타냅니다.

  饿死了。Èsǐ le. 배고파 죽겠다.
  累死了。Lèisǐ le. 피곤해 죽겠다.

③ 比 bǐ

- 比 bǐ는 '~보다'라는 뜻으로 비교할 때 사용한다.

  A 比 **B** + 술어   A는 B보다 ~하다

  今天比昨天凉快。Jīntiān bǐ zuótiān liángkuai. 오늘은 어제보다 선선하다.

  ★ 강조 표현

  A 比 **B** +更+ 술어   A는 B보다 더욱 ~하다

他比我更高。Tā bǐ wǒ gèng gāo. 그는 나보다 키가 더 크다.

① 꼬마 문제

- 빈칸 채우기

밖에 눈이 와.
→ Wàibian ______ le.

② 꼬마 문제

- 공통 단어 넣기

추워 죽겠어
→ lěng ______ le

피곤해 죽겠어
→ lèi ______ le

③ 꼬마 문제

- 빈칸 채우기

그는 나보다 나이가 훨씬 많아.
→ Tā bǐ wǒ ______ dà.

알려줘 징징 ― 오로라 보러 중국 모허로?

📍 모허
● 하얼빈

중국의 최북단 모허(漠河)의 베이지춘(北极村)
은 하얼빈에서도 기차로 약 20시간을 가야
도착할 수 있어요. 여름 낮 시간은 17시간 이상,
겨울에는 24시간 내내 밤만 지속되는 현상이 나타
나요. 하지(夏至)를 전후한 15일 동안 오로라와 백야를 볼 수 있어 이 기간에
많은 관광객이 찾아와요.

징징 Plus+

모허는 중국 헤이룽장성(흑룡강성, 黑龙
江省)의 북부, 러시아와 중국의 국경지
역에 위치한 작은 도시인데요. 중국에서
위도가 가장 높은 현(县) 이자, 중국의 최
북단에 위치해 있다.

꼬마 문제 정답

❸ gèng
❷ sǐ
❶ xià xuě

읽기 2

▶ 이나영이 전화 진료를 받습니다. 🔊113

의사

喂, 你哪儿不舒服?
Wèi, nǐ nǎr bù shūfu?

> 여보세요, 어디가 불편하신가요?

이나영

我头疼、发烧, 好像感冒了。
Wǒ tóuténg、fāshāo, hǎoxiàng gǎnmào

> 저는 머리가 아프고 열이 나요. 감기에 걸린 것 같아요.

의사

你需要吃药。
Nǐ xūyào chī yào.

> 약을 드셔야겠네요.

이나영

怎么吃?
Zěnme chī?

> 어떻게 먹나요?

의사

一天吃三次就行。
Yìtiān chī sān cì jiù xíng.

> 하루 세 번 드시면 됩니다.

이나영은 어디가 아픈가요? ☑머리 ○배

교과서 단어

- 喂 wèi 여보세요
- 舒服 shūfu 편안하다
- 头疼 tóuténg 머리가 아프다
- 发烧 fāshāo 열이 나다
- 好像 hǎoxiàng 마치 ~인 것 같다
- 感冒 gǎnmào 감기(에 걸리다)
- 药 yào 약
- 次 cì 번, 차례
- 行 xíng ~좋다, 괜찮다

예문 단어

- 家 jiā 집
- 哪儿 nǎr 어디

체크 체크

1. 이나영은 약을 어떻게 먹어야 하나?

2. 단어와 뜻의 연결이 알맞은 것은?
   ① 舒服 shūfu
      바람이 분다
   ② 头疼 tóu téng
      비가 온다
   ③ 药 yào 약
   ④ 发烧 fāshāo
      눈이 온다
   ⑤ 行 xíng 춥다

본문 해설

❶ 'nǎr 哪儿'은 '어디'라는 뜻의 의문사로, 일반적으로 문장 뒤에 의문을 나타내는 吗(ma)를 쓰지 않는다.

> [예시] 你家在哪儿? Nǐ jiā zài nǎr? 당신 집은 어디에 있나요?

❷ 문장 맨 뒤에 'le 了'가 쓰일 때 '~하게 됐다, ~가 되었다'는 뜻으로, 상태나 상황이 변화할 때 사용한다.

> [예시] 下雨了 xià yǔ le 비 온다
> 下雪了 xià xuě le 눈 온다
> 天冷了 tiān lěng le 날이 추워졌어
> 我二十岁了。 Wǒ èrshí suì le. 나는 스무 살이 됐어요.

① 전화 관련 표현

- 喂 wèi는 '여보세요'라는 뜻으로, 전화할 때는 제2성으로 발음한다.

A 你的手机号码是多少? Nǐ de shǒujī hàomǎ shì duōshao?
당신의 휴대 전화 번호가 어떻게 되나요?

B 010 - 1234 - 5678。 Líng yāo líng - yāo èr sān sì - wǔ liù qī bā.

② 아픈 증상 표현

肚子疼
dùzi téng

流鼻涕
liú bítì

咳嗽
késou

③ 好像 hǎoxiàng

- 好像 hǎoxiàng은 '(마치) ~인 것 같다'라는 뜻으로 추측을 나타낸다.

他好像忘了做作业。 Tā hǎoxiàng wàngle zuò zuòyè.
그는 숙제를 잊은 것 같아요.

교과서 단어

- 号码 hàomǎ 번호
- 肚子 dùzi 배
- 疼 téng 아프다
- 流 liú 흘리다
- 鼻涕 bítì 콧물
- 咳嗽 késou 기침
- 忘 wàng 잊다
- 了 le ~했다
- 作业 zuòyè 숙제

① 꼬마 문제
- 빈칸 채우기
전화할 때 '여보세요' 喂의 성조는?
→ __________

② 꼬마 문제
- 어순 배열하기
아픈 증상 표현이 아닌 것은?
① késou ② liú bítì ③ zuòyè

③ 꼬마 문제
- 빈칸에 들어갈 숫자의 합
추측을 나타내는 표현은?
→ __________

징징 Plus+

중국은 2014년 의사-환자 간 비대면 진료를 허용한 이후 2018년 원격의료 발전 방향 제시, 2019년 의약품 온라인 판매 허용, 2021년 국가 장기발전 전략에 원격의료산업 육성 포함 등의 조치를 통해 원격의료에 대한 규제를 꾸준히 완화하고 육성정책을 펼치고 있다. 원격의료 시장도 꾸준히 성장해 2021년 346억 9000만 위안(약 6조 7887억 원)에 달하며 원격의료 수단 이용자 수도 2021년 7억명을 넘어섰다. 의약품 배달 서비스도 발달하여 약국 유통망 및 택배 플랫폼과 협력해 24시간 온라인 의약품 배달 서비스를 실시하고 있다. A업체의 경우 약품재고 관리 프로그램 등을 활용, 주문확인부터 약품 포장까지 4분 안에 배송준비를 마친다. 의약품은 낮 시간(9시~20시59분) 30분, 야간 시간(21시~익일8시59분) 1시간 이내 배달된다.

꼬마 문제 정답
① 제2성 ② ③ ③ hǎoxiàng 好像

알려줘 징징 — 중국의 의약품 배달

중국 원격 의료 서비스는 의사-환자 간 비대면 진료뿐 아니라 원격 환자 모니터링, 온라인 의약품 판매, 원격 수술 등 다양한 분야로 확대되고 있어요. 원격으로 진료를 받고, 바로 약 처방을 받아서 주문하면 30분 이내로 약이 가정으로 배달될 정도로 발전하고 있어요.

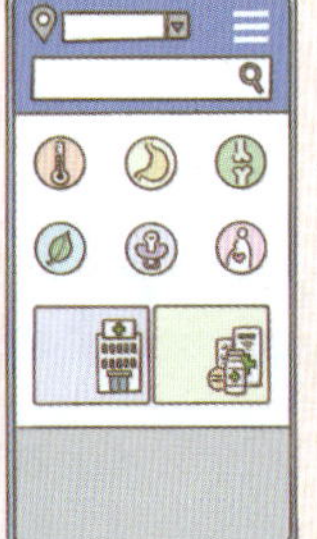

교과서 단어

- 暖和 nuǎnhuo 따뜻하다
- 热 rè 덥다
- 牙 yá 치아

1 예시 답안 및 해석

연습

A: Jīntiān tiānqì zěnmeyàng?
今天天气怎么样?
오늘 날씨 어때?

B: Wàibian xià xuě le.
外边下雪。
밖에 눈이 온다.

① **A**: Jīntiān tiānqì zěnmeyàng?
今天天气怎么样?
오늘 날씨 어때?

B: Wàibian hěn nuǎnhuo.
外边很暖和。
밖은 따뜻해.

② **A**: Jīntiān tiānqì zěnmeyàng?
今天天气怎么样?
오늘 날씨 어때?

B: Waibian hěn rè.
外边很热。
밖은 더워.

③ **A**: Jīntiān tiānqì zěnmeyàng?
今天天气怎么样?
오늘 날씨 어때?

B: Wàibian hěn liángkuai.
外边很凉快。
밖은 시원해.

---

1 밑줄 친 부분을 바꾸어 날씨를 묻고 답해 봅시다. 🔊115

연습
A Jīntiān tiānqì zěnmeyàng?
B Wàibian xià xuě le.

①  hěn nuǎnhuo

②  hěn rè

③  hěn liángkuai

---

2 밑줄 친 부분을 바꾸어 아픈 증상을 묻고 답해 봅시다. 🔊116

연습
A Nǐ nǎr bù shūfu?
B Wǒ tóuténg、fāshāo.

A: Nǐ nǎr bù shūfu?
你哪儿不舒服?
어디가 불편한가요?

B: Wǒ tóu téng, fāshāo.
我头疼、发烧。
저는 머리가 아프고 열이 나요.

①  liú bítì

② 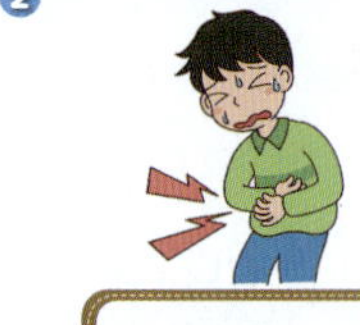 dùzi téng

③ yá téng

① **A**: Nǐ nǎr bù shūfu?
你哪儿不舒服?
어디가 불편한가요?

B: Wǒ liú bítì.
我流鼻涕。
콧물이 흘러요.

② **A**: Nǐ nǎr bù shūfu?
你哪儿不舒服?
어디가 불편한가요?

B: Wǒ dùzi téng.
我肚子疼。
배가 아파요.

③ **A**: Nǐ nǎr bù shūfu?
你哪儿不舒服?
어디가 불편한가요?

B: Wǒ yá téng.
我牙疼。
이가 아파요.

春天 chūntiān 봄	夏天 xiàtiān 여름	秋天 qiūtiān 가을	冬天 dōngtiān 겨울
暖和 nuǎnhuo 따뜻하다	热 rè 덥다	凉快 liángkuai 서늘하다	冷 lěng 춥다

1 사라진 한자들을 순서대로 쓰고, 읽어 봅시다.

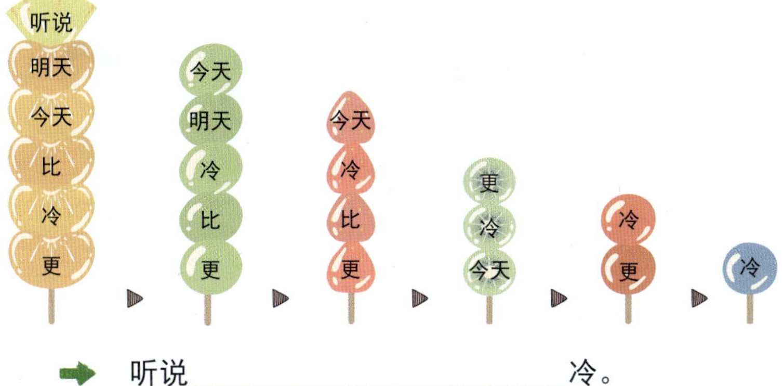

➡ 听说 ______________________ 冷。

2 보기의 단어를 활용하여 대화를 완성해 봅시다.

듣기 대본 및 해석 **1**

听说**明天比今天更**冷。

예시 답안 및 해석 **2**

보기

tóuténg	shūfu	gǎnmào
头疼	舒服	感冒
머리가 아프다	불편하다	감기 (에 걸리다)

A: Nǐ nǎr bù ①shūfu?
你哪儿不舒服?
어디가 불편하신가요?

B: Wǒ ②tóuténg、fāshāo.
我头疼、发烧。
저는 머리가 아프고 열이 나요.

A: Nǐ hǎoxiàng ③gǎnmào le.
你好像感冒了。
감기에 걸린 것 같습니다.

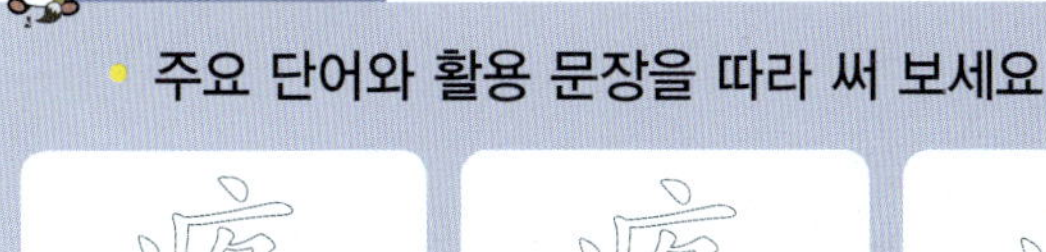

쓰기 Plus⁺

- 주요 단어와 활용 문장을 따라 써 보세요.

疼	疼	疼	疼
téng 아프다			

我头疼、发烧。

한어병음

뜻

1   듣기 대본 및 해석

❶ Wàibian xià xuě le.
外边下雪了。
밖에는 눈이 옵니다.

❷ Wǒ tóu téng、fāshāo.
我头疼、发烧。
나는 머리가 아프고 열이 납니다.

2   답안 및 해석

❶ Wǒmen zài jiā wánr yóuxì ba.
我们在家玩儿游戏吧。
우리 집에서 게임이나 하자.

❷ Yìtiān chī sān cì jiù xíng.
一天吃三次就行。
하루에 세 번 드시면 됩니다.

3   답안 및 해석

A Jīntiān tiānqì zěnmeyàng?
今天天气怎么样？
오늘 날씨 어때?

A Nǐ nǎr bù shūfu?
你哪儿不舒服？
어디가 불편하신가요?

A Zěnme chī?
怎么吃？
어떻게 먹나요？

B Wǒ tóuténg、fāshāo.
我头疼、发烧。
저는 머리가 아프고, 열이 나요.

B Wàibian xià xuě le.
外边下雪了。
밖에 눈이 온다.

B Yìtiān chī sān cì jiù xíng.
一天吃三次就行。
하루에 세 번 드시면 됩니다.

실력 쑥쑥

1 잘 듣고, 알맞은 그림에 ✔표시를 해 봅시다. (118)

❶   ☐   ☑   ❷   ☑   ☐

2 단어를 배열하여 문장을 완성해 봅시다.

❶ | jiā | zài | yóuxì | wánr |

➡ Wǒmen _zài jiā wánr yóuxì_________ ba.

❷ | 就 | 三次 | 行 | 吃 |

➡ 一天 _吃三次就行_________。

3 알맞은 대답을 연결하고 짝과 대화해 봅시다.

❶ A Jīntiān tiānqì zěnmeyàng?   ✕   B Wǒ tóuténg、fāshāo.

❷ A Nǐ nǎr bù shūfu?   B Wàibian xià xuě le.

❸ A Zěnme chī?   B Yìtiān chī sān cì jiù xíng.

가로세로 퍼즐

• 단어에 해당하는 한어병음을 쓰고 가로세로 퍼즐을 완성해 봅시다. (※성조 제외)

❶ 밖	wàibian		❶ 열이나다	
❷ 마치 ~인 것 같다			❷ 내리다	
❸ 바람			❸ ~하면 된다	
❹ 편안하다			❹ 눈	
❺ 치아			❺ 번호	

신년 카드 만들기

■ 신년 카드를 만들어 친구들에게 보내 봅시다.

① 카드 도안(부록 165쪽)을 오려 준비하고,
문구를 적는다.

② 점선을 따라 반으로 접고, 자르는 선을 따라
자른 후 접어 세운다.

③ 접어 세운 부분에 그림을 붙인다.

④ 카드를 꾸미고 완성!

新年快乐!
Xīnnián kuàilè!
새해 복 많이 받으세요!

万事如意!
Wànshì rúyì!
모든 일이 뜻대로 되길 바라요!

身体健康!
Shēntǐ jiànkāng!
건강하세요!

恭喜发财!
Gōngxǐ fācái!
부자 되세요!

친구들과 인사를 나누며 카드를 교환해 보자.

단어 新年 xīnnián 새해　身体 shēntǐ 신체, 몸　健康 jiànkāng 건강하다
恭喜 gōngxǐ 축하하다　发财 fācái 돈을 벌다

Tip

중국어 명언 명구

- 不怕慢，只怕站。
  Bú pà màn, zhǐ pà zhàn.
  늦은 것은 두렵지 않다. 다만 두려운 것은 멈춰서는 것이다.
- 有志者事竟成。
  Yǒu zhì zhě shì jìng chéng
  뜻이 있는 자는 언젠가 그 꿈을 이룬다.
- 自强不息
  zìqiángbùxī
  스스로 강해지기 위해 쉬지 않는다
- 好运连连
  hǎoyùn liánlián
  행운이 가득하길 바라
- 六六大顺
  liù liù dà shùn
  하는 일마다 술~술 잘 풀리시길 바라
- 多多保重。
  Duōduō bǎozhòng.
  건강 조심하세요
- 学习进步。
  Xuéxí jìnbù.
  공부 실력이 향상되길 바라
- 天天幸福
  tiāntiān xìngfú
  행복하세요

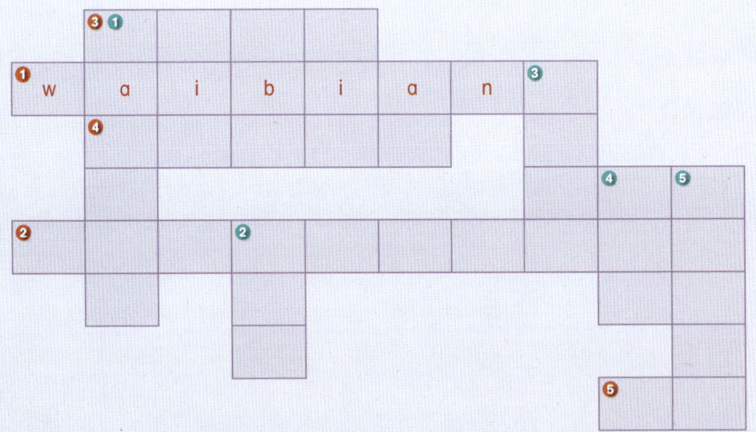

문화

계절별 안성맞춤 중국 여행

중국은 영토가 넓어 다양한 지형과 기후가 나타납니다. 계절에 따른 안성맞춤 중국 여행지를 소개합니다.

봄의 도시 쿤밍

윈난성의 성도인 쿤밍은 '봄의 도시'라고 불립니다. 1년 내내 봄과 같은 날씨를 지닌 지역으로 온화한 날씨 덕에 휴양을 즐기러 오는 관광객이 많습니다.

동양의 하와이 하이난

중국의 가장 남쪽에 있는 하이난은 울창한 야자나무, 반짝이는 바다, 따사로운 태양이 동남아 휴양지에 온 것 같은 느낌을 주는 곳입니다. 특히 하이난의 남쪽 싼야 지역에는 리조트와 관광지가 대규모로 조성되어 있습니다.

❶ 쿤밍은 윈난성의 성도로, '봄의 도시'라고 불립니다. Ⓞ Ⓧ

❷ 동양의 하와이 하이난에는 안중근 의사를 기리는 기념관이 있다. Ⓞ Ⓧ

역사의 발자취

시안(西安)

중국 산시성의 성도. 현재 중국 북서부의중점 개발 도시로, 진나라 수도였으며, 당나라 때는 '장안'이라 불렸다.

둔황(敦煌)

중국 간쑤성에 위치한 도시. 과거 중원에서 서역으로 향하는 실크로드의 관문 도시로 번영했다.

중국의 자연

중국은 서쪽이 높고 동쪽이 낮은 지형이다. 산지와 고원, 구릉이 육지 면적의 67%를 차지하고, 분지와 평원은 육지 면적의 33%를 차지한다. 기후는 남과 북의 차이가 뚜렷하다. 겨울철에는 남과 북의 기온차가 크지만 여름철에는 남북 모두 높은 편이다. 또 동쪽은 건조하고 서쪽은 습도가 높은데, 국토가 넓은 만큼 기후 특징이 지역별로 다양하다.

구이린(桂林) 광시좡족 자치구의 도시. "계림의 산수는 천하 으뜸(桂林山水甲天下)"이라는 말이 있을 만큼 자연 경관이 빼어난 중국 제일의 관광지이다

MEMO

겨울왕국 **하얼빈**

겨울이 길고 추워 '얼음도시'라는 별명이 있으며, 매년 1월 5일경 개막해서 한 달 정도 열리는 빙덩제는 세계 3대 겨울 축제로 손꼽힙니다. 하얼빈역에는 안중근 의사를 기리는 기념관이 있습니다.

천하의 절경 **황산**

황산은 중국 10대 명산 중 하나로 중국에서 가장 아름다운 산입니다. "오악을 보고 오니 다른 산이 눈에 안 차고, 황산을 보고 오니 오악이 눈에 안 찬다."는 말이 있을 정도입니다.

활동

가 보고 싶은 중국 여행지를 조사하고 발표해 봅시다.

문화 Plus⁺

[임시정부 이동경로]

상하이 임시정부

충칭 임시정부

활동 예시

장자제(张家界) 후난성 북서부의 도시로, 무릉도원을 빼닮은 자연경관으로 유명하다. 수억 년 전 바다였던 석영 사암 지대가 지각 변동으로 땅 위로 솟아올라 깊은 협곡과 기이한 봉우리 등 절경을 이루고 있다.

나만의 중국 문화 요약 노트

01 B의 대답으로 가장 알맞은 것은?

> A: 今天天气怎么样?
> B: (   )

① 没关系。
② 我喜欢打篮球。
③ 外边下雪了。
④ 我们在家玩游戏吧。
⑤ 不过很好吃。

01

'今天天气怎么样?'은 '오늘 날씨 어때?' 라는 뜻으로, 날씨에 대해 묻는 표현입니다.

02 단어와 뜻의 연결이 알맞은 것은?

① 刮风 – 비가 온다
② 下雪 – 바람이 분다
③ 晴天 – 날씨가 맑다
④ 阴天 – 눈이 온다
⑤ 下雨– 날씨가 흐리다

02

① 刮风 - 바람이 분다
② 下雪 - 눈이 온다
③ 晴天 - 날씨가 맑다
④ 阴天 - 날씨가 흐리다
⑤ 下雨- 비가 온다

03 '~해 죽겠다'는 뜻으로 정도의 심함을 나타내는 말은?

① hǎo le　　　② chī le　　　③ lěng le
④ sǐ le　　　⑤ kàn le

03

'sǐ le' 는 '~해 죽겠다' 는 뜻으로 정도가 심함을 나타낸다.
예) 'èsǐ le' 는 '배고파 죽겠다' 를 의미한다.

04 빈칸에 들어갈 말로 알맞은 것은?

> A: Jīntiān (   ) zuótiān lěng
> 뜻: 오늘은 어제보다 춥다.

① hǎo　　　② kàn　　　③ rè
④ wánr　　　⑤ bǐ

04

'bǐ' 는 '~보다' 라는 뜻으로, 비교할 때 사용된다.

05 전화번호에서 숫자 '1'을 나타내는 단어로 알맞은 것은?

① yī ② èr ③ yāo
④ yǎn ⑤ yǒu

06 빈칸에 공통으로 들어갈 말로 알맞은 것은?

> A: zěnme (   )?
> 어떻게 먹나요?
> B: Yìtiān (   ) sān cì jiù xíng
> 하루에 세 번 드시면 됩니다.

① jǐ ② chī ③ kàn
④ shūfu ⑤ yóuxì

07 단어와 뜻의 연결이 알맞은 것은?

① 咳嗽 – 배가 아프다
② 肚子疼 – 콧물이 나다
③ 头疼 – 머리가 아프다
④ 流鼻涕 – 열이 나다
⑤ 发烧 – 기침이 나다

08 중국의 여행지와 관련된 설명으로 알맞지 <u>않은</u> 것은?

① 쿤밍은 윈낭성의 성도입니다.
② 하이난은 중국의 가장 남쪽에 있어서 따뜻합니다.
③ 싼야는 하이난의 북쪽 지역에 위치합니다.
④ 하얼빈은 겨울에 세계 3대 겨울 축제인 빙덩제가 열립니다.
⑤ 황산은 중국 10대 명산 중 하나입니다.

부록

你	你
nǐ 너	nǐ

好	好
hǎo 안녕하다, 좋다	hǎo

们	们
men ~들(복수를 나타냄)	men

再 见	再 见
zàijiàn 잘 가, 안녕(작별 인사)	zàijiàn

明 天	明 天
míngtiān 내일	míngtiān

他	他
tā 그	tā

谢 谢	谢 谢			
xièxie 고맙다	xièxie			

不	不			
bù ~이/가 아니다	bù			

客 气	客 气			
kèqi 예의를 차리다	kèqi			

对 不 起	对 不 起	
duìbuqǐ 미안하다	duìbuqǐ	

没	没			
méi 없다	méi			

关 系	关 系			
guānxi 관계	guānxi			

叫	叫					
jiào ~(이)라고 부르다	jiào					

什 么	什 么			
shénme 무엇, 무슨	shénme			

名 字	名 字			
míngzi 이름	míngzi			

呢	呢					
ne ~은/는요?	ne					

认 识	认 识			
rènshi 알다	rènshi			

高 兴	高 兴			
gāoxing 기쁘다	gāoxing			

是 是 shì ~이다 shì
哪 哪 nǎ 어느 nǎ
国 国 guó 나라 guó
人 人 rén 사람 rén
也 也 yě ~도, 역시 yě
吗 吗 ma ~입니까? ma

这	这							
zhè 이(것), 이 사람	zhè							

谁	谁							
shéi 누구	shéi							

的	的							
de ~의	de							

多	多							
duō 얼마나	duō							

大	大							
dà (나이가) 많다	dà							

岁	岁							
suì 살, 세	suì							

有
yǒu 있다, 가지고 있다
yǒu

弟 弟
dìdi 남동생
dìdi

没 有
méiyǒu 없다
méiyǒu

个
ge 명, 개[사람, 사물을 세는 단위]
ge

几
jǐ 몇
jǐ

年 级
niánjí 학년
niánjí

今	天	今	天			
jīntiān 오늘 / jīntiān

月	月				
yuè 월 / yuè

号	号					
hào 일 / hào

那	那					
nà 그러면 / nà

星	期	星	期			
xīngqī 요일 / xīngqī

现	在	现	在			
xiànzài 지금 / xiànzài

点 | 点
diǎn 시 | diǎn

分 | 分
fēn 분 | fēn

吃 | 吃
chī 먹다 | chī

饭 | 饭
fàn 밥 | fàn

半 | 半
bàn 반(30분) | bàn

吧 | 吧
ba ~하자 | ba

爱 好	爱 好			
àihào 취미	àihào			

喜 欢	喜 欢			
xǐhuan 좋아하다	xǐhuan			

画	画			
huà (그림을) 그리다	huà			

拍	拍			
pāi (사진을) 찍다	pāi			

棒	棒			
bàng 훌륭하다	bàng			

点 赞	点 赞			
diǎnzàn '좋아요'를 누르다	diǎnzàn			

| 将来 | | 将来 | | | | | |
| jiānglái 장래, 장차 | | jiānglái | | | | | |

| 想 | 想 | | | | | | |
| xiǎng ~하고 싶다 | | xiǎng | | | | | |

| 当 | 当 | | | | | | |
| dāng ~이/가 되다 | | dāng | | | | | |

| 会 | 会 | | | | | | |
| huì (배워서) 할 수 있다 | | huì | | | | | |

| 做 | 做 | | | | | | |
| zuò ~하다 | | zuò | | | | | |

| 运动 | | 运动 | | | | | |
| yùndòng 운동 | | yùndòng | | | | | |

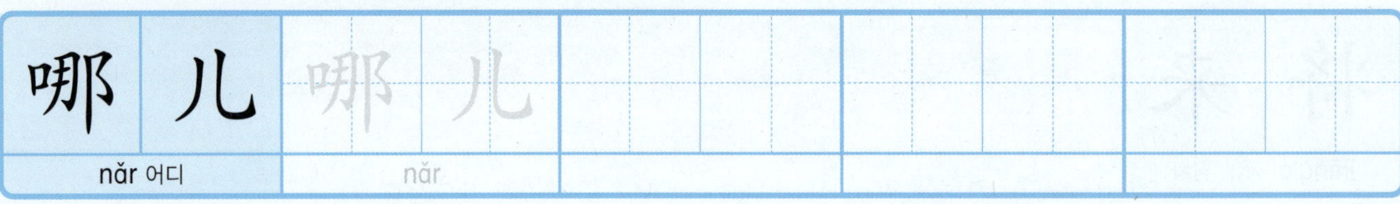

哪 儿 　哪 儿
nǎr 어디　　nǎr

怎 么 　怎 么
zěnme 어떻게　　zěnme

坐 　坐
zuò 타다　　zuò

地 铁 　地 铁
dìtiě 지하철　　dìtiě

公 交 车 　公 交 车
gōngjiāochē 버스　　gōngjiāochē

堵 车 　堵 车
dǔchē 차가 막히다　　dǔchē

骑
骑
qí (말, 자전거를) 타다
qí

飞 机
飞 机
fēijī 비행기
fēijī

请 问
请 问
qǐngwèn 말씀 좀 여쭙겠습니다
qǐngwèn

图 书 馆
图 书 馆
túshūguǎn 도서관
túshūguǎn

离
离
lí ~로부터, ~에서
lí

医 院
医 院
yīyuàn 병원
yīyuàn

要 要
yào ~하려고 하다 | yào

买 买
mǎi 사다 | mǎi

多 少 多 少
duōshao 얼마 | duōshao

钱 钱
qián 돈 | qián

贵 贵
piányi 비싸다 | piányi

便 宜 便 宜
piányi 싸다 | piányi

请	请				
qǐng 청하다	shì				

这 个	这 个		
zhège 이것	zhège		

零	零			
líng 0, 영	líng		

鞋	鞋			
xié 신발	xié		

打 折	打 折		
dǎzhé 할인하다	dǎzhé		

本	本			
běn 권[양사]	běn		

味 道
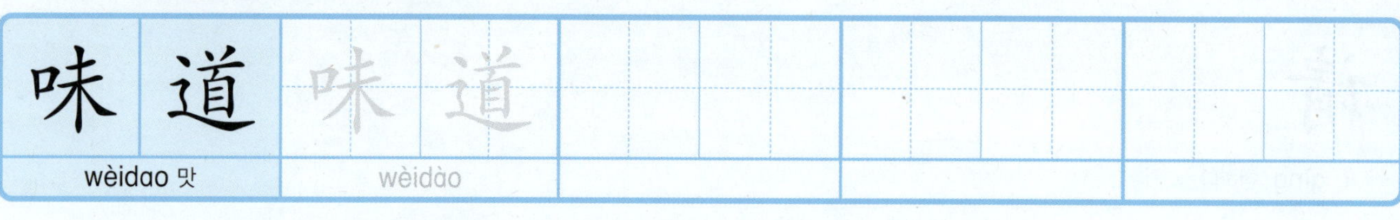
wèidao 맛 — wèidào

怎 么 样
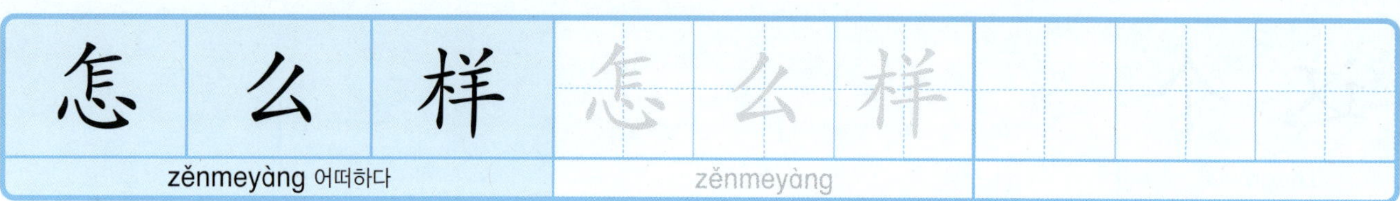
zěnmeyàng 어떠하다 — zěnmeyàng

咸
xián 짜다 — xián

和
hé ~와/과 — hé

点
diǎn 주문하다 — diǎn

甜
tián 달다 — tián

杯 杯
bēi 잔 bēi

请 客 请 客
qǐngkè 대접하다, 한턱내다 qǐngkè

外 卖 外 卖
wàimài 배달 음식 wàimài

筷 子 筷 子
kuàizi 젓가락 kuàizi

市 场 市 场
shìchǎng 시장 shìchǎng

垃 圾 垃 圾
lājī 쓰레기 lājī

| 天 | 气 | 天 | 气 | | | | | | |

tiānqì 날씨 tiānqì

| 雪 | 雪 | | | | | | 雪 |

xuě 눈 xuě

| 冷 | 冷 | | | | | | |

lěng 춥다, 차다 lěng

| 听 | 说 | 听 | 说 | | | | | | |

tīngshuō 듣건대 tīngshuō

| 刮 | 刮 | | | | | | | |

guā 불다 guā

| 凉 | 快 | 凉 | 快 | | | | | | |

liángkuai 선선하다 liángkuai

喂　喂
wèi 여보세요　shūfu

舒服　舒服
shūfu 편안하다　shūfu

好像　好像
hǎoxiàng 마치 ~인 것 같다　hǎoxiàng

感冒　感冒
gǎnmào 감기(에 걸리다)　gǎnmào

流　流
liú 흐르다　liú

热　热
rè 덥다　rè

	한자	한어병음	뜻		한자	한어병음	뜻
1	你		너	15	不		~이/가 아니다
2		hǎo	안녕하다, 좋다	16	客气	kèqi	
3	们	men		17	对不起	duìbuqǐ	미안하다
4	再见		잘 가, 안녕 (작별 인사)	18	没		없다
5		míngtiān	내일	19		guānxi	관계
6	见	jiàn		20	谢		감사하다
7	大家		여러분	21	多		많다
8		zǎoshang	아침	22	看	kàn	
9	晚上	wǎnshang		23	事		일
10	我		나	24		lǎoshī	선생님
11		nín	당신(你 nǐ의 존칭)	25	同学		급우, 학우
12	他			26	爸爸	bàba	
13		tā	그녀	27	妈妈	māma	
14	谢谢		고맙다				

	한자	한어병음	뜻		한자	한어병음	뜻
1	叫		~(이)라고 부르다	16	也	yě	
2	什么	shénme		17		ma	~입니까?
3		míngzi	이름	18	韩国	Hánguó	
4	呢		~은/는요?	19	美国	Měiguó	미국
5	认识	rènshi		20		Rìběn	일본
6		hěn	매우	21	西班牙	Xībānyá	
7		gāoxìng	기쁘다	22	学生		학생
8	去	qù		23	南丁格尔	Nándīnggé'ěr	
9	忙		바쁘다	24	英国		영국
10	漂亮		예쁘다	25	贝多芬	Bèiduōfén	
11	是	shì		26		Déguó	독일
12		nǎ	어느	27	居里	Jūlǐ	
13	国		나라	28	法国		프랑스
14	人	rén		29	甘地	Gāndì	
15	中国		중국	30	印度		인도

	한자	한어병음	뜻
1	真	zhēn	
2	帅		잘생기다, 멋지다
3	这	zhè	
4		shéi	누구
5	的	de	
6	朋友		친구
7		duō	얼마나
8	大	dà	
9	岁		살, 세
10	了	le	
11	那	nà	
12		shū	책
13		yǐzi	의자
14	书包		책가방
15	高	gāo	
16		cháng	길다
17	重		무겁다
18	长城	Chángchéng	

	한자	한어병음	뜻
19	有		있다, 가지고 있다
20	弟弟	dìdi	
21		méiyǒu	없다
22	个		명, 개[사람, 사물을 세는 단위]
23	哥哥	gēge	
24		shàng	(~에) 다니다
25	几		몇
26	年级	niánjí	
27		gāozhōng	고등학교
28	小		작다
29	狗	gǒu	
30		shǒujī	휴대 전화
31	姐姐	jiějie	
32	妹妹	mèimei	
33		liǎng	2, 둘
34		kě'ài	귀엽다
35	聪明		똑똑하다

	한자	한어병음	뜻		한자	한어병음	뜻
1		jīntiān	오늘	16		bàn	반(30분)
2	月		월	17	吧	ba	
3	号	hào		18	刻		15분
4		nà	그러면	19		qǐchuáng	기상하다
5	星期		요일	20	回	huí	
6	前天	qiántiān		21	家		집
7		zuótiān	어제	22		shuìjiào	잠을 자다
8	后天		모레	23	劳动节	Láodòng Jié	
9	天	tiān		24	生日		생일
10	星期日		일요일	25		yīnyuè	음악
11		xiànzài	지금	26	考试		시험
12	点			27	上学		등교하다
13		fēn	분	28	上课	shàngkè	
14	吃	chī		29		sànbù	산책하다
15	饭		밥				

	한자	한어병음	뜻		한자	한어병음	뜻
1		àihào	취미	20	会		(배워서) 할 수 있다
2	喜欢		좋아하다	21	做	zuò	
3	画	huà		22		yùndòng	운동
4		huàr	그림	23	游泳		수영(하다)
5	拍		(사진을) 찍다	24	打	dǎ	
6	视频	shìpín		25		pīngpāngqiú	탁구
7		bàng	훌륭하다	26	喝		마시다
8	给		~에게	27	茶	chá	
9	点赞	diǎnzàn		28		gēshǒu	가수
10		shàngwǎng	인터넷을 하다	29	踢		차다
11	听		듣다	30		lánqiú	농구
12	唱	chàng		31	棒球		야구
13		gē	노래	32	足球	zúqiú	
14	跳舞		춤을 추다	33	厨师	chúshī	
15	电影	diànyǐng		34		cài	요리
16		jiānglái	장래, 장차	35	医生		의사
17	想		~하고 싶다	36	爬	pá	
18	当	dāng		37	山		산
19		tǐyù	체육				

	한자	한어병음	뜻		한자	한어병음	뜻
1	哪儿		어디	20		túshūguǎn	도서관
2		Tiān`ānmén	톈안먼	21	走	zǒu	
3	怎么	zěnme		22		yìzhí	곧장, 쭉
4	坐		타다	23	往		~을/를 향하여
5		gōngjiāochē	버스	24	前	qián	
6	堵车	dǔchē		25	就		바로, 곧
7	地铁		지하철	26		lí	~로부터, ~에서
8	洗手间	xǐshǒujiān		27	这儿	zhèr	
9		zài	~에 있다	28	远		멀다
10	写		쓰다	29		bú tài	그다지 ~하지 않다
11	办	bàn		30	分钟	fēnzhōng	
12		qí	타다	31	到		도착하다, 도달하다
13	火车	huǒchē		32		zuǒ	왼쪽
14	出租车		택시	33	拐	guǎi	
15		chuán	배	34	右		오른쪽
16	飞机	fēijī		35		cāntīng	식당
17		zìxíngchē	자전거	36	医院	yīyuàn	
18	马		말	37	超市		슈퍼마켓
19	请问		말씀 좀 여쭙겠습니다				

	한자	한어병음	뜻		한자	한어병음	뜻
1		yào	~하려고 하다	21		jiǎo	자오[화폐 단위]
2	买	mǎi		22	零		0, 영
3	旗袍		치파오	23	双	shuāng	
4		jiàn	벌[양사]	24		xié	신발
5	多少	duōshao		25	打折		할인하다
6	钱		돈	26	红色	hóngsè	
7		bǎi	100, 백	27		de	~인 것
8	块	kuài		28	试		시범 삼아 해 보다
9	太		너무	29	要	yào	
10		guì	비싸다	30		tiáo	개, 벌[길고 가느다란 하의 종류나 소품을 세는 양사]
11	便宜	piányi		31	裙子		치마
12	一点儿		조금, 약간	32	张	zhāng	
13		qǐng	청하다	33		piào	표
14	扫	sǎo		34	本		권[양사]
15	一下		한번 ~해 보다	35	送	sòng	
16		mǎ	코드(숫자를 나타내는 부호)	36		dǐng	개[꼭대기에 있는 물건을 세는 단위]
17	这个		이것	37	帽子		모자
18	元	yuán		38	袜子	wàzi	
19	毛		마오[화폐 단위]	39		kùzi	바지
20		fēn	펀[화폐 단위]				

	한자	한어병음	뜻		한자	한어병음	뜻
1	炸酱面	zhájiàngmiàn		22	麻辣烫		마라탕
2	味道		맛	23		zánmen	우리
3		zěnmeyàng	어떠하다	24	叫	jiào	
4	觉得	juéde		25	外卖		배달 음식
5	有点儿		조금, 약간	26		xūyào	필요하다
6		xián	짜다	27	一次性	yícìxìng	
7	不过	búguò		28	筷子		젓가락
8	好吃		맛있다	29		bǎohù	보호(하다)
9		lái	(어떤 동작을) 하다	30	环境		환경
10	碗	wǎn		31	传统	chuántǒng	
11	和		~와/과	32		shìchǎng	시장
12		píng	병[양사]	33	烤鸭	kǎoyā	
13	水	shuǐ		34	用		사용하다
14	点		주문하다	35		bǎowēnbēi	텀블러
15		suān	시다	36	垃圾	lājī	
16	甜	tián		37	分类		분류하다
17	苦		쓰다	38		huǒguō	훠궈
18		là	맵다	39	酸辣汤		쏸라탕
19	杯	bēi		40	糖葫芦	tánghúlu	탕후루
20	咖啡		커피	41	奶茶	nǎichá	
21	请客	qǐngkè	대접하다, 한턱내다	42	京剧		경극

	한자	한어병음	뜻		한자	한어병음	뜻
1		tiānqì	날씨	22		shūfu	편안하다
2	外边	wàibian		23	头疼		머리가 아프다
3	下		내리다	24	发烧	fāshāo	
4		xuě	눈	25		hǎoxiàng	마치 ~인 것 같다
5	冷	lěng		26	感冒		감기(에 걸리다)
6	死		죽다	27	药	yào	
7	听说	tīngshuō		28		cì	번, 차례
8	比	bǐ		29	行		좋다, 괜찮다
9	更		더욱	30		hàomǎ	번호
10		zài	~에서	31	肚子		배
11	玩儿	wánr		32	疼	téng	
12		yóuxì	게임	33		liú	흐르다
13	雨		비	34	鼻涕		콧물
14		guā	불다	35	咳嗽	késou	
15	风	fēng		36			잊다
16	阴		흐리다	37	了	le	
17		qíng	맑다	38		zuòyè	숙제
18	饿		배고프다	39	暖和		따뜻하다
19	累	lèi		40	热	rè	
20	凉快	liángkuai		41		yá	치아
21		wèi	여보세요				

쓰기 노트

1 你好!

Nǐ hǎo!

해석

2 再见!

Zàijiàn!

해석

3 谢谢!

Xièxie!

해석

4 不客气。

Bú kèqi.

해석

5 对不起!

Duìbuqǐ!

해석

6 没关系。

Méi guānxi.

해석

1 你叫什么名字?

해석

Nǐ jiào shénme míngzi?

2 我叫晶晶，你呢?

해석

Wǒ jiào Jīngjing, nǐ ne?

3 认识你很高兴。

해석

Rènshi nǐ hěn gāoxìng.

4 你是哪国人?

해석

Nǐ shì nǎ guó rén?

5 我是中国人。

해석

Wǒ shì Zhōngguórén.

6 你也是中国人吗?

해석

Nǐ yě shì Zhōngguórén ma?

쓰기 노트

1 真帅！这是谁？

Zhēn shuài! zhè shì shéi?

해석

2 这是我的中国朋友。

Zhè shì wǒ de Zhōngguó péngyou.

해석

3 他多大？

Tā duō dà?

해석

4 他十八岁了。

Tā shíbā suì le.

해석

5 没有，我有一个哥哥。

Méiyǒu, wǒ yǒu yí ge gēge.

해석

6 他上高中三年级。

Tā shàng gāozhōng sān niánjí.

해석

쓰기 노트

1 今天是几月几号?

Jīntiān shì jǐ yuè jǐ hào?

해석

2 五月七号。

Wǔ yuè qī hào.

해석

3 那明天星期几?

Nà míngtiān xīngqījǐ?

해석

4 现在几点?

Xiànzài jǐ diǎn?

해석

5 四点二十分。

Sì diǎn èrshí fēn.

해석

6 我们几点吃饭?

Wǒmen jǐ diǎn chī fàn?

해석

쓰기 노트

❶ 你有什么爱好?

Nǐ yǒu shénme àihào?

❷ 我喜欢画画儿。这是我拍的视频。

Wǒ xǐhuan huà huàr. Zhè shì wǒ pāi de shìpín.

❸ 真棒! 我给你点赞!

Zhēn bàng! Wǒ gěi nǐ diǎnzàn!

❹ 你将来想当什么?

Nǐ jiānglái xiǎng dāng shénme?

❺ 我想当体育老师。

Wǒ xiǎng dāng tǐyù lǎoshī.

❻ 我会游泳、打乒乓球。

Wǒ huì yóuyǒng, dǎ pīngpāngqiú.

쓰기 노트

1 你去哪儿?

Nǐ qù nǎr?

해석

2 怎么去?

Zěnme qù?

해석

3 现在堵车，坐地铁吧。

Xiànzài dǔchē, zuò dìtiě ba.

해석

4 请问，图书馆怎么走?

Qǐngwèn, túshūguǎn zěnme zǒu?

해석

5 一直往前走就是。

Yìzhí wǎng qián zǒu jiù shì.

해석

6 不太远，走五分钟就到。

Bú tài yuǎn, zǒu wǔ fēnzhōng jiù dào.

해석

8과 쓰기 노트

1 我要买旗袍，这件多少钱？

Wǒ yào mǎi qípáo, zhè jiàn duōshao qián?

해석

2 太贵了，便宜点儿吧。

Tài guì le, piányi diǎnr ba.

해석

3 三百二，请扫一下码。

Sānbǎi èr, qǐng sǎo yíxià mǎ.

해석

4 大家好，这双鞋打八折。

Dàjiā hǎo, zhè shuāng xié dǎ bā zhé.

해석

5 有红色的吗？

Yǒu hóngsè de ma?

해석

6 谢谢，我要这双了。

Xièxie, wǒ yào zhè shuāng le.

해석

쓰기 노트

① 炸酱面的味道怎么样?

Zhájiàngmiàn de wèidao zěnmeyàng?

② 我觉得有点儿咸，不过很好吃。

Wǒ juéde yǒudiǎnr xián, búguò hěn hǎochī.

③ 好，来两碗炸酱面和一瓶水吧。

Hǎo, lái liǎng wǎn zhájiàngmiàn hé yì píng shuǐ ba.

④ 你吃过麻辣烫吗?

Nǐ chīguo málàtàng ma?

⑤ 咱们叫外卖吧。

Zánmen jiào wàimài ba.

⑥ 不，我们要保护环境。

Bù, wǒmen yào bǎohù huánjìng.

쓰기 노트

1 今天天气怎么样？

Jīntiān tiānqì zěnmeyàng?

해석

2 听说明天比今天更冷。

Tīngshuō míngtiān bǐ jīntiān gèng lěng.

해석

3 那我们在家玩儿游戏吧。

Nà wǒmen zài jiā wánr yóuxì ba.

해석

4 你哪儿不舒服？

Nǐ nǎr bù shūfu?

해석

5 我头疼、发烧。好像感冒了。

Wǒ tóuténg, fāshāo. Hǎoxiàng gǎnmào le.

해석

6 一天吃三次就行。

Yìtiān chī sān cì jiù xíng.

해석

친구들
你好!
Nǐ hǎo!

왕둥
你们好!
Nǐmen hǎo!

김대한
再见!
Zàijiàn!

장리리
明天见!
Míngtiān jiàn!

해석

이나영, 장리리	안녕!
왕둥	얘들아 안녕!
김대한	잘 가!
장리리	내일 봐!

이나영 **谢谢！**
Xièxie!

장리리 **不客气。**
Bú kèqi.

김대한 **对不起！**
Duìbuqǐ!

장리리 **没关系。**
Méi guānxi.

해석

| 이나영 | 고마워! |
| 장리리 | 천만에! |

| 김대한 | 미안해! |
| 장리리 | 괜찮아! |

김대한
你叫什么名字?
Nǐ jiào shénme míngzi?

AI징징
我叫晶晶，你呢?
Wǒ jiào Jīngjing, nǐ ne?

김대한
我叫金大韩。
Wǒ jiào Jīn Dàhán.

AI징징
认识你很高兴。
Rènshi nǐ hěn gāoxìng.

해석

김대한	네 이름은 뭐니?
AI 징징	나는 징징이라고 해, 너는?
김대한	나는 김대한이야.
AI 징징	너를 알게 되어 매우 기뻐.

이나영	你是哪国人? Nǐ shì nǎ guó rén?

왕둥	我是中国人。 Wǒ shì Zhōngguórén.

이나영	他也是中国人吗? Tā yě shì Zhōngguórén ma?

왕둥	不是，他是韩国人。 Bú shì, tā shì Hánguórén.

해석

이나영	너는 어느 나라 사람이니?
왕둥	나는 중국인이야.
이나영	그도 중국인이니?
왕둥	아니, 그는 한국인이야.

장리리
真帅！这是谁？
Zhēn shuài! Zhè shì shéi?

이나영
这是我的中国朋友。
Zhè shì wǒ de Zhōngguó péngyou.

장리리
他多大？
Tā duō dà?

이나영
他十八岁了。
Tā shíbā suì le.

해석

장리리	진짜 잘생겼다! 이 사람은 누구니?
이나영	이 사람은 나의 중국 친구야.
장리리	그는 몇 살이니?
이나영	그는 18살이야.

김대한
你有弟弟吗?
Nǐ yǒu dìdi ma?

장리리
没有，我有一个哥哥。
Méiyǒu, wǒ yǒu yí ge gēge.

김대한
他上几年级?
Tā shàng jǐ niánjí?

장리리
他上高中三年级。
Tā shàng gāozhōng sān niánjí.

해석

김대한	너는 남동생 있니?
장리리	없어, 나는 오빠가 한 명 있어.
김대한	그는 몇 학년이니?
장리리	그는 고등학교 3학년이야.

이나영   今天是几月几号？
Jīntiān shì jǐ yuè jǐ hào?

AI징징   五月七号。
Wǔ yuè qī hào.

이나영   那明天星期几？
Nà míngtiān xīngqījǐ?

AI징징   星期三。
Xīngqīsān.

해석

이나영	오늘은 몇 월 며칠이니?
AI 징징	5월 7일이야.
이나영	그러면 내일은 무슨 요일이니?
AI 징징	수요일이야.

이나영 现在几点？
Xiànzài jǐ diǎn?

왕둥 四点二十分。
Sì diǎn èrshí fēn.

이나영 我们几点吃饭？
Wǒmen jǐ diǎn chī fàn?

왕둥 六点半吃饭吧。
Liù diǎn bàn chī fàn ba.

해석

이나영	지금 몇 시니?
왕둥	4시 20분이야.
이나영	우리 몇 시에 밥 먹을까?
왕둥	6시 반에 밥 먹자.

나만의 비밀 노트

본문1

이나영
你有什么爱好?
Nǐ yǒu shénme àihào?

왕둥
我喜欢画画儿。
Wǒ xǐhuan huà huàr.

这是我拍的视频。
zhè shì wǒ pāi de shìpín.

이나영
真棒！我给你点赞。
Zhēn bàng! Wǒ gěi nǐ diǎnzàn.

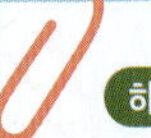

해석

이나영	너는 취미가 뭐니?
왕둥	나는 그림 그리는 것을 좋아해.
	이것이 내가 찍은 영상이야.
이나영	정말 훌륭하다! 내가 '좋아요' 눌러 줄게.

김대한 你将来想当什么？
Nǐ jiānglái xiǎng dāng shénme?

장리리 我想当体育老师。
Wǒ xiǎng dāng tǐyù lǎoshī.

김대한 你会做什么运动？
Nǐ huì zuò shénme yùndòng?

장리리 我会游泳、打乒乓球。
Wǒ huì yóuyǒng、dǎ pīngpāngqiú.

해석

김대한	너는 장래에 뭐가 되고 싶니?
장리리	나는 체육 선생님이 되고 싶어.
김대한	너는 무슨 운동을 할 줄 아니?
장리리	나는 수영이랑 탁구를 할 줄 알아.

왕둥
那英，你去哪儿？
Nàyīng, nǐ qù nǎr?

이나영
我去天安门。
Wǒ qù Tiān'ānmén.

왕둥
怎么去？
Zěnme qù?

이나영
坐公共交去。
Zuò gōngjiāochē qù.

왕둥
现在堵车，坐地铁吧。
Xiànzài dǔchē, zuò dìtiě ba.

해석

왕둥	나영아, 너 어디 가니?
이나영	난 톈안먼에 가.
왕둥	어떻게 가?
이나영	버스를 타고 가.
왕둥	지금 차가 막히니까, 지하철을 타고 가.

김대한　请问，图书馆怎么走？
Qǐngwèn, túshūguǎn zěnme zǒu?

행인　一直往前走就是。
Yìzhí wǎng qián zǒu jiù shì.

김대한　离这儿远吗？
Lí zhèr yuǎn ma?

행인　不太远，走五分钟就到。
Bú tài yuǎn, zǒu wǔ fēnzhōng jiù dào.

해석

김대한	말씀 좀 여쭙겠습니다, 도서관에 어떻게 가나요?
행인	곧장 앞쪽으로 가시면 됩니다.
김대한	여기에서 먼가요?
행인	그다지 멀지 않아요, 5분 걸어가면 바로 도착해요.

이나영
我要买旗袍,
Wǒ yào mǎi qípáo,

这件多少钱?
zhè jiàn duōshao qián?

판매원
三百五十块。
Sānbǎi wǔshí kuài.

이나영
太贵了，便宜点儿吧。
Tài guì le, piányi diǎnr ba.

판매원
好吧, 三百二, 请扫一下码。
Hǎoba, sānbǎi èr, qǐng sǎo yíxià mǎ.

해석

이나영   저는 치파오를 사려고 합니다.
이거 얼마예요?
판매원   350위안이에요.
이나영   너무 비싸네요,
조금 싸게 해 주세요.
판매원   좋아요, 320위안,
QR 코드를 스캔하세요.

쇼호스트	大家好， Dàjiā hǎo,
	这双鞋打八折。 zhè shuāng xié dǎ bā zhé.
왕둥	有红色的吗？ Yǒu hóngsè de ma?
쇼호스트	有，我给你试一下。 Yǒu, wǒ gěi nǐ shì yíxià.
왕둥	谢谢，我要这双了。 Xièxie, wǒ yào zhè shuāng le.

해석

쇼호스트	여러분 안녕하세요! 이 신발은 20% 할인합니다.
왕둥	빨간색 있나요?
쇼호스트	있어요, 제가 신어 봐 드릴게요.
왕둥	감사합니다, 이걸로 할게요.

김대한
炸酱面的味道怎么样?
Zhájiàngmiàn de wèidao zěnmeyàng?

장리리
我觉得有点儿咸，不过很好吃。
Wǒ juéde yǒudiǎnr xián, búguò hěn hǎochī.

김대한
好，来两碗炸酱面和一瓶水吧。
Hǎo, lái liǎng wǎn zhájiàngmiàn hé yì píng shuǐ ba.

장리리
那我来点菜。
Nà wǒ lái diǎn cài.

해석

김대한	짜장면의 맛은 어때?
장리리	내 생각에는 조금 짠 것 같아, 하지만 매우 맛있어.
김대한	좋아, 짜장면 두 그릇과 물 한 병 시키자.
장리리	그럼 내가 주문할게.

왕둥	你吃过麻辣烫吗？ Nǐ chīguo málàtàng ma?
이나영	没吃过，不过很想吃。 Méi chīguo, búguò hěn xiǎng chī.
왕둥	咱们叫外卖吧。 Zánmen jiào wàimài ba.
이나영	好，需要一次性筷子吗？ Hǎo, xūyào yícìxìng kuàizi ma?
왕둥	不，我们要保护环境。 Bù, wǒmen yào bǎohù huánjìng.

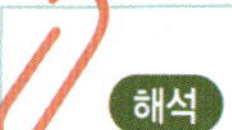

해석

왕둥	너 마라탕 먹어 봤니?
이나영	안 먹어 봤는데, 너무 먹어 보고 싶어.
왕둥	우리 배달시키자.
이나영	좋아, 일회용 젓가락 필요할까?
왕둥	아니, 우리 환경 보호해야지.

김대한
今天天气怎么样?
Jīntiān tiānqì zěnmeyàng?

장리리
外边下雪了，冷死了。
Wàibian xià xuě le, lěngsǐ le.

김대한
听说明天比今天更冷。
Tīngshuō míngtiān bǐ jīntiān gèng lěng.

장리리
是吗? 那我们在家玩儿游戏吧。
Shì ma? Nà wǒmen zài jiā wánr yóuxì ba.

해석

김대한	오늘 날씨 어때?
장리리	밖에 눈이 와, 추워 죽겠어.
김대한	듣자 하니 내일은 오늘보다 더욱 춥다네.
장리리	그래? 그러면 우리 집에서 게임이 나 하자.

의사
喂，你哪儿不舒服？
Wèi , nǐ nǎr bù shūfu?

이나영
我头疼、发烧。好像感冒了。
Wǒ tóuténg、fāshāo. Hǎoxiàng gǎnmào le.

의사
你需要吃药。
Nǐ xūyào chī yào.

이나영
怎么吃？
Zěnme chī?

의사
一天吃三次就行。
Yìtiān chī sān cì jiù xíng.

해석

의사	여보세요, 어디가 불편하신가요?
이나영	저는 머리가 아프고 열이 나요.
	감기 걸린 것 같아요.
의사	약을 드셔야겠네요.
이나영	어떻게 먹나요?
의사	하루 세 번 드시면 됩니다.

01 중국어에 대한 설명으로 옳지 <u>않은</u> 것은?

① 성조는 소리의 높낮이를 가리킨다.
② 중국에서는 중국어를 한어(汉语)라고 한다.
③ 중국어의 표준어를 보통화(普通话)라고 한다.
④ 중국어의 첫소리에 해당하는 자음을 성모라고 한다.
⑤ 획수가 많고 복잡한 한자를 간단하게 만든 번체자를 사용하고 있다.

02 성조에 대한 설명으로 옳지 <u>않은</u> 것은?

① 표준 중국어에는 4개의 성조가 있다.
② 성조를 바꾸면 의미에 변화가 생긴다.
③ 경성은 짧고 가볍게 발음하는 것이다.
④ 제4성은 가장 높은 음에서 길고 평탄하게 내는 소리이다.
⑤ 제2성은 중간 음에서 높은 음으로 올라가듯 내는 소리이다.

03 윗입술과 아랫입술을 붙였다 떼면서 내는 소리에 해당하는 것은?

① b   ② f   ③ z   ④ k   ⑤ ch

04 발화시 밑줄 친 'e'와 발음이 같은 것은?

> m<u>e</u>i

① n<u>e</u>   ② <u>e</u>r   ③ ji<u>e</u>
④ m<u>e</u>n   ⑤ l<u>e</u>ng

05 성모 없이 운모가 단독으로 쓰일 때 표기법이 옳은 것은?

① i → wi   ② u → yu   ③ ie → yie
④ uen → wen   ⑤ üe → yüe

06 대화에서 알 수 있는 의사소통 상황으로 알맞은 것은?

> A: Nǐ hǎo!
> B: Nǐmen hǎo!

① 감사 표현   ② 사과 표현   ③ 이름 묻기
④ 헤어질 때 인사   ⑤ 만났을 때 인사

07 빈칸에 들어갈 대답으로 알맞은 것은?

> A: Xièxie!
> B: ___________!

① Zàijiàn   ② Bú kèqi   ③ Duìbuqǐ
④ Bù hǎoyìsi   ⑤ Méi guānxi

[08~10] 다음 대화를 읽고 물음에 답하시오.

> A: Nǐ ㉠ jiào / míngzi / shénme?
> B: Wǒ jiào Jīngjing, nǐ (㉡)?
> A: Wǒ jiào Jīn Dàhán.
> B: ㉢ Rènshi nǐ hěn gāoxìng.

08 밑줄 친 ㉠을 바르게 나열한 것은?

① jiào míngzi shénme
② shénme míngzi jiào
③ jiào shénme míngzi
④ míngzi shénme jiào
⑤ míngzi jiào shénme

09 ㉡에 들어갈 단어의 한자로 알맞은 것은?

① 呢   ② 们   ③ 你   ④ 吗   ⑤ 很

10 밑줄 친 ㉢을 바르게 해석한 것은?

① 나는 너를 알아   ② 나는 정말 기뻐
③ 나도 많이 반가워   ④ 나는 징징이라고 해
⑤ 너를 알게 되어 매우 기뻐

01 ü로 시작되는 운모와 관련한 한어병음 표기 규칙 1가지를 한 가지 이상의 예를 들어 설명하시오.

02 다음 단어에서 보이는 제3성의 성조 변화를 설명하세요.

lǎoshī

03 다음 표현의 한어병음을 완성하세요.

你是哪国人?
→ Nǐ ___________________?

01 빈칸에 들어갈 수 없는 말은?

> Zhēn ______.

① shuài ② kě'ài ③ piàoliang
④ gāozhōng ⑤ cōngming

02 빈칸에 들어갈 말로 알맞은 것은?

> A: Nǐ yǒu mèimei ma?
> B: ______, wǒ yǒu yí ge jiějie.

① 是 ② 有 ③ 不是 ④ 没有 ⑤ 不好

03 대화의 흐름에 맞추어 빈칸에 들어갈 문장을 순서대로 고른 것은?

> A: ______________?
> B: Zhè shì wǒ de gēge.
> A: ______________?
> B: Tā shí bā suì le.
> A: ______________?
> B: Tā shàng gāozhōng sān niánjí.

〈보기〉 ㉠ Tā duō dà ㉡ Zhè shì shéi
㉢ Tā shàng jǐ niánjí

① ㉠-㉡-㉢ ② ㉠-㉢-㉡ ③ ㉡-㉠-㉢
④ ㉡-㉢-㉠ ⑤ ㉢-㉠-㉡

04 빈칸에 공통으로 들어갈 단어로 알맞은 것은?

> 1) ______是书.
> 2) A: ______明天星期几?
>   B: 星期四.

① 这 ② 那 ③ 不 ④ 我 ⑤ 是

05 중국의 학교생활에 대한 설명으로 옳지 <u>않은</u> 것은?

① 새 학년 시작은 3월이다.
② 점심 시간에 낮잠을 잘 수 있다.
③ 매일 다 같이 눈 체조를 한다.
④ 쉬는 시간에 전교생이 모여 수업 중간 체조를 한다.
⑤ 1학년 때 담임 선생님이 졸업할 때까지 거의 바뀌지 않는다.

06 단어의 뜻이 바르게 연결되지 <u>않은</u> 것은?

① 前天 – 그저께 ② 后天 – 모레
③ 回家 – 귀가하다 ④ 散步 – 산책하다
⑤ 上课 – 등교하다

07 빈칸에 들어갈 문장으로 적절한 것은?

> A: ______________?
> B: Wǒmen yī diǎn chī fàn ba.

① Xiànzài jǐ diǎn
② Míngtiān xīngqī jǐ
③ Jīntiān jǐ yuè jǐ hào
④ Nǐ jǐ diǎn shàngxué
⑤ Wǒmen jǐ diǎn chī fàn

08 시각을 나타내는 중국어 표현으로 옳은 것은?

① 2:00 → èr diǎn
② 4:15 → sì diǎn yí kè
③ 5:30 → wǔ diǎn èr kè
④ 7:45 → qī diǎn sìshíwǔ kè
⑤ 9:20 → jiǔ diǎn liǎng shí fēn

09 그림을 표현한 문장으로 알맞은 것은?

① Wǒ qī diǎn shuìjiào.
② Wǒ qī diǎn qǐchuáng.
③ Wǒ qī diǎn bàn qǐchuáng.
④ Wǒ qī diǎn sān kè qǐchuang.
⑤ Wǒ qī diǎn sānshí fēn shuìjiào.

10 그림과 관련 있는 중국의 명절에 대해 바르게 설명한 것을 〈보기〉에서 고른 것은?

> 〈보기〉
> ㉠ 음력 1월 1일이다.
> ㉡ 보름달을 감상하고 소원을 빈다.
> ㉢ 악귀를 쫓는 의미로 폭죽을 터뜨린다.
> ㉣ 찹쌀밥을 대나무잎에 싸서 찐 쫑즈를 먹는다.

① ㉠, ㉡ ② ㉠, ㉢ ③ ㉡, ㉢ ④ ㉡, ㉣ ⑤ ㉢, ㉣

01 밑줄 친 제시된 단어를 어순에 맞게 배열하고, 문장 전체의 의미를 우리말로 해석하시오.

> Zhè shì [de / wǒ / péngyǒu / Zhōngguó].

1) 배열한 문장 : Zhè shì ________________________.

2) 우리말 해석: ________________________.

02 달력을 보고 질문에 해당하는 대답을 한어병음으로 쓰시오.

5월						
월	화	수	목	금	토	일
			1	2	3	4 我的 生日
5	6	7	8	9	10	11

1) Nǐ de shēngrì shì jǐ yuè jǐ hào?

: ________________________.

2) Nǐ de shēngrì shì xīngqī jǐ?

: ________________________.

03 다음 문장을 부정형으로 바꾸어 간화자로 쓰고, 그 뜻을 쓰세요.

> 今天星期三。

1) 부정형: ________________________.

2) 뜻: ________________________.

01 단어와 뜻의 연결이 알맞지 <u>않은</u> 것은?

① àihào – 취미　　② zúqiú – 족구
③ lánqiú – 농구　　④ bàngqiú – 야구
⑤ yóuyǒng – 수영하다

02 빈칸에 들어갈 말로 알맞은 것은?

> A: Nǐ yǒu shénme ______?
> B: Wǒ xǐhuan huà huàr.

① àihào　　② jiānglái　　③ gēshǒu
④ yónyǒng　　⑤ yùndòng

03 다음을 발음할 때 '不'의 성조로 알맞은 것은?

> 不会做菜。

① 제1성　② 제2성　③ 제3성　④ 제4성　⑤ 경성

04 빈칸에 들어갈 말로 알맞은 것은?

> Wǒ qí ______ shàngbān.
> *shàngbān 출근하다

① fēijī　　② chuán　　③ zìxíngchē
④ chūzūchē　　⑤ gōngjiāochē

05 단어를 순서에 맞게 배열한 것은?

> 吧／现在／地铁／堵车／坐

① 现在坐地铁，堵车吧。　② 堵车现在，坐地铁吧。
③ 坐地铁，现在堵车吧。　④ 坐堵车吧，现在地铁。
⑤ 现在堵车，坐地铁吧。

06 밑줄 친 중국어를 우리말로 알맞게 옮긴 것은?

> A: 请问，图书馆怎么走？
> B: <u>一直往前走就是。</u>

① 왼쪽으로 돌면 됩니다.
② 앞쪽으로 돌면 됩니다.
③ 뒤쪽으로 가시면 됩니다.
④ 곧장 앞쪽으로 가시면 됩니다.
⑤ 사거리에서 우회전 하시면 됩니다.

07 제시된 단어와 성조 배열이 같은 한자는?

> 医院

① 现在　② 怎么　③ 公园　④ 超市　⑤ 堵车

08 빈칸에 들어갈 말이 순서대로 바르게 짝지어진 것은?

> 너무 비싸요! 좀 깎아 주세요!
> 太（　）了！（　）点儿吧！

① 贵 – 便宜　　② 便宜 – 贵　　③ 贵 – 找
④ 找 – 行　　⑤ 行 – 找

09 그림을 한어병음으로 나타낼 때 빈칸에 들어갈 말로 알맞은 것은?

Zhè shuāng xié dǎ （　） zhé.

① èr　② sān　③ wǔ　④ qī　⑤ bā

10 ⓛ을 중국어로 바르게 읽은 것은?

> A: 这个多少钱？
> B: ⓛ三百二。

① sān bǎi èr　　② sān bǎi liǎng
③ sān bǎi èr líng　　④ sān bǎi líng èr
⑤ sān bǎi líng liǎng

01 대화의 흐름에 맞추어 순서대로 나열하시오.

> A. Nǐ jiānglái xiǎng dāng shénme?
> B. Wǒ xiǎng dāng gēshǒu.
> C. Wǒ xiǎng dāng tǐyù lǎoshī, nǐ ne?

02 밑줄친 부분에 해당하는 중국어를 한어병음으로 쓰시오.

> A: Nǐ jiā lí xuéxiào yuǎn ma?
> B: <u>그다지 멀지 않아.</u>

03 중국의 해음 문화와 관련하여 중국 사람들이 좋아하는 숫자를 1가지 예를 들어 설명하시오.

01 단어와 뜻의 연결이 알맞지 <u>않은</u> 것은?

① lājī – 쓰레기 　　 ② wèidao – 전통
③ dǎbāo – 포장하다 　④ fēnlèi – 분류하다
⑤ yícìxìng – 일회용

02 빈칸에 들어갈 말로 알맞은 것은?

> A: Zhájiàngmiàn de wèidao zěnmeyàng?
> B: Wǒ juéde ＿＿＿ xián, búguò hěn hǎochī.

① bù 　　　 ② bútài 　　 ③ xūyào
④ yìdiǎnr 　⑤ yǒudiǎnr

03 빈칸에 공통으로 들어갈 말로 알맞은 것은?

> A: ＿＿＿ liǎng wǎn zhájiàngmiàn hé yì píng
> 　 shuǐ ba.
> B: Nà wǒ ＿＿＿ diǎn ba.

① qù 　② dǎ 　③ yǒu 　④ lái 　⑤ shì

04 빈칸에 들어갈 말로 알맞은 것은?

> A: Nǐ chīguo málàtàng ma?
> B: ＿＿＿, búguò hěn xiǎng chī.

① chī 　　　 ② bù chī 　　③ méi chī
④ bù chīguo 　⑤ méi chīguo

05 중국인들이 아침식사로 주로 먹는 음식이 아닌 것은?

① bāozi 　　 ② yóutiáo 　　③ jiānbing
④ dòujiāng 　⑤ dàzháxiè

06 날씨와 관련된 표현만을 〈보기〉에서 모두 고른 것은?

> 〈보 기〉 a. 下雨 　b. 刮风 　c. 请客 　d. 晴天

① a, c 　　　 ② b, c 　　 ③ a, b, c
④ a, b, d 　⑤ b, c, d

07 빈칸에 공통으로 들어갈 말로 알맞은 것은?

> • Wàibiān xiàxuě le, lěng＿＿＿.
> • Wǒ jīntiān méi chī zǎofàn le, è＿＿＿.
> • Zuótiān wǒ méi shuì le, lèi＿＿＿.

① sǐ le 　　② dào le 　　③ yǒu le
④ shì le 　⑤ hěn le

08 해석에 맞게 보기의 단어를 알맞게 배열한 것은?

> 듣자하니, 내일은 오늘보다 더욱 춥다네.

> 〈보 기〉 a. bǐ 　　 b. gèng 　　 c. lěng
> 　　　　 d. jīntiān 　e. míngtiān 　f. tīngshuō

① f–e–b–c–a–d 　　② f–d–b–c–a–e
③ f–e–a–d–b–c 　　④ f–d–a–e–b–c
⑤ f–d–a–e–c–b

09 그림과 아픈 증상 표현이 알맞지 <u>않은</u> 것은?

① késou 　　② yá téng 　　③ liú bítì
④ dùzi téng 　⑤ fāshāo

10 밑줄 친 문장을 알맞게 읽은 것은?

> A: 你的手机号码是多少？
> B: <u>010–1234–5678.</u>

① líng yī líng – yī èr sān sì –wǔ liù qī bā
② líng yāo líng – yī èr sān sì –wǔ liù qī bā
③ yáng yī yáng – yī èr sān sì –wǔ liù qī bā
④ líng yāo líng – yāo èr sān sì –wǔ liù qī bā
⑤ yáng yāo yáng – yāo èr sān sì –wǔ liù qī bā

01 다음 중국어로 된 대화문을 읽고 그 내용을 〈보기〉의 우리말로 요약하였다. 〈보기〉의 빈칸을 우리말로 채우시오.

왕　둥: 你吃过麻辣烫吗？
이나영: 没吃过，不过很想吃。
왕　둥: 咱们叫外卖吧。
이나영: 好，需要一次性筷子吗？
왕　둥: 不，我们要保护环境。

〈보기〉

왕둥은 이나영에게 __1–1__ 을 먹어보았냐고 물어보았다. 그리고 이나영이 __1–2__ 라고 대답하자 왕둥은 우리 __1–3__ 고 제안한다. 이나영이 찬성하며 __1–4__ 이 필요하냐고 물어보자, 왕둥은 그렇지 않다며 우리는 __________ 해야 한다고 말했다.

1–1.
1–2.
1–3.
1–4.
1–5.

02 밑줄 친 부분에 들어갈 단어를 한어병음으로 쓰시오.

A: Nǐ xūyào chī yào.
B: ____ chī?
A: Yìtiān chī sān cì jiù xíng.

03 밑줄 친 부분에 들어갈 중국어를 한어병음으로 쓰시오.

의사: ____________?
환자: Wǒ tóuténg, fāshāo.

정답 및 해설

제2과 P. 38~39

가로 열쇠

1 zàijiàn
2 guānxi
3 men
4 hǎo
5 zǎoshang

세로 열쇠

6 dàjiā
7 xièxie
8 méi
9 nǐ
10 lǎoshī

제3과 P. 52~53

1 jiào
2 rènshi
3 shénme
4 Hánguó
5 xuésheng
6 míngzi
7 piàoliang
8 hěn
9 gāoxìng
10 guó

가로 열쇠

1. zhēn
2. shéi
3. gāozhōng
4. yǐzi
5. yǒu

세로 열쇠

1. gēge
2. méiyǒu
3. dìdi
4. gāo
5. jǐ

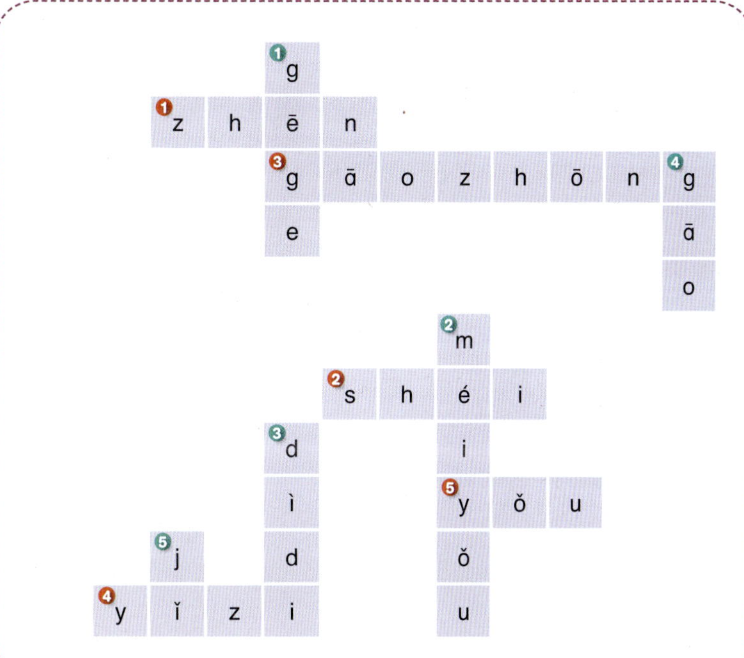

1. xīngqī
2. qiántiān
3. fēn
4. xiànzài
5. diǎn
6. huí
7. kè
8. bàn
9. fàn
10. zuótiān

제6과 P. 94~95

가로 열쇠

1 àihào
2 yùndòng
3 huì
4 jiānglái

세로 열쇠

1 diǎnzàn
2 pāi
3 bàng
4 huàr
5 xiǎng
6 tǐyù

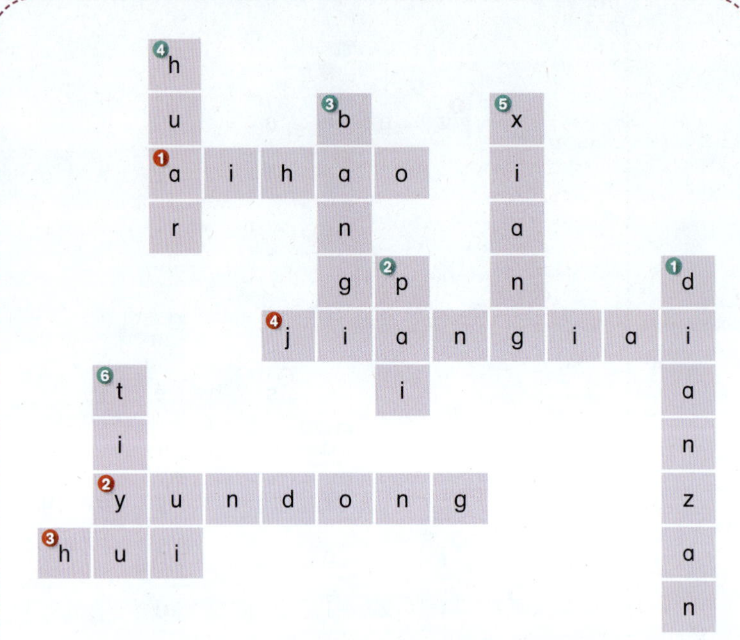

제7과 P. 108~109

1 qù
2 gōngjiāochē
3 zěnme
4 dìtiě
5 túshūguǎn
6 yìzhí
7 qián
8 zhèr
9 yuǎn
10 qǐngwèn

제8과 P. 122~123

가로 열쇠

1. yào
2. duōshao
3. shuāng
4. mǎi yī sòng yī
5. wàzi

세로 열쇠

1. yìdiǎnr
2. sǎo
3. hóngsè
4. tiáo
5. zhāng

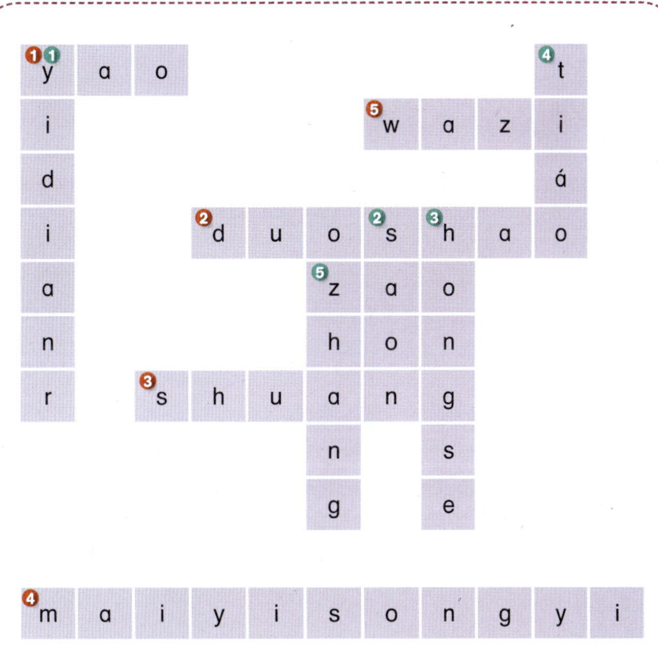

제9과 P. 136~137

1. wàimài
2. xūyào
3. yícìxìng
4. huánjìng
5. yòng
6. kǎoyā
7. lājī
8. fēnlèi
9. kuàizi
10. bǎohù

제10과 P. 15

가로 열쇠

❶ wàibian
❷ hǎoxiàng
❸ fēng
❹ shūfu
❺ yá

세로 열쇠

❶ fāshāo
❷ xià
❸ xíng
❹ xuě
❺ hàomǎ

사진 출처

셔터스톡
152쪽, 214쪽

125쪽

https://mbd.baidu.com/newspage/data/dtlandingsuper?nid=dt_4572934170104566418

153쪽

https://bibletour.tistory.com/1058 (임시정부 이동경로)

https://www.mk.co.kr/news/politics/6936799 (상하이 임시정부)

https://ko.wikipedia.org/wiki/%EC%B6%A9%EC%B9%AD_%EB%8C%80%ED%95%9C%EB%AF%BC%EA%AD_%EC%9E%84%EC%8B%9C%EC%A0%95%EB%B6%80_%EC%B2%AD%EC%82%AC#/media/%ED%8C%8C%EC%9D%BC:%E9%87%8D%E6%85%B6%E5%A4%A7%E9%9F%93%E6%B0%91%E5%9C%8B%E8%87%A8%E6%99%82%E6%94%BF%E5%BA%9C%E9%81%BA%E8%B7%A1%E5%9C%B0-%EC%B6%A9%EC%B9%AD%EB%8C%80%ED%95%9C%EB%AF%BC%EA%AD%EC%9E%84(%EB%A6%BC)%EC%8B%9C%EC%A0%95%EB%B6%80-Chungchingdaehanmingukrimsijeongbu-Interim_government_of_the_Republic_of_Korea_in_Chungking6.jpg (충칭 임시정부)

01	②	02	④	03	①	04	⑤
05	③	06	⑤	07	⑤	08	②

단원 평가 2과   p.42

01	②	02	⑤	03	⑤	04	④
05	②	06	④	07	②	08	①

단원 평가 3과   p.56

01	⑤	02	⑤	03	⑤	04	③
05	③	06	⑤	07	③	08	⑤

단원 평가 4과   p.70

01	③	02	⑤	03	①	04	⑤
05	①	06	②	07	⑤	08	②

단원 평가 5과   p.84

01	④	02	⑤	03	⑤	04	③
05	①	06	①	07	①	08	②

단원 평가 6과   p.98

01	⑤	02	⑤	03	③	04	②
05	①	06	④	07	④	08	②

단원 평가 7과   p.112

01	①	02	②	03	⑤	04	④
05	⑤	06	①	07	④	08	③

단원 평가 8과   p.126

01	④	02	③	03	①	04	③
05	①	06	④	07	④	08	②

단원 평가 9과   p.140

01	①	02	②	03	④	04	⑤
05	④	06	⑤	07	⑤	08	⑤

단원 평가 10과   p.154

01	③	02	③	03	④	04	⑤
05	③	06	②	07	③	08	③

종합 평가 1~3과　　　　p.212

01 ⑤	02 ④	03 ①	04 ③	05 ④
06 ⑤	07 ②	08 ③	09 ①	10 ⑤

[서술형]

01 (1) j, q, x는 ü로 시작되는 운모와 만나면 ü 위의 두 점은 생략한다.

예 j + ü → ju

(2) 영성모일 경우, ü는 yu로 바꾸어 표기한다.

예 üe → yue

02 제3성 뒤에 제1성이 올 경우, 앞의 제3성은 반3성으로 발음한다.

03 shì nǎ guó rén

종합 평가 4~5과　　　　p.214

01 ④	02 ④	03 ③	04 ②	05 ①
06 ⑤	07 ⑤	08 ②	09 ③	10 ②

[서술형]

01 (1) wǒ de Zhōngguó péngyou
(2) 이 사람은 나의 중국 친구이다.

02 (1) Wǒ de shēngrì shì wǔ yuè sì hào.
(2) Wǒ de shēngrì shì xīngqītiān.

03 (1) 今天不是星期三。
(2) 오늘은 수요일이 아니다.

종합 평가 7~8과　　　　p.216

01 ②	02 ①	03 ②	04 ③	05 ⑤
06 ④	07 ④	08 ①	09 ⑤	10 ①

[서술형]

01 A – C – B

02 Bú tài yuǎn.

03 8, '돈을 벌다'의 发财(fācái)의 发(fā) 가 발음이 비슷해서 숫자 8 (八 bā) 을 좋아한다.

종합 평가 9~10과　　　　p.218

01 ②	02 ⑤	03 ④	04 ⑤	05 ⑤
06 ④	07 ①	08 ③	09 ②	10 ④

[서술형]

01 1–1. 마라탕
1–2. 먹어 보지 않았는데 먹어 보고 싶다
1–3. 배달 음식 시키자
1–4. 일회용 젓가락
1–5. 환경 보호

02 Zěnme

03 Nǐ nǎr bù shūfu?

교과서 어휘 색인

G

*甘地	Gāndì	간디[인명]	46
*感冒	gǎnmào	감기(에 걸리다)	128
*高	gāo	(키가) 크다	55
*高考	gāokǎo	가오카오	63
*高铁	gāotiě	고속철도	99
*高兴	gāoxìng	기쁘다	42
*高中	gāozhōng	고등학교	56, 62
*歌	gē	노래	79
*哥哥	gēge	형, 오빠	56
歌手	gēshǒu	가수	81
*个	ge, gè	명, 개[사람, 사물을 세는 단위]	56
*给	gěi	~에게	78
*更	gèng	더욱, 훨씬	126
*功夫	gōngfu	시간	26
*公交车	gōngjiāochē	버스	90
*公园	gōngyuán	공원	91
*恭喜	gōngxǐ	축하하다	38, 133
*拱手	gǒngshǒu	공수	39
*狗	gǒu	개	57
刮	guā	불다	127
*拐	guǎi	돌다	93
*关系	guānxi	관계	32
*光临	guānglín	왕림하다, 오시다	38
*光棍节	Guānggùnjié	광군절	67
*广场舞	guǎngchǎngwǔ	광장무	87
*广东	Guǎngdōng	광둥[지명]	122
*贵	guì	비싸다	102
*国	guó	나라	44
*过	guo	~한 적 있다	116

H

哈喽	hālóu	안녕(Hello의 음역어)	31
嗨	hāi	안녕(Hi의 음역어)	31
*韩国	Hánguó	한국	44
*好	hǎo	안녕하다, 좋다	30
*好吃	hǎochī	맛있다	114
*好像	hǎoxiàng	마치 ~인 것 같다	128
*号	hào	일	66
*号码	hàomǎ	번호	129
*汉语	Hànyǔ	한어	14
*汉语拼音	Hànyǔ Pīnyīn	한어병음	14
汉族	Hànzú	한족	14
*喝	hē	마시다	81
*和	hé	~와/과	114
*很	hěn	매우	42
*红包	hóngbāo	홍바오	74

*红色	hóngsè	붉은색	104
*后天	hòutiān	모레	67
*画	huà	(그림을) 그리다	78
*画儿	huàr	그림	78
*欢迎	huānyíng	환영하다	38
*环境	huánjìng	환경	116
*回	huí	돌아가다	69
*会	huì	(배워서) 할 수 있다	80
*火车	huǒchē	기차	91
火锅	huǒguō	훠궈	118

J

*几	jǐ	몇	56
*家	jiā	집	69
*简化字	jiǎnhuàzì	간화자	14
*剪纸	jiǎnzhǐ	젠즈	111
见	jiàn	만나다	30
*件	jiàn	벌[양사]	102
*毽子	jiànzi	제기	86
*健康	jiànkāng	건강하다	133
*将来	jiānglái	장래	80
角	jiǎo	쟈오[화폐 단위]	103
饺子	jiǎozi	쟈오즈	74
*叫	jiào	~(이)라고 부르다, (배달 음식을) 주문하다	42, 116
*姐姐	jiějie	언니, 누나	57
*金大韩	Jīn Dàhán	김대한[인명]	6
*今天	jīntiān	오늘	66
*京剧	jīngjù	경극	118
*九	jiǔ	9, 아홉	24
*酒	jiǔ	술	110
*就	jiù	바로, 곧	92
*居里	Jūlǐ	퀴리[인명]	46
*觉得	juéde	~라고 생각하다	114

K

*咖啡	kāfēi	커피	115
*看	kàn	보다	33
*考试	kǎoshì	시험	70
*烤鸭	kǎoyā	오리구이	117
*咳嗽	késou	기침	129
*可爱	kě'ài	귀엽다	58
*刻	kè	15분	69
*课间操	kèjiāncāo	중간 체조	62
*客气	kèqi	예의를 차리다	32
*空竹	kōngzhú	공죽	87
*苦	kǔ	쓰다	115
*裤子	kùzi	바지	106

*块	kuài	위안	102
*快乐	kuàilè	즐겁다	73
*筷子	kuàizi	젓가락	116

L

*垃圾	lājī	쓰레기	117
*辣	là	맵다	115
*来	lái	(어떤 동작을) 하다	114
*篮球	lánqiú	농구	81
劳动节	Láodòngjié	노동절	70
*老师	lǎoshī	선생님	34
*了	le	~이 되다(어기조사), ~했다	54, 129
*累	lèi	피곤하다	127
*冷	lěng	춥다, 차다	126
*梨	lí	배	110
*离	lí	~로부터, ~에서	92
*李娜英	Lǐ Nàyīng	이나영[인명]	6
凉快	liángkuai	선선하다	127
*两	liǎng	2, 둘	57
*零	líng	0, 영	103
流	liú	(물 흐르듯이) 흘리다	129
*六	liù	6, 여섯	24

M

*妈妈	māma	어머니	34
麻辣烫	málàtàng	마라탕	116
*麻婆豆腐	mápódòufu	마파두부	122
*马	mǎ	말	91
*吗	ma	~입니까?	44
*码	mǎ	코드(숫자를 나타내는 부호)	102
*买	mǎi	사다	102
*慢走	mànzǒu	조심히 가다	38
*忙	máng	바쁘다	43
*毛	máo	마오[화폐 단위]	103
*帽子	màozi	모자	106
*没	méi	없다	32
*没有	méiyǒu	없다	56
*美国	Měiguó	미국	45
*美女	měinǚ	미녀	50
*妹妹	mèimei	여동생	57
*们	men	~들(복수를 나타냄)	30
*名字	míngzi	이름	42
*明天	míngtiān	내일	30

N

*哪	nǎ	어느	44
*哪儿	nǎr	어디	90
*那	nà	저(것), 그(것), 그러면	55, 66
奶茶	nǎichá	밀크티	118
*呢	ne	~은/는요?	42
*你	nǐ	너	30
*南丁格尔	Nándīnggé'ěr	나이팅게일[인명]	46
*年糕	niángāo	녠가오	74
*年画	niánhuà	연화	111
*年级	niánjí	학년	56
*您	nín	당신(你 nǐ의 존칭)	31
*暖和	nuǎnhuo	따뜻하다	130

P

*爬	pá	(산을) 오르다	82
拍	pāi	(사진을) 찍다	78
*朋友	péngyou	친구	54
*便宜	piányi	싸다	102
*票	piào	표	105
*漂亮	piàoliang	예쁘다	43
*乒乓球	pīngpāngqiú	탁구	80
*瓶	píng	병[양사]	114
*苹果	píngguǒ	사과	110
*普通话	pǔtōnghuà	푸퉁화	14

Q

*七	qī	7, 일곱	24
*骑	qí	타다	91
旗袍	qípáo	치파오	63, 102
*旗开得胜	qíkāi-déshèng	싸우자마자 승리한다	63
*起床	qǐchuáng	기상하다	69
铅笔	qiānbǐ	연필	57
*钱	qián	돈	102
前	qián	앞	92
*前天	qiántiān	그저께	67
轻声	qīngshēng	경성	22
*青藏铁路	Qīng-zàng tiělù	칭짱철도	99
*晴	qíng	맑다	127
*请	qǐng	청하다	102
*请客	qǐngkè	대접하다, 한턱내다	115
*请问	qǐngwèn	말씀 좀 여쭙겠습니다	92
*去	qù	가다	43
*裙子	qúnzi	치마	105

R

*热	rè	덥다	130
*人	rén	사람	44
*人民币	rénmínbì	인민폐	103
*认识	rènshi	알다	42
*日本	Rìběn	일본	45

S

*三	sān	3, 셋	24
*三轮车	sānlúnchē	삼륜차	98
*伞	sǎn	우산	110
*散步	sànbù	산책하다	70
*扫	sǎo	스캔하다	102
*山	shān	산	82
*商店	shāngdiàn	상점	91
*上	shàng	(~에) 다니다	56
*上海	Shànghǎi	상하이[지명]	122
*上课	shàngkè	수업을 하다	70
*上网	shàngwǎng	인터넷을 하다	79
*上学	shàngxué	등교하다	70
*谁	shéi	누구	54
*身体	shēntǐ	신체, 몸	133
*什么	shénme	무엇, 무슨	42
*生日	shēngrì	생일	70
*十	shí	10, 열	24
*事	shì	일	33
*试	shì	시범 삼아 해 보다	104
*是	shì	~이다	44
*市场	shìchǎng	시장	117
*视频	shìpín	영상	78
*手机	shǒujī	휴대 전화	57
*书	shū	책	55
*书包	shūbāo	책가방	55
*舒服	shūfu	편안하다	128
帅	shuài	잘생기다, 멋지다	54
*帅哥	shuàigē	미남	50
*双	shuāng	쌍, 켤레[양사]	104
*水	shuǐ	물	114
*睡觉	shuìjiào	잠을 자다	69
*死	sǐ	죽다	126
*四	sì	4, 넷	24
*四川	Sìchuān	쓰촨[지명]	122
*送	sòng	주다, 선물하다	105
*酸	suān	시다	115
酸辣汤	suānlàtāng	쏸라탕	118
*岁	suì	살, 세	54

T

*他	tā	그	31
*她	tā	그녀	31
*太	tài	너무	102
*太极拳	tàijíquán	태극권	86
*汤	tāng	탕	123
糖葫芦	tánghúlu	탕후루	118
*疼	téng	아프다	129
*踢	tī	차다	81
*体育	tǐyù	체육	80
*天	tiān	날, 일	67
天安门	Tiān'ānmén	톈안먼	90
*天气	tiānqì	날씨	126
*甜	tián	달다	115
*条	tiáo	개, 벌[길고 가느다란 하의 종류나 소품을 세는 양사]	105
*跳舞	tiàowǔ	춤을 추다	79
*听	tīng	듣다	79
*听说	tīngshuō	듣건데	126
*头疼	tóuténg	머리가 아프다	128
*同学	tóngxué	급우, 학우	34
*图书馆	túshūguǎn	도서관	92

W

袜子	wàzi	양말	106
外边	wàibian	밖	126
*外卖	wàimài	배달 음식	116
*玩儿	wánr	놀다	126
*碗	wǎn	그릇[양사]	114
*晚上	wǎnshang	저녁	31
*王东	Wáng Dōng	왕둥[인명]	7
*往	wǎng	~을(를) 향하여	92
*忘	wàng	잊다	129
*喂	wèi	여보세요	128
*味道	wèidao	맛	114
*我	wǒ	나	31
*五	wǔ	5, 다섯	24

X

*西班牙	Xībānyá	스페인	45
*喜欢	xǐhuan	좋아하다	78
*洗手间	xǐshǒujiān	화장실	91
*下	xià	내리다	126
*咸	xián	짜다	114

지은이

유 성 진	동우여자고등학교
임 현 숙	인천고잔고등학교
이 윤 아	고암중학교
차 유 진	광명북고등학교
김 유 현	정자중학교
박 은 진	잠원중학교
서 자 연	화성고등학교

고등학교
중국어
자습서

펴 낸 날	2025년 3월 1일 (초판 1쇄)
펴 낸 이	주민홍
펴 낸 곳	(주)NE능률

개 발 책 임	김지현
개　　발	김장일, 김누리, 조은애
디자인책임	오영숙
디 자 인	민유화, 기지영, 박정이
제 작 책 임	한성일

| 등 록 번 호 | 제1-68호 |
| I S B N | 979-11-253-4969-3 |

＊이 책의 저작권은 (주)NE능률에 있습니다.
＊본 교재의 독창적인 내용에 대한 일체의 무단 전재 모방은 법률로 금지되어 있습니다.

대 표 전 화	02 2014 7114
홈 페 이 지	www.neungyule.com
주　　소	서울시 마포구 월드컵북로 396(상암동) 누리꿈스퀘어 비즈니스타워 10층

제 1 성	제 2 성	제 3 성	제 4 성
ā	á	ǎ	à

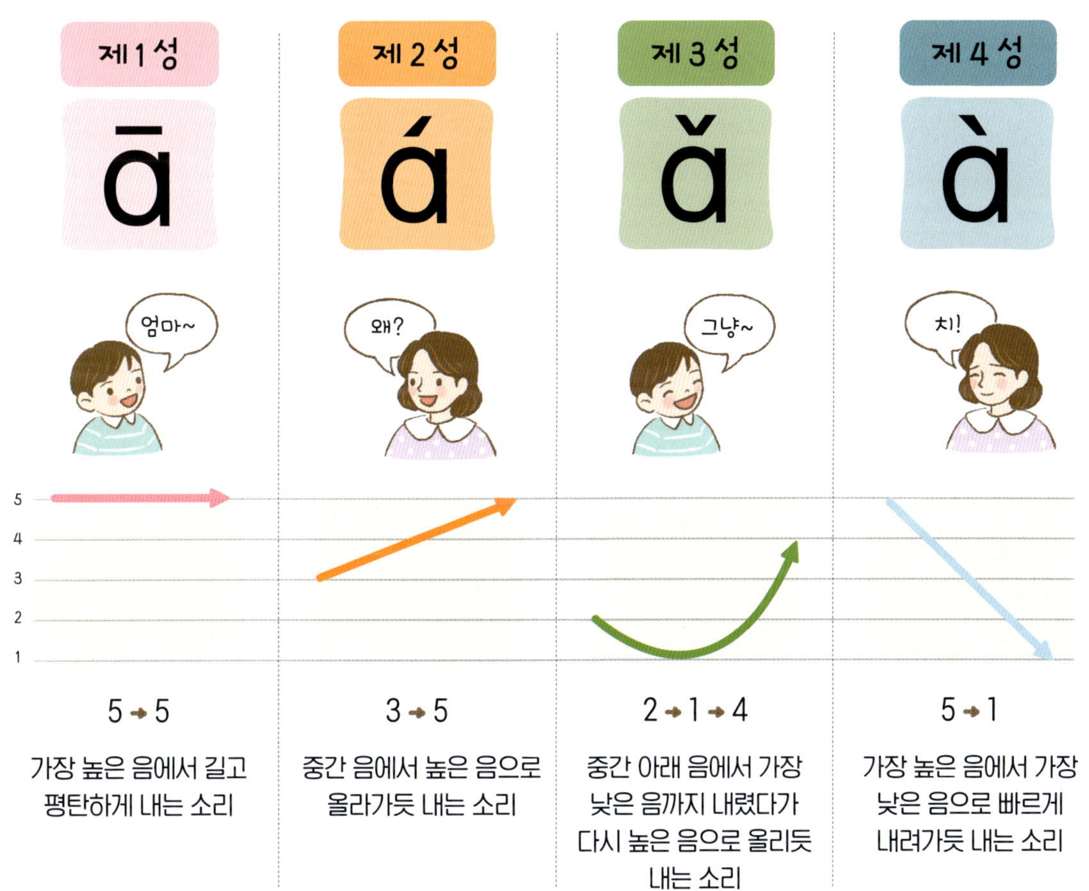

5 → 5	3 → 5	2 → 1 → 4	5 → 1
가장 높은 음에서 길고 평탄하게 내는 소리	중간 음에서 높은 음으로 올라가듯 내는 소리	중간 아래 음에서 가장 낮은 음까지 내렸다가 다시 높은 음으로 올리듯 내는 소리	가장 높은 음에서 가장 낮은 음으로 빠르게 내려가듯 내는 소리

성조가 달라지면 의미도 달라진다.

b p m	+ o	윗입술과 아랫입술을 붙였다 떼면서 내는 소리
f	+ o	윗니를 아랫입술 안쪽에 살짝 댔다 떼면서 내는 소리
d t n l	+ e	혀끝을 윗니 뒤 잇몸에 붙였다 떼면서 내는 소리
g k h	+ e	혀뿌리를 입천장에 가까이 대고 내는 소리
j q x	+ i	혀의 앞부분을 입천장 앞쪽에 가까이 대고 내는 소리
zh ch sh r	+ i	혀끝을 들어 올려 입천장 중간쯤에 가까이 대고 내는 소리
z c s	+ i	혀를 윗니 뒤쪽에 붙였다 가 떼면서 내는 소리

기본 운모	결합 운모			
a	ai	ao	an	ang
o	ou	ong		
e	ei	en	eng	er
i (yi)	ia (ya)	ie (ye)	iao (yao)	iou (you)	ian (yan)
	in (yin)	iang (yang)	ing (ying)	iong (yong)	
u (wu)	ua (wa)	uo (wo)	uai (wai)	uei (wei)	
	uan (wan)	uen (wen)	uang (wang)	ueng (weng)	
ü (yu)	üe (yue)	ün (yun)	üan (yuan)	

tip
괄호 안은 성모 없이 운모가
단독으로 쓰일 때의 표기이다.

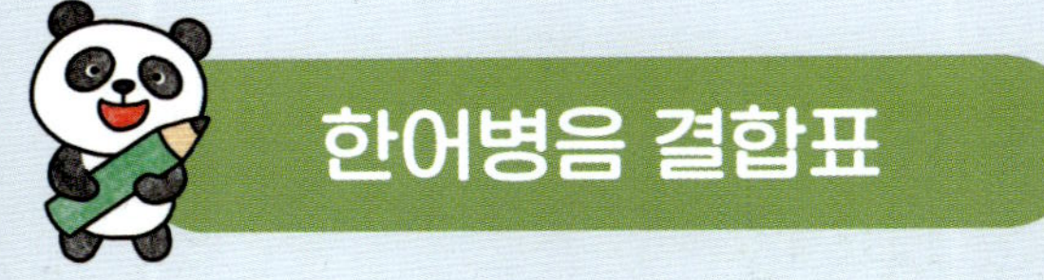

한어병음 결합표

	a	o	e	i (—i)	u	ü	ai	ao	an	ang	ou	ong	ei	en	eng	er	ia	ie	iao	iou (—iu)	ian	in	iang	ing	iong	ua	uo	uai	uan	uei (—ui)	uen (—un)	uang	ueng	üe	üan	ün
b	ba	ba		bi	bu		bai	bao	ban	bang			bei	ben	beng			bie	biao		bian	bin		bing												
p	pa	po		pi	pu		pai	pao	pan	pang	pou		pei	pen	peng			pie	piao		pian	pin		ping												
m	ma	mo	me	mi	mu				man	mang	mou		mei	men	meng			mie	miao	miu	mian	min		ming												
f	fa	fo			fu				fan	fang	fou		fei	fen	feng																					
d	da		de	di	du		dai	dao	dan	dang	dou	domg	dei	den	deng			die	diao	diu	dian			ding			duo		duan	dui	dun					
t	ta		te	ti	tu		tai	tao	tan	tang	tou	tong			teng			tie	tiao		tian			ting			tuo		tuan	tui	tun					
n	na		ne	ni	nu	nü	nai	nao	nan	nang	nou	nong	nei	nen	neng			nie	niao	niu	nian	nin	niang	ning			nuo		nuan					nüe		
l	la		le	li	lu	lü	lai	lao	lan	lang	lou	long	lei		leng		lia	lie	liao	liu	lian	lin	liang	ling			luo		luan		lun			lüe		
g	ga		ge		gu		gai	gao	gan	gang	gou	gong	gei	gen	geng											gua	gio	guai	guan	gui	gun	guang				
k	ka		ke		ku		kai	kao	kan	kang	kou	kong	kei	ken	keng											kua	kio	kuai	kuan	kui	kun	kuang				
h	ha		he		hu		hai	hao	han	hang	hou	hong	hei	hen	heng											hua	hio	huai	huan	hui	hun	huang				
j				ji		ju											jia	jie	jiao	jiu	jian	jin	jiang	jing	jiong									jue	juan	jun
q				qi		qu											qia	qie	qiao	qiu	qian	qin	qiang	qing	qiong									que	quan	qun
x				xi		xu											xia	xie	xiao	xiu	xian	xin	xiang	xing	xiong									xue	xuan	xun
zh	zha		zhe	zhi	zhu		zhai	zhao	zhan	zhang	zhou	zhong	zhei	zhen	zheng											zhua	zhuo	zhuai	zhuan	zhui	zhun					
ch	cha		che	chi	chu		chai	chao	chan	chang	chou	chong	chei	chen	cheng											chua	chuo	chuai	chuan	chui	chun					
sh	sha		she	shi	shu		shai	shao	shan	shang	shou	shong	shei	shen	sheng											shua	shuo	shuai	shuan	shui	shun					
r			re	ri	ru			rao	ran	rang	rou	rong		ren	reng											rua	ruo		tuan	rui	run					
z	za		ze	zi	zu		zai	zao	zan	zang	zou	zong	zei	zen	zeng												zuo		zuan	zui	zun					
c	ca		ce	ci	zu		cai	cao	can	cang	cou	cong	cei	cen	ceng												cuo		cuan	cui	cun					
s	sa		se	si	su		sai	sao	san	sang	sou	song	sei	sen	seng												suo		suan	sui	sun					
성모가 없을 때	a	o	e	yi	wu	yu	ai	ao	an	ang	ou	ong	ei	en	eng	er	ya	ye	yao	you	yan	yin	yang	ying	yong	wa	wo	wai	wan	wei	wen	wang	weng	yuw	yuan	yun